Liebe Frau Braun,

wenn Sie heute an Ihrem Geburtstag auf 70 Jahre Leben zurückblicken, wünsche ich Ihnen, daß in diesem Blick bei allem Auf und Ab des Lebens viel Dankbarkeit enthalten ist — und daß Sie, wie in der Vergangenheit, so auch in der Gegenwart und in der Zukunft viele Spuren und Fingerzeige der Nähe, der Hilfe und des Segens Gottes entdecken,

Ihr Pfr. B. Heinz

Manfred Czerwinski - Markus Ziegler

Das Kirchenlexikon der Pfalz
1000 Kirchen im Luftbild

Manfred Czerwinski, Markus Ziegler
Das Kirchenlexikon der Pfalz
1000 Kirchen im Luftbild

1. Auflage 1995

ISBN 3-9804515-0-X

Gesamtherstellung: Kerker-Druck, Kaiserslautern

Fotos: Markus Ziegler

I F B Institut für Bilddokumentation
Markus Ziegler
Hahnenbalz 1
67663 Kaiserslautern

Vorwort

Mit dem vorliegenden Werk wurde erstmals eine nahezu vollständige Luftbild-Dokumentation sämtlicher pfälzischer Kirchen geschaffen - präzise formuliert: aller katholischen Kirchen des Bistums Speyer und aller Kirchen der Protestantischen Landeskirche der Pfalz (einschließlich Saarpfalz).

Zu jeder Kirche finden Sie neben dem Luftbild die wichtigsten Daten sowie gegebenenfalls Hinweise auf die Innenausstattung und Besonderheiten bzgl. Geschichte oder Architektur.

Auch an alle Orgelfreunde und Orgel-Interessierte wurde gedacht: Sie finden hier eine aktualisierte, nahezu vollständige Dokumentation aller Orgeln der Pfalz sowie eine Aufstellung mit den Namen der wichtigsten Orgelbauer.

Dieses Buch ist mehr als ein informatives Nachschlagewerk; es lebt von der Faszination seiner Bilder. Es will Sie dazu animieren, immer wieder auf Entdeckungsreise zu gehen und aus der Vogelperspektive interessante Details zu erkunden. Und wir können Ihnen versichern: Es gibt noch Vieles zu entdecken !

Viel Freude beim Schauen und Lesen wünschen Ihnen

Markus Ziegler, Fotograf
und Manfred Czerwinski, Autor

Danksagung

Wir danken dem Bischöflichen Ordinariat des Bistums Speyer und der Protestantischen Landeskirche der Pfalz für die Überlassung des jeweiligen Handbuches.

Dem Bezirksverband der Pfalz sagen wir Dank für einen Zuschuß zu diesem Werk.

Unser besonderer Dank gilt dem Orgelbausachverständigen, Herrn Gero Kaleschke aus Speyer, der für alle katholischen und protestantischen Kirchen mit großer Sorgfalt die Orgeldaten zusammengestellt hat, sowie Herrn Eugen Beuerlein und Herrn Richard Hummel (ebenfalls aus Speyer) für die freundliche Unterstützung.

Einführung

Von Luftaufnahmen geht eine eigenartige Faszination aus, zeigen sie doch Bauwerke aus ungewohnten und reizvollen Perspektiven mit einem Detailreichtum, der stets aufs neue zum Betrachten einlädt.

Doch neben dem ästhetischen Reiz verfügen Luftaufnahmen darüber hinaus über eine sachlich-nüchterne, geradezu pragmatische Komponente, indem sie die architektonische Gesamtgestalt eines Bauwerkes fotografisch dokumentieren.

Die Erfahrung hat gezeigt, daß man die überwiegende Mehrzahl aller kunsthistorisch bedeutsamen Bauten allein aufgrund ihrer Größe oder Einbindung in die Umgebung nur mit Hilfe von Luftaufnahmen angemessen dokumentieren kann. An Hand zahlreicher Aufnahmen in diesem Werk können Sie sich davon selbst unmittelbar überzeugen.

Zum praktischen Gebrauch

Die Einträge des Lexikons sind alphabetisch nach Ortsnamen sortiert. Sollten Sie einen kleineren Ort einmal vergeblich suchen, dann sehen Sie unter dem Namen der nächstgelegenen größeren Stadt nach (Beispiel: Mölschbach finden Sie unter Kaiserslautern - Mölschbach, weil der Ort eingemeindet wurde). Folgendes Schema wird benutzt:

Name:
Hier steht bei allen katholischen und einigen evangelischen Kirchen der Name.

Zugehörigkeit:
Zuerst ist die Konfession Kath. bzw. Evang. angegeben, dann das Dekanat bzw. der Kirchenbezirk.

Anschrift:
Bei größeren Städten stehen hier Straße und Hausnummer, damit Sie bei einer Besichtigung die Kirche leichter finden können.

Baujahr:
Hier können auch mehrere Angaben stehen, z.B. wenn Turm und Kirchenschiff aus verschiedenen Epochen sind. Mit Hilfe folgender Tabelle können Sie in vielen Fällen den Baustil bestimmen:

Romanik: 1020-1250
Gotik: 1250-1520
Renaissance: 1520-1660
Barock: 1660-1780
Rokoko: 1735-1780
Klassizismus: 1755-1830
Historismus: 1820-1910/40
Gründerstil: 1870-1920
Jugendstil: 1890-1910

Architekt:
Hier finden Sie den Architekten des Ursprungsbaus und/oder denjenigen, der einen Umbau oder eine Erweiterung durchgeführt hat.

Erweiterungen, Renovierungen, Beschädigungen, Wiederaufbau:
Hier sind die entsprechenden Jahreszahlen angegeben.

Orgel:

Den Angaben liegen die Dateien des Bischöfl. Ordinariats (Stand 1991) und die Datei des Orgelbausachverständigen der Prot. Kirche der Pfalz zugrunde. Der größte Teil der Orgeln wurde an Ort und Stelle besichtigt; die Angaben in den offiziellen Verzeichnissen wurden entsprechend korrigiert bzw. aktualisiert (Stand: Mai 1995).

Die folgende Aufstellung listet die wichtigsten Orgelbauer mit Herkunftsort auf:

Albiez:	Wilfried Albiez, Lindau
Alffermann:	Orgelbauerfamilie in Landau, dann Bruchsal
Baumann:	Johann Carl Baumann, Annweiler
Dreymann:	Bernhard Dreymann, Mainz
Engers:	Friedrich Engers, Waldlaubersheim (19. Jh)
Frosch:	Franz Frosch, München (19. Jh)
Geib:	Johann Georg und Georg Geib, Saarbrücken, dann Frankenthal
Göbel:	Johann Conradt Göbel, Neustadt (18. Jh)
Göckel:	Karl Göckel, Malsch bei Heidelberg
Haerpfer:	Haerpfer & Ermann, Boulay (Lothringen)
Hammer:	Emil Hammer, Hemmingen-Arnum (bei Hannover)
Hartung:	Augustinus und Johann Michael Hartung, Dürkheim
Heintz:	Georges Heintz, Schiltach
Heß:	Carl Heß, Durlach
Hintz:	Lotar Hintz, Heusweiler
Hoffmann:	J. Hoffmann, Würzburg
Jelacic:	Johann Jelacic, Speyer
Kämmerer:	Franz Kämmerer, Speyer

Kern:	Alfred Kern, Straßburg-Cronenburg		Weise:	Michael Weise, Plattling
Klais:	Johannes Klais, Bonn		Wilbrand:	Heinz Wilbrand, Übach-Palenberg
Kleuker:	Detlev Kleuker, Brackwede - Bielefeld		Winterhalter:	Claudius f. Winterhalter, Oberharmersbach
Koenig:	Yves Koenig, Sarre-Union		Zimnol:	Paul und Johannes Zimnol, Kaiserslautern
Kuhn:	Gerhard Kuhn, Esthal		Zipperlin:	Zipperlin & Christ, Neustadt (19. Jh)

Kern: Alfred Kern, Straßburg-Cronenburg
Klais: Johannes Klais, Bonn
Kleuker: Detlev Kleuker, Brackwede - Bielefeld
Koenig: Yves Koenig, Sarre-Union
Kuhn: Gerhard Kuhn, Esthal
Landolt: Carl Landolt, Heimersheim (19. Jh)
Link: Gebr. Link, Giengen (Brenz)
Mahler: Remy Mahler, Pfaffenhofen (Elsaß)
Mayer: Bis 1890: Johann Mayer, Hainstadt in Baden
  Ab 1953: Hugo Mayer, Heusweiler
Mönch: Orgelbau Mönch, Überlingen
Mühleisen: a) Straßburg b) Leonberg
Oberlinger: Gebr. Oberlinger, Windesheim
Oehms: Rudolf Oehms, Trier
Ott: Paul Ott, Göttingen
Overmann: Orgelbauerfamilie in Heidelberg
Poppe: A. Poppe & Söhne, Offenbach, zuletzt Landau
Reiser: Reiser-Orgelbau, Biberach
Rensch: R. Rensch, Lauffen
Rieger: Rieger-Orgelbau, Schwarzach-Vorarlberg (Österreich)
Rietzsch: Franz Rietzsch, Hiddestorf bei Hannover
Rohlfing: Heinrich Rohlfing, Osnabrück
Sandtner: Hubert Sandtner, Dillingen
Sattel: Paul Sattel, Speyer (bis 1960)
Scherpf: Wolfgang und Klaus Scherpf, Speyer
Schlaad: Johannes Schlaad, Waldlaubersheim (19. Jh)
Schlimbach: Gustav (später Hermann) Schlimbach, Speyer
Schmidt: Philipp Daniel Schmidt, Meisenheim (Ende 19. Jh)
Schmidt: Philipp Christian Schmidt, Rockenhausen, dann Kirchheimbolanden (18./19. Jh)
Senn: Johann Valentin Senn, Seebach
Seuffert: Orgelbauerfamilie in Kirrweiler (1769-1886)
Späth: Gebr. Späth, Ennetach
Stahlhut: Orgelbau Stahlhut, Aachen
Steinmeyer: G.F. Steinmeyer, Oettingen - Bayern
Stiehr: Orgelbauerfamilie in Seltz (Elsaß), 18./19. Jh
Streichert: Streichert-Orgelbau, Göttingen
Stumm: Gebr. Stumm, Rhaunen-Sulzbach
Ubhaus: Wendelin Ubhaus, Kirrweiler (bis 1856)
Ubhauser: Andreas Ubhauser, Heidelberg
Voit: Orgelbauerfamilie in Durlach (19./20. Jh)
von Beckerath: Rudolf von Beckerath, Hamburg
Walcker: E.F. Walcker, Ludwigsburg, jetzt Hanweiler
Wagner: Carl und Karl Wagner (Sohn), Kaiserslautern
Wehr: Hugo Wehr, Haßloch
Weigle: C.G. Weigle, dann F. Weigle, Echterdingen
Weise: Michael Weise, Plattling
Wilbrand: Heinz Wilbrand, Übach-Palenberg
Winterhalter: Claudius f. Winterhalter, Oberharmersbach
Zimnol: Paul und Johannes Zimnol, Kaiserslautern
Zipperlin: Zipperlin & Christ, Neustadt (19. Jh)

Die Registerangaben beziehen sich auf die klingenden Register, d.h. es werden keine Tremulanten, Koppeln, Cymbelsterne etc. mitgezählt. Die Anzahl der Manuale wird durch eine römische Zahl, die der Register arabisch angegeben (z.B. II/12 bedeutet: 2 Manuale und 12 Register). Die Traktur wird wie folgt angegeben:
mech. = mechanisch, elek. = elektrisch, pneum. = pneumatisch.

Im Anschluß an dieses Schema finden Sie bei zahlreichen Kirchen Hinweise auf Sehenswürdigkeiten im Innern oder auf Besonderheiten in der Baugeschichte.

Das nachfolgende kleine Glossar erklärt Ihnen die wichtigsten Begriffe, die in diesen Beschreibungen auftauchen können.

GLOSSAR

Ambo (der)
Lesepult (Kanzelform) vor den Chorschranken.

Anna selbdritt
Figürliche Darstellung von Anna, Maria und Jesus.

Apsis (Apside) (die)
Halbkreisförmige Altarnische am Chorende.

Basilika
Kirchenbau aus Mittelschiff und Seitenschiffen, Mittelschiff ist deutlich höher und hat Fenster (Lichtgaden).

Chor (der oder das)
Verlängerung des Mittelschiffs, oft quadratischer Grundriß. Häufig schließt sich eine Apsis an, man nennt dann Chorhaus und Apsis zusammen Chor. Im Chor: Hauptaltar, Chorgestühl, Sakramentshaus. Der Abschluß (Chorschluß) kann rund, gerade oder eckig (polygonal) sein.

Dachreiter
Kleiner, schlanker Turm auf dem Dachfirst, eingeführt von den Zisterziensern im 13. Jahrhundert.

Dienst (der)
Dünne Säule, die einem Pfeiler oder einer Wand vorgebaut ist und sich in die Gewölberippen fortsetzt.

Epitaph (das)
Gedächtnismal als Platte innen oder außen an einer Kirchenwand, dahinter aber kein Grab.

Fiale (die)
Schlankes, spitzes Ziertürmchen der Gotik.

Immaculata (die)
Ehrentitel von Maria: die Unbefleckte.

Kapitell (das)
Oberster Teil (Kopf) von Pfeilern, Pilastern und Säulen.

Kassette (die)
Vertieftes Feld in einer Decke, besonders in Renaissance und Barock.

Konche (die)
Halbkuppel einer Apsis bzw. diese selbst.

Kreuzblume
Ein Ornament auf gotischen Türmen oder Fialen.

Langhaus
Teil einer Kirche zwischen Chor und Fassade.

Lettner (der)
Scheidewand zwischen Chor und Mittelschiff.

Lisene (die)
Flacher, senkrechter Mauerstreifen mit gliedernder Funktion.

Maßwerk
Ornament aus geometrischen Grundformen, häufig als Fensterfüllung (Gotik).

Okulus (der)
Wörtlich „Auge", runde oder ellipsenförmige Fensteröffnung.

Pieta (die)
Darstellung der trauernden Muttergottes mit dem Leichnam ihres Sohnes.

Pilaster (der)
Wandpfeiler mit Basis, Schaft und Kapitell, tritt nur wenig aus der Wand hervor, gliedernde oder verstärkende Funktion.

Portikus (der)
Vorbau aus Säulen oder Pfeilern, häufig mit Dreiecksgiebel.

Retabel (das)
Aufsatz auf einem Altar.

Sakramentshaus
Ein zur Aufbewahrung der geweihten Hostien bestimmtes Gehäuse, in der Gotik freistehend und teilweise von beachtlicher Höhe, ab dem 16. Jahrhundert durch den Tabernakel ersetzt.

Simultaneum (das)
Ein Kirchenraum, der von beiden Konfessionen gemeinsam genutzt wird.

Strebewerk
Im Innern einer Kirche Gewölberippen, außen Strebepfeiler und Strebebögen (Gotik).

Symbole
Häufig verwendete Symbole sind: Fisch für Christus, Dreieck mit Auge für Dreifaltigkeit, Kreuz für Opfertod, Pelikan für sich aufopfernde Liebe, Phönix für Auferstehung.

Tabernakel
Behältnis (Schrein) zur Aufbewahrung der geweihten Hostien, häufig auf dem Altar oder auch an der Seite des Chors.

Tympanon (das)
Bogenfeld an Portalen (Romanik, Gotik).

Vierung
Der Teil eines Kirchenbaus, in dem sich Langhaus und Querhaus durchdringen, Grundriß quadratisch oder rechteckig, kann von einem Dachreiter oder Vierungsturm bekrönt sein.

Volute (die)
Schneckenförmige Einrollung (Renaissance und Barock).

Wimperg (der)
Gotischer Ziergiebel über Portalen und Fenstern.

Manfred Czerwinski - Markus Ziegler
Das Kirchenlexikon der Pfalz
1000 Kirchen im Luftbild

Albersweiler
Name:	Bergkirche
Zugehörigkeit:	Evang., Landau
Baujahr:	1843-1846
Architekt:	Jodl und Hagemann, Speyer
Renovierungen:	1948, 1987
Beschädigungen:	1944 teilweise
Sitzplätze:	700
Orgel:	1858/59, Walcker, II/24 mech., Rest. Steinmeyer 1984

Albersweiler
Name:	St. Stephanus
Zugehörigkeit:	Kath., Landau - Annweiler
Baujahr:	1843-45
Architekt:	Jodl, Speyer
Renovierungen:	1981/82
Beschädigungen:	1868 Chor abgebrochen und wiederaufgebaut
Sitzplätze:	450
Orgel:	Schlimbach 1858, II/16 mech., Umbau Walcker 1958

Albsheim an der Eis
Zugehörigkeit:	Evang., Grünstadt
Baujahr:	12. Jh, 1515 Umbau des Schiffes
Renovierungen:	1956, 1975
Sitzplätze:	130
Orgel:	1730 Senn, I/8 mech./pneum., Umbau Poppe 1903

Im Chor 1520 ein Gewölbe eingebaut, Ostfenster 1749 eingefügt. Wandmalereien aus dem 13. Jh, Sakramentsnische an der Nordseite des Chors.

Albisheim an der Pfrimm
Name: Peterskirche
Zugehörigkeit: Evang., Kirchheimbolanden
Baujahr: 1792
Renovierungen: 1965 - 1967
Beschädigungen: 1945
Sitzplätze: 493
Orgel: 1967/3 Oberlinger, II/17 mech., Prospekt Stumm ca. 1760

Alschbach

Name:	Unbefleckte Empfängnis Mariens
Zugehörigkeit:	Kath., Saarpfalz - Blieskastel
Baujahr:	1954
Architekt:	W. Schulte II
Renovierungen:	1986
Sitzplätze:	330
Orgel:	1995 Mayer, II/18 mech.

Alsenborn

Zugehörigkeit:	Evang., Winnweiler
Baujahr:	1733 Neubau des Langhauses, Chorturm 13. Jh
Renovierungen:	1964 - 1966
Erweiterungen:	1686 Turm aufgestockt, 1733 Schieferhaube
Sitzplätze:	330
Orgel:	1833 Stumm, II/17 mech., Erweiterung 1940/42 Poppe

Wand- und Gewölbemalereien 1964 freigelegt. Historische Grabsteine im Innern.

Alsenborn (unten)

Name:	St. Josef
Zugehörigkeit:	Kath., Kaiserslautern - Enkenbach-Alsenborn
Baujahr:	1969
Architekt:	Wilhelm Schulte II
Sitzplätze:	300
Orgel:	1974 Mayer, II/8 mech.

Alsenbrück
Zugehörigkeit:	Evang., Winnweiler
Baujahr:	1762/63
Renovierungen:	1963
Sitzplätze:	200
Orgel:	1839 Dreymann, I/13 mech.

Einrichtung aus der Erbauungszeit.

Alsenz
Name:	St. Maria
Zugehörigkeit:	Kath., Donnersberg - Rockenhausen
Baujahr:	1930
Architekt:	Winfried Blum
Renovierungen:	1988/89
Sitzplätze:	70
Orgel:	1994 Mayer, II/7

Alsterweiler
Name:	Mariä - Schmerzen - Kapelle
Zugehörigkeit:	Kath., Landau - Edenkoben
Baujahr:	1845
Architekt:	Joh. Georg Schneider
Erweiterungen:	1969
Renovierungen:	1980
Sitzplätze:	100
Orgel:	1981 Späth, I/7 mech.

Alsenz

Zugehörigkeit:	Evang., Obermoschel
Baujahr:	Spätgot. Wehrkirche im 18. Jh. umgebaut, Wehrturm 1945 eingestürzt und 1954 durch Neubau ersetzt
Renovierungen:	1965/67 Schiff grundlegend erneuert
Beschädigungen:	1540
Sitzplätze:	421
Orgel:	1851 Schlimbach, II/20 mech., Restaur. 1978/88 Oberlinger

Steinkanzel spätgotisch (1533) mit pfalzgräflichem Wappen.

Altdorf

Zugehörigkeit:	Evang., Neustadt
Baujahr:	13. Jh Turm, 1772/73 Schiff
Architekt:	Werkmeister Bucer, Speyer
Renovierungen:	1956
Sitzplätze:	300
Orgel:	1784 Joh. Gg. Geib, I/13 mech., Restaur. 1995/96 Oberlinger

Altenbamberg

Zugehörigkeit:	Evang., Obermoschel
Baujahr:	1821 - 1823
Renovierungen:	1964/65
Sitzplätze:	150
Orgel:	1892 Johann Schlaad, Waldlaubersheim, I/8, pneum., 1898 erworben, Restaur. 1992 Kuhn. Einzige Schlaad-Orgel in der Pfalz.

Altenbamberg

Name:	Maria Geburt
Zugehörigkeit:	Kath., Donnersberg - Rockenhausen
Baujahr:	1783
Sitzplätze:	70
Orgel:	1989 Truhenorgel Kuhn, I/4

Altenglan
Zugehörigkeit: Evang., Kusel
Baujahr: 1720
Erweiterungen: 19. Jh nach Westen verlängert
Renovierungen: 1960, 1987
Sitzplätze: 223
Orgel: 1962, Oberlinger, II/13 mech.

Altenkirchen
Zugehörigkeit: Evang., Kusel
Baujahr: 12. Jh
Renovierungen: 1956, 1975
Sitzplätze: 320
Orgel: 1958 Oberlinger, II/13 mech.

Altheim
Name: St. Andreas
Zugehörigkeit: Kath., Saarpfalz - Blieskastel
Baujahr: Chorturm 13. Jh, Langhaus 1762
Renovierungen: 1978 (neuer Altar)
Beschädigungen: Im Zweiten Weltkrieg zerstört, 1949 Wiederaufbau
Sitzplätze: 368
Orgel: 1959 Mayer, II/16

Althornbach

Zugehörigkeit:	Evang., Zweibrücken
Baujahr:	12. Jh. Chorturm, 1883 Schiff
Architekt:	Chorherren von St. Johann, Hornbach
Renovierungen:	1964
Sitzplätze:	330
Orgel:	1884, Walcker, I/10 mech., Restaur. Walcker 1984

Altleiningen

Zugehörigkeit:	Evang., Grünstadt
Baujahr:	1716 - 1718
Erweiterungen:	Verlängerung 1923 Karl Latteyer, Ludwigshafen
Renovierungen:	1958 - 1960, 1980
Sitzplätze:	230
Orgel:	1898, Zillgitt, Gera, II/6, Umbau Walcker 1950

Altstadt

Zugehörigkeit:	Evang., Homburg
Baujahr:	1953 - 1962
Architekt:	Albert Reichard, Homburg
Sitzplätze:	280
Orgel:	1962 Ahlborn - Elektronisch

Altrip
Zugehörigkeit:	Evang., Ludwigshafen
Baujahr:	Turm 13. Jh., Schiff 1751-54
Architekt:	1751 - 1754 Johann Georg Hotter, Speyer
Wiederaufbau:	1893/94
Renovierungen:	1950
Beschädigungen:	Kirchenbrand 1891
Sitzplätze:	290
Orgel:	1894 Gebrüder Link, II/11 pneum., Klangumbau 1954 durch Steinmeyer.

Altrip
Name:	St. Peter und Paul
Zugehörigkeit:	Kath., Speyer - Waldsee - Limburgerhof
Baujahr:	1931 und Wiederaufbau 1954-55
Architekt:	Josef Kuld und Ludwig Ihm
Renovierungen:	1982/83
Beschädigungen:	1943 zerstört
Sitzplätze:	320
Orgel:	1952 Ott, II/15, stammt aus Wörth

Spätbarocke Holzplastik (18. Jh) und Kreuzigungsgruppe (19. Jh).

Annweiler
Name:	St. Joseph
Zugehörigkeit:	Kath., Landau - Annweiler
Baujahr:	1866/68
Architekt:	Jos. Köhler, Pirmasens
Sitzplätze:	380
Orgel:	1901 Weigle, II/16 (Umbau Wehr?)

Fresken von Kessler.

Annweiler
Zugehörigkeit: Evang., Landau
Baujahr: Kirchenbauten 1153 und 1481 bezeugt, frühgot. Turm 1753 aufgestockt (Haube). 1788 neues Schiff durch Friedrich Gerhard Wahl, Zweibrücken. 1944 Schiff und Chor zerstört, Wiederaufbau 1950/51 durch Otto Seibel und Alfred Heller, Annweiler.
Sitzplätze: 560
Orgel: 1953 Oberlinger, II/26 mech.

Appenhofen
Name:	St. Joh. Bapt. (Simultankirche)
Zugehörigkeit:	Evang. u. kath., Bad Bergzabern
Baujahr:	1400
Renovierungen:	1964/65
Sitzplätze:	65
Orgel:	1967 Oberlinger, I/6

Asselheim
Zugehörigkeit:	Evang., Grünstadt
Baujahr:	Um 1300, 1470 verändert, 1942 Schiff und Turmhelm zerstört, Wiederaufbau 1949/50 Schiff und 1962/63 Turmhelm durch Bauabteilung Landeskirchenrat.
Sitzplätze:	254
Orgel:	1950 Kemper, Lübeck, II/14 elek.

Der Wehrturm war früher Bestandteil der Ortsbefestigung.

Assenheim
Zugehörigkeit:	Evang., Speyer
Baujahr:	1758
Renovierungen:	1960 Holzdecke erneuert, 1985 umfangreiche Sicherungsarbeiten
Sitzplätze:	290
Orgel:	1785 Geib, I/12, Restaur. Rützsch 1990

Aßweiler
Name:	Mariä Himmelfahrt
Zugehörigkeit:	Kath., Saarpfalz - Blieskastel
Baujahr:	1952
Renovierungen:	1981
Sitzplätze:	460
Orgel:	1961 Späth, II/16

Bad Bergzabern
Name:	Bergkirche
Zugehörigkeit:	Evang., Bad Bergzabern
Baujahr:	1720 - 1730
Architekt:	Lukas Rößler
Erweiterungen:	1950
Renovierungen:	1954 - 1959
Beschädigungen:	1944/45 Dach
Sitzplätze:	388
Orgel:	1782 Joh. Carl Baumann, Annweiler, I/16, Restaur./Umbau 1959, Restaur. 1982 Weigle

Kanzel von 1755 mit Sanduhr, alte Sitzplaketten an den Bänken. Kassettendecke mit blauem Sternenhimmel.

Zur Marktkirche auf der nächsten Seite:
Hinter der Kirche steht etwas abseits der Glockenturm, ein ehemaliger Wehrturm, der im 14. Jh zum Glockenturm ausgebaut wurde. Die barocke Turmhaube erhielt er im 18. Jh. Links von der Kirche sieht man die Marktapotheke von 1741, rechts neben der Kirche einen Barockturm von 1723.

Bad Bergzabern

Name:	Marktkirche
Zugehörigkeit:	Evang., Bad Bergzabern
Baujahr:	1333, Veränderungen 1724 und 1896
Renovierungen:	1944/51, 1972/77
Beschädigungen:	1945 im Krieg. 1897 Gewölbe eingestürzt, 1972 wiederhergestellt
Sitzplätze:	716
Orgel:	Neubau 1976/77 Weigle, II/33 mech./elek.

Ursprünglich dreischiffige Hallenkirche, jetzt flachgedeckter Saalbau. 1686 bis 1879 Simultankirche Turm: Untergeschoß Buckelquader, gotische Aufstockung, 1772 Glockengeschoß und Turmhelm. Seitenkapelle 1437, 1550 Umbau des Langhauses, 1687 Sakristeianbau.

Bad Bergzabern

Name:	St. Martin
Zugehörigkeit:	Kath., Landau - Bad Bergzabern
Baujahr:	1879
Architekt:	Franz Schöberl, Speyer
Renovierungen:	1970
Sitzplätze:	440
Orgel:	1953 Späth, II/30

Zwei Holzstatuen aus dem 15. Jh: Hl. Barbara und Hl. Dorothea, Flügelretabel Christi Himmelfahrt (Gemälde von 1470).

Bad Dürkheim
Name:	Burgkirche
Zugehörigkeit:	Evang., Bad Dürkheim
Baujahr:	1726 - 1729, 1756 Turm, 1840 um zwei Geschoße erhöht
Architekt:	1953 Hans Buch und Hans Georg Fiebiger, Kaiserslautern
Beschädigungen:	1945 abgebrannt, 1953 Wiederaufbau
Sitzplätze:	400
Orgel:	1958 Oberlinger, II/14 (Teilbau I/8), elek.

Bad Dürkheim - Grethen
Zugehörigkeit:	Evang., Bad Dürkheim
Baujahr:	1886 - 1889
Architekt:	Theodor Bente, Kaiserslautern
Renovierungen:	1965
Sitzplätze:	370
Orgel:	1889 Walcker, I/6 mech.

Bad Dürkheim - Grethen
Name:	St. Margaretha
Zugehörigkeit:	Kath., Bad Dürkheim - Bad Dürkheim
Baujahr:	1790
Renovierungen:	1986 - 1989
Sitzplätze:	190
Orgel:	1885 Jelacc, I/8 mech.

Mehrere Barockfiguren, Hochaltar mit Muttergottes (18. Jh).

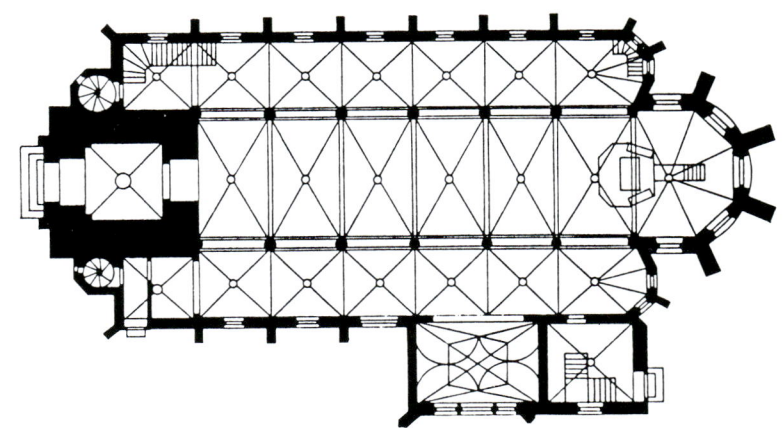

Bad Dürkheim
Name: Schloßkirche
Zugehörigkeit: Evang., Bad Dürkheim
Baujahr: 1300, 1865 jetziger Turm
Renovierungen: 1893, 1977-80 Martin Vogel, Godramstein
Sitzplätze: 400
Orgel: 1983 Ott, II/27 mech.

Bad Dürkheim
Name: St. Ludwig
Zugehörigkeit: Kath., Bad Dürkheim - Bad Dürkheim
Baujahr: 1829
Architekt: Bernhard Spatz
Renovierungen: 1938-41, 1977-78
Sitzplätze: 360
Orgel: 1959 Walcker, III/29 mech.

Malerei im Chorraum von Thalheimer (München, 1939). 1938-41 wird die Kirche im klassizistischen Sinne renoviert, die Fenster werden erneuert, und eine Sakristei wird angebaut.

Bad Dürkheim - Seebach

Name:	Klosterkirche Seebach
Zugehörigkeit:	Evang., Bad Dürkheim
Baujahr:	13. Jh. Chor und Vierung
Renovierungen:	1887; 1965
Beschädigungen:	1471 und 16. Jh.
Sitzplätze:	105
Orgel:	1962 Steinmeyer, II/10 mech., Umbau 1985 Steinmeyer

Ehemalige Klosterkirche St. Laurentius (Benediktinerinnen), 1591 aufgehoben. Kreuzförmiger Grundriß, achteckiger Vierungsturm, dreischiffiges Langhaus 1471 zerstört und danach einschiffig wiederaufgebaut, spätromanisches Kreuzrippengewölbe im Chorquadrat.

Ballweiler
Name:	St. Josef
Zugehörigkeit:	Kath., Saarpfalz - Blieskastel
Baujahr:	1929
Architekt:	Albert Boßlet
Renovierungen:	1970
Sitzplätze:	340
Orgel:	1941 Sattel, II/18 elek.

Bann
Name:	St. Valentinus
Zugehörigkeit:	Kath., Kaiserslautern - Landstuhl
Baujahr:	1881/82
Architekt:	Franz Schöberl
Renovierungen:	1957/60 und 1976
Sitzplätze:	550
Orgel:	1978 Zimnol, I/15 mech.

Barbelroth
Zugehörigkeit:	Evang., Bad Bergzabern
Baujahr:	1581 Rechteckchor, 1747 Schiff
Architekt:	1951 Bauabteilung Landeskirchenrat, Speyer Wiederaufbau
Beschädigungen:	1945 zerstört
Sitzplätze:	270
Orgel:	1962 Oberlinger, II/15 mech.

Battenberg
Zugehörigkeit: Evang., Grünstadt
Baujahr: 13. Jh
Renovierungen: 1952, 1959, 1980
Sitzplätze: 156
Orgel: 1977 Owart, I/10 mech./elek.

Kreuzrippengewölbe im Chor, an der Südseite romanisches Portal.

Battweiler
Zugehörigkeit: Evang., Zweibrücken
Baujahr: 1906/07
Architekt: Theodor Geyer, Kaiserslautern
Sitzplätze: 180
Orgel: 1907 Walcker, mech.

Alter Chor aus dem 13. Jh in Neubau einbezogen.

Bayerfeld
Name: St. Josef
Zugehörigkeit: Kath., Donnersberg - Rockenhausen
Baujahr: 1767
Sitzplätze: 153
Orgel: 1936 Sattel, II/8

Bebelsheim

Name:	St. Margaretha
Zugehörigkeit:	Kath., Saarpfalz - Mandelbachtal
Baujahr:	1737 Langhaus, 12. Jh Rundturm
Architekt:	W. Schulte II Wiederaufbau
Erweiterungen:	1831 (Langhaus verlängert)
Renovierungen:	1947 - 1956 wiedererbaut
Beschädigungen:	Zerstört 1939/40 und 1944/45
Sitzplätze:	444
Orgel:	1968 Mayer, II/20 mech.

Rundturm aus dem 12. Jh, Hochaltar, Seitenaltar und Kanzel aus dem 18.Jh. Mehrere Holzstatuen aus dem 15. und 18. Jh.

Becherbach

Zugehörigkeit:	Evang., Lauterecken
Architekt:	F. G. Wahl, Zweibrücken
Baujahr:	1791 - 1793
Renovierungen:	1977/78 innen, 1987/88 außen
Sitzplätze:	300
Orgel:	1870 Wagner junior, Kaiserslautern, I/9 mech., Umbau: 1960/61 Oberlinger

Rustizierte Ecklisenen, sandsteingerahmter Okulus.

Bechhofen

Zugehörigkeit:	Evang., Homburg
Baujahr:	1959 - 1962
Architekt:	Friedrich Sofsky, Bruchmühlbach, zusammen mit Eugen Zeller, Kaiserslautern
Sitzplätze:	234
Orgel:	1968 Schlimbach, I/12
Umbau:	1968 Schlimbach, 1982 Kuhn stammt aus Sondernheim

Bechhofen

Name:	St. Michael
Zugehörigkeit:	Kath., Saarpfalz - Homburg
Baujahr:	1929/30
Architekt:	Albert Boßlet
Renovierungen:	1965
Sitzplätze:	360
Orgel:	1951 Sattel, II/17 erweitert von Mayer 1967

Beindersheim

Zugehörigkeit:	Evang., Frankenthal
Baujahr:	1748 Kirchenschiff, 1928 Turm
Sitzplätze:	220
Orgel:	1928 Poppe, II/13, Restaur. Walcker

Kanzel mit Schnitzereien (18. Jh).

Beindersheim

Name:	Hl. Kreuz, St. Peter u. St. Nikolaus
Zugehörigkeit:	Kath., Speyer - Frankenthal
Baujahr:	1914 - 1916
Architekt:	Wendelin Leonhardt, Mannheim
Renovierungen:	1968
Sitzplätze:	330
Orgel:	1927 Kämmerer, II/19

Hochaltar von 1750 mit Gemälden des Hl. Petrus und Paulus.

Bellheim

Zugehörigkeit:	Evang., Germersheim
Baujahr:	1870 - 1872
Architekt:	Emil Morgens, Speyer
Renovierungen:	1949, 1985
Sitzplätze:	557
Orgel:	1894 F.C.Walcker, II/20 pneum. Umbau: 1969 Dwart

Bellheim

Name:	St. Nikolaus
Zugehörigkeit:	Kath., Germersheim - Rülzheim
Baujahr:	1869, 1482 alter Turm
Architekt:	1869 Tanera, Speyer; 1897 Turmumbau Wilhelm Schulte I, Neustadt
Erweiterungen:	1897 Turmumbau
Sitzplätze:	570
Orgel:	1979/81 Ott, II/31, Pedal: Jelacic 1891

Berg

Name:	St. Bartholomäus
Zugehörigkeit:	Kath., Germersheim - Wörth
Baujahr:	1744
Renovierungen:	1983 und 1989
Beschädigungen:	1944 ausgebrannt, 1948 wiederaufgebaut
Sitzplätze:	400
Orgel:	1956 Späth, II/14

Berghausen

Name:	St. Pankratius
Zugehörigkeit:	Kath., Speyer - Dudenhofen - Römerberg
Baujahr:	1841
Architekt:	Foltz
Renovierungen:	1981 innen, 1986 außen
Sitzplätze:	364
Orgel:	1981/82 Wehr, Haßloch, II/19

Berzweiler

Zugehörigkeit:	Evang., Otterbach
Baujahr:	1910
Sitzplätze:	60

Schulhaus mit Kirchensaal. Beispiel für eine in der Nordpfalz häufiger vorkommende Nutzung von Schulhäusern.

Bexbach

Zugehörigkeit:	Evang., Homburg
Baujahr:	1888/89
Architekt:	Ludwig Levy, Karlsruhe
Renovierungen:	1925/26, 1970
Sitzplätze:	700
Orgel:	1892 Voit und Söhne, Durlach, II/15 Restaur. Vier 1992

Sehenswerte tonnenförmige Holzdecke.

Bexbach

Name:	St. Martin
Zugehörigkeit:	Kath., Saarpfalz - Bexbach
Baujahr:	1881
Architekt:	Franz Schöber
Renovierungen:	1981
Sitzplätze:	710
Orgel:	1962/64 Mayer III/35

Biedesheim

Zugehörigkeit:	Evang., Kirchheimbolanden
Baujahr:	10. Jh, mehrmals umgebaut
Erweiterungen:	1700 neue Fenster
Renovierungen:	1952/54, 1965
Sitzplätze:	115
Orgel:	1874 Walcker, I/4 mech.

Wandmalereien aus dem 15.Jh. 1964 freigelegt. Romanischer Taufbrunnen vom Vorläuferbau 1965 ausgegraben.

Biedesheim

Name:	St. Andreas
Zugehörigkeit:	Kath., Donnersberg - Kirchheimbolanden
Baujahr:	1952/53
Architekt:	Hans Schuhmann
Sitzplätze:	100
Orgel:	1990 angekauft Scherpf, I/4

Biesingen

Name:	St. Anna
Zugehörigkeit:	Kath., Saarpfalz - Blieskastel
Baujahr:	1904
Architekt:	August Barth
Renovierungen:	1969
Sitzplätze:	465
Orgel:	1913 Steinmeyer, II/20
	Umbau: Späth 1926 ?, II/22

Die neugotische Saalkirche fällt schon von weitem durch ihre den Ort und die Umgebung dominierende Lage auf. Im Innern sehenswert: Hochaltar (Südtirol 1905), Seitenaltäre, Kanzel, Taufstein, Anna Selbdritt (um 1700).

Bierbach

Name:	Herz Jesu
Zugehörigkeit:	Kath., Saarpfalz - Blieskastel
Baujahr:	1961
Architekt:	W. Schulte II
Renovierungen:	1988
Sitzplätze:	425
Orgel:	1961 Mayer, II/12

Billigheim

Zugehörigkeit:	Evang., Bad Bergzabern
Baujahr:	Turmuntergeschoß 13. Jh, im 16. Jh erhöht, Chor 13. Jh, Langhaus 16. Jh
Sitzplätze:	394
Orgel:	1968 Oberlinger, II/23 1950 Chororgel Sattel, I/3

Sehenswert: Wandmalereien im Chor, Kanzel von 1689, Taufstein von 1628.

Billigheim

Name:	St. Martin
Zugehörigkeit:	Kath., Landau - Landau - Land
Baujahr:	1961/62
Architekt:	A. Knoll, Herxheim
Renovierungen:	1987
Sitzplätze:	150
Orgel:	1952 Sattel, I/4 jetzt elektron. Orgel

Bierbach

Zugehörigkeit:	Evang., Zweibrücken
Baujahr:	1910
Architekt:	C. M. Rayß, Kaiserslautern
Sitzplätze:	150
Orgel:	Elektronisch

Glasmalereien von J. Kriebitzsch.

Birkenheide

Zugehörigkeit:	Evang., Bad Dürkheim
Baujahr:	1951
Architekt:	Otto Bartning
Sitzplätze:	200
Orgel:	1953 Oberlinger, I/4

Birkenhördt

Name:	St. Gallus
Zugehörigkeit:	Kath., Landau - Bad Bergzabern
Baujahr:	1860
Architekt:	Hagemann
Renovierungen:	1988, 1994 Turm
Sitzplätze:	415
Orgel:	1898 Weigle, II/16 pneum.

Birkweiler
Zugehörigkeit: Evang., Landau
Baujahr: 1869/70
Architekt: Maxon, Landau
Sitzplätze: 273
Orgel: 1895 Walcker, I/12 pneum. Umbau: 1968 Oberlinger

Birkweiler
Name: St. Bartholomäus
Zugehörigkeit: Kath., Landau - Landau - Stadt
Baujahr: 1897
Architekt: Wilhelm Schulte I
Sitzplätze: 198
Orgel: 1984 Zimnol, I/13 mech.

Bischheim
Zugehörigkeit: Evang., Kirchheimbolanden
Baujahr: Im 18. Jh durch Umbau einer mittelalterl. Kirche entstanden
Renovierungen: 1910, 1930, 1970
Sitzplätze: 239
Orgel: 1994 Kuhn, I/3

Bissersheim
Zugehörigkeit: Evang., Grünstadt
Baujahr: 1744 - 1755 Kirchenschiff, 13. Jh Turm
1776 Turmhelm
Renovierungen: 1955/56
Sitzplätze: 213
Orgel: 1932 Poppe, II/10 pneum., Pedal 1772 Kampff

Bisterschied
Zugehörigkeit: Evang., Rockenhausen
Baujahr: 1759/60
Renovierungen: 1960-1964, 1982/83, 1986/87
Sitzplätze: 228
Orgel: Harmonium

Blankenborn
Name: St. Bartholomäus
Zugehörigkeit: Kath., Landau - Bad Berzabern
Baujahr: 1765
Sitzplätze: 110
Orgel: 1835 Seuffert, I/7, Restaur. 1979 Kern

Blickweiler

Name:	St. Barbara
Zugehörigkeit:	Kath., Blieskastel
Baujahr:	1733
Erweiterungen:	1928 Turm erhöht und Langschiff angebaut
Renovierungen:	1948 Wiederaufbau, 1988
Beschädigungen:	1945 stark beschädigt
Sitzplätze:	380
Orgel:	1964 Mayer, II/21

Mosaik der Hl. Barbara von Franz Alt (Saarbrücken), Kreuzweg von Alfred Gottwald.

Bliesdalheim

Name:	St. Wendelinus
Zugehörigkeit:	Kath., Saarpfalz - Gersheim
Baujahr:	1801
Erweiterungen:	1921 - 23 Otto Haffner, Herbitzheim
Renovierungen:	1988
Beschädigungen:	Im Zweiten Weltkrieg stark beschädigt
Sitzplätze:	270

Hochaltar (18. Jh), Sandsteinstatuen St. Maria und St. Antonius (18. Jh) und Holzstatue St. Wendelinus (18. Jh).

Bliesdalheim

Zugehörigkeit:	Evang., Zweibrücken
Baujahr:	1907 Turm; 1927 Kirchenschiff
Architekt:	1927 Schäfer, Zweibrücken
Wiederaufbau:	1948 - 1950
Renovierungen:	1964 - 1967
Beschädigungen:	Im Krieg
Sitzplätze:	120
Orgel:	Elektronisch

Blieskastel

Name:	Sieben Schmerzen Mariens
Zugehörigkeit:	Kath., Saarpfalz - Blieskastel
Baujahr:	1929
Architekt:	Weiß und Schultheis, Saarbrücken
Renovierungen:	1967
Beschädigungen:	Im Krieg teilweise zerstört
Sitzplätze:	240
Orgel:	1972 Mayer, II/18

Barocker Altar (1750), Deckenstuck (17. Jh), Gnadenbild „Maria mit den Pfeilen" (14. Jh. aus Gräfinthal). Eines der ältesten Wallfahrtsbilder Deutschlands. Wallfahrtstage an allen Marienfesten und vom 8. bis 15. September.

Blieskastel

Zugehörigkeit:	Evang., Zweibrücken
Baujahr:	1912
Architekt:	Ludwig Wagner, München
Sitzplätze:	306
Orgel:	1912 Steinmeyer, II/15 pneum, Umbau: 1959/60 Hintz

Zusammen mit dem benachbarten Pfarrhaus eine kleine „Barockresidenz".

Blieskastel

Name:	St. Anna und St. Philippus (Schloßkirche)
Zugehörigkeit:	Kath., Saarpfalz - Blieskastel
Baujahr:	1778
Architekt:	Peter Reheis
Renovierungen:	1859, 1921, 1955, 1977
Beschädigungen:	Im Zweiten Weltkrieg beschädigt
Sitzplätze:	430
Orgel:	1972 Mayer, III 33

Hochaltar (18. Jh), barocke Seitenaltäre, Deckengemälde von Holzner (München, 1956), Holzstatue St. Sebastian (18. Jh).

Bliesmengen - Bolchen

Name:	St. Peter in Ketten (ehem. Kirche)
Zugehörigkeit:	Kath., Saarpfalz - Mandelbachtal
Baujahr:	14. Jh Turmuntergeschoß, 1752 Schiff
Erweiterungen:	1866 nach Norden
Beschädigungen:	1944 zerstört, 1948 Wiederaufbau

Bliesmengen - Bolchen
Name: St. Paulus
Zugehörigkeit: Kath., Saarpfalz - Mandelbachtal
Baujahr: 1965
Architekt: Dücker
Renovierungen: 1988
Sitzplätze: 610
Orgel: 1973 Walcker, II/17 mech./elek.

Tabernakel und Altar von Kubach, Fenster von Josse.

Bobenheim am Berg
Zugehörigkeit: Evang., Bad Dürkheim
Baujahr: 13. Jh, im 15. Jh und 1715/20 verändert
Renovierungen: 1928, 1956 - 1967, 1984
Sitzplätze: 200
Orgel: 1909 Steinmeyer, II/9, Restaur. 1994/95 Kuhn

Bobenheim am Berg
Name: St. Nikolaus
Zugehörigkeit: Kath., Bad Dürkheim - Bad Dürkheim
Baujahr: 1844, Turm 1929
Architekt: Jodl
Sitzplätze: 80
Orgel: 1941 Sattel, I/8

Muttergottesfigur und zwei Heiligenfiguren aus dem 18. Jh.

Bobenheim

Name:	St. Laurentius
Zugehörigkeit:	Kath., Speyer - Frankenthal
Baujahr:	1897/98
Architekt:	Ludwig Becker, Mainz
Renovierungen:	1982/83
Sitzplätze:	404
Orgel:	1982/83 Mayer, II/22

Holzreliefs der Kreuzwegstationen, bemalter Flügelaltar (1585) und Statue des Hl. Mauritius.

Bobenthal

Name:	St. Michael
Zugehörigkeit:	Kath., Pirmasens - Dahn
Baujahr:	1878
Erweiterungen:	Turm 1914 verändert
Renovierungen:	1985
Sitzplätze:	225
Orgel:	1817 Ubhaus, I/12 mech.

Böbingen

Zugehörigkeit:	Evang., Neustadt
Baujahr:	1819
Renovierungen:	1951
Sitzplätze:	361
Orgel:	1980 Owart II/13 mech.

Böbingen

Name:	St. Sebastian
Zugehörigkeit:	Kath., Landau - Edenkoben
Baujahr:	1250, 1758, Turm um 1500
Renovierungen:	1978, 1987
Sitzplätze:	135
Orgel:	1824 Seuffert, I/9

Böchingen

Zugehörigkeit:	Evang., Landau
Baujahr:	16. Jh
Architekt:	1964/65 Heinrich Scheid, Heuchelheim mit Bauabteilung Landeskirchenrat
Renovierungen:	1925, 1951, 1964/65
Erweiterungen:	1730 Schiff nach Osten erweitert, Dachreiter
Sitzplätze:	308
Orgel:	1773 Baumann, Restaur. 1983 Owart, I/12

Bockenheim

Name:	Martinskirche
Zugehörigkeit:	Evang., Grünstadt
Baujahr:	1230 erstmals genannt, um 1700 Barockisierung der Innenausstattung, Glockenturm Ende des 13. Jh, ehemals Turm der 1833 abgebrochenen Liebfrauenkirche.
Renovierungen:	1962-66, 1992
Sitzplätze:	260
Orgel:	1813 Stumm, Umbau 1967 Oberlinger, I/12 mech.

Kreuzförmiger Grundriß mit querrechteckiger Vierung und quadratischen Kreuzarmen. 1964 wurden im Chor Wandmalereien aus dem 13. Jh freigelegt; Taufstein aus dem 16. Jh. Skulpturen an Gewölbepfeilern.

Bockenheim

Name:	Lambertskirche
Zugehörigkeit:	Evang., Grünstadt
Baujahr:	12. Jh Turm 1710 Kirchenschiff
Renovierungen:	1958, 1987 Koch, Colgenstein
Sitzplätze:	307
Orgel:	1925 Walcker, II/12 pneum.

Drei Chorfenster von Willy Degen.

Bockenheim

Name:	St. Lambert
Zugehörigkeit:	Kath., Bad Dürkheim - Grünstadt
Baujahr:	1936
Architekt:	Schönwetter und Schaltenbrand, Neustadt
Renovierungen:	1986
Sitzplätze:	140
Orgel:	1957 Scherpf, I/7

Barocker Hochaltar mit Muttergottes-Statue, gotischer Taufstein.

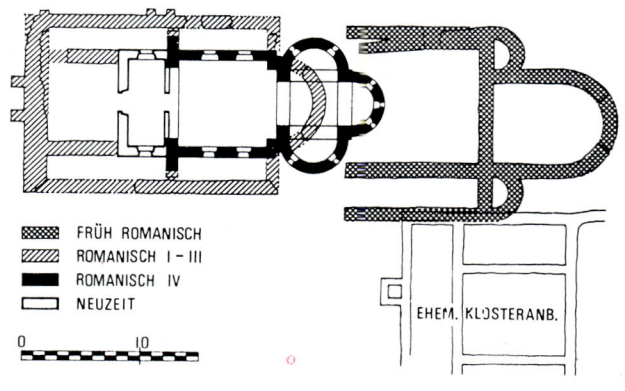

FRÜH ROMANISCH
ROMANISCH I - III
ROMANISCH IV
NEUZEIT

EHEM. KLOSTERANB.

Böckweiler

Name:	Stephanuskirche
Zugehörigkeit:	Evang., Zweibrücken
Baujahr:	12. Jh. Chorturm mit drei Konchen
Architekt:	Wiederaufbau Krüger 1949
Beschädigungen:	Im dreißigjährigen Krieg und im 2. Weltkrieg
Sitzplätze:	200
Orgel:	1964 Oberlinger, I/8 mech.

Ehemalige Priorats-Kirche der Benediktiner.

Böhl

Name:	Alle Heiligen
Zugehörigkeit:	Kath., Speyer - Mutterstadt
Baujahr:	1856/57
Architekt:	L. Hagemann
Renovierungen:	1986 - 1988
Sitzplätze:	300
Orgel:	1968 Zimnol, II/19

Neugotischer Schnitzaltar (1858 Schwaab, Speyer) und barocke Seitenaltäre.

Böhl

Zugehörigkeit:	Evang., Speyer
Baujahr:	1907 - 1909
Architekt:	Conrad Kreuzberg, Neustadt
Beschädigungen:	Der ursprüngliche Bau von 1844 brannte 1906 ab.
Sitzplätze:	670
Orgel:	1969 Steinmeyer, II/20

Empore auf klassizistischen Säulen, Tonnengewölbe mit Kassettierung, Kanzelaltar.

Bolanden

Zugehörigkeit:	Evang., Kirchheimbolanden
Baujahr:	1926
Architekt:	Karl Latteyer und Hans Schneider, Ludwigshafen
Renovierungen:	1965
Sitzplätze:	363
Orgel:	1959 Oberlinger, II/16 (unvollendet), mech.

Bolanden
Name: Mariä Geburt
Zugehörigkeit: Kath., Donnersberg - Kirchheimbolanden
Baujahr: 1930
Architekt: Höllrigl und Renner
Renovierungen: 1989
Sitzplätze: 218
Orgel: 1951 Ott, II/10 mech.

Böllenborn
Name: Maria Geburt
Zugehörigkeit: Kath., Landau - Bad Bergzabern
Baujahr: 1489
Erweiterungen: 1722 und 1741 Anbau
Renovierungen: 1980
Sitzplätze: 187

Bornheim
Zugehörigkeit: Evang., Landau
Baujahr: 1765
Renovierungen: 1900, 1951/52, 1970
Sitzplätze: 213
Orgel: 1980/81 Oervart, I/8, Prospekt Ubhaus 1799

Bornheim
Name: St. Laurentius
Zugehörigkeit: Kath., Landau - Landau - Land
Baujahr: 1750
Erweiterungen: 1956
Renovierungen: 1971
Beschädigungen: 1945 teilweise zerstört
Sitzplätze: 130
Orgel: 1948 Sattel, II/11 pneum.

Börrstadt
Name: St. Nikolaus
Zugehörigkeit: Kath., Donnersberg - Rockenhausen
Baujahr: 1800
Erweiterungen: 1900
Renovierungen: 1969 - 1971
Sitzplätze: 310
Orgel: 1893 Voit, I/10, Umbau: Zimnol

Bosenbach
Zugehörigkeit: Evang., Lauterecken
Baujahr: 1802
Renovierungen: 1962/63, 1986
Sitzplätze: 280
Orgel: 1879 Walcker, I/9 mech.

An der Frontseite der Kirche befindet sich eine Sonnenuhr mit einem Barockengelskopf.

Boßweiler
Name:	St. Oswald
Zugehörigkeit:	Kath., Bad Dürkheim - Grünstadt
Baujahr:	15. Jh Chor, 1707 Kirche
Architekt:	Bauherr Johann Wilhelm Merz
Renovierungen:	1980
Sitzplätze:	195
Orgel:	1870 Mayer Hainstadt, I/6, aus Wattenheim

Hochaltar von 1701, Kanzel von 1730, Orgelempore mit Malereien. Taufstein von 1520, Sakramentsnische mit Reliefköpfen.

Bottenbach
Zugehörigkeit:	Evang., Zweibrücken
Baujahr:	1958, Turm Anfang 13. Jh
Architekt:	Friedel Bauer, Bottenbach / München
Sitzplätze:	160
Orgel:	1974 Späth I/3

Breitenbach
Zugehörigkeit:	Evang., Homburg
Baujahr:	1783 - 1787 Langhaus, 14. Jh Chorturm
Architekt:	1783 Langhaus von Friedrich Gerhard Wahl
Renovierungen:	1958 - 1960 Heinrich Kallmeyer, Kaiserslautern
Sitzplätze:	240
Orgel:	1905 Steinmeyer, II/8 pneum.

Breitenbach
Name: St. Jakobus
Zugehörigkeit: Kath., Kusel - Schönenberg - Kübelberg
Baujahr: 1898 - 1900
Architekt: Wilhelm Schulte I
Renovierungen: 1987
Sitzplätze: 480
Orgel: 1904 Steinmeyer, II/17 pneum.,
Restaur. 1989 Oehms

Breitfurt / Saar
Zugehörigkeit: Evang., Zweibrücken
Baujahr: 1717 Schiff, 1822 Dachreiter
Renovierungen: 1948, 1964
Beschädigungen: Französische Revolution und 2. Weltkrieg
Sitzplätze: 240
Orgel: 1954 Mayer, I/6 mech.

Brenschelbach
Zugehörigkeit:	Evang., Zweibrücken
Baujahr:	14. Jh Turm, 1784 Schiff
Architekt:	1784 Friedrich Gerhard Wahl, Zweibrücken
Renovierungen:	1904, 1928, 1949/50, 1970
Beschädigungen:	1939 - 1945
Sitzplätze:	260
Orgel:	Elektronisch

Breunigweiler
Zugehörigkeit:	Evang., Winnweiler
Baujahr:	1763-66 Schiff, 1822 Turm
Renovierungen:	1952 - 1955, 1963
Sitzplätze:	100
Orgel:	1915 Poppe und Söhne, Offenbach bei Landau, I/5 pneum., Umbau 1955 Oberlinger

Bruchmühlbach
Zugehörigkeit:	Evang., Homburg
Baujahr:	1974/75
Architekt:	Günther Memmert
Orgel:	1989 Mayer, I/8 mech.

Bruchmühlbach
Name: St. Maria Magdalena
Zugehörigkeit: Kath., Kaiserslautern-Ramstein-Bruchmühlbach
Baujahr: 1862 - 64
Architekt: Erweiterung 1968 von Erhard Leidner
Sitzplätze: 446
Orgel: 1887 Voit, I/10, Umbau: Sattel/Zimnol

Bruchweiler
Name: Hl. Kreuz
Zugehörigkeit: Kath., Pirmasens - Dahn
Baujahr: 1839 - 1841
Renovierungen: 1987
Sitzplätze: 380
Orgel: 1994 Mühleisen, Leonberg, III/31 mech./elek.

Brücken
Zugehörigkeit: Evang., Kusel
Baujahr: 1953
Architekt: Didion, Lauterecken
Sitzplätze: 250
Orgel: 1954 Oberlinger, I/5 elek.

Brücken
Name: St. Laurentius
Zugehörigkeit: Kath., Kusel - Schönenberg - Kübelberg
Baujahr: 1953 - 1955
Architekt: Wilhelm Schulte II
Renovierungen: 1984
Sitzplätze: 400
Orgel: 1962/63 Mayer, II/29

Bubenheim
Name: St. Petrus
Zugehörigkeit: Kath., Donnersberg - Kirchheimbolanden
Baujahr: 11. Jh, 1163 erneuert
Renovierungen: 1960
Sitzplätze: 75
Orgel: 1869 Schlimbach, I/7

Barockes Kruzifix, Taufstein um 1500, Bauinschrift mit Bildnis. Lavabonische. Quadratischer Chor, halbkreisförmige Apsis, Vorhalle mit Rundbogenportal und spätgotischem Innenportal.

Büchelberg
Name: St. Laurentius
Zugehörigkeit: Kath., Germersheim - Wörth
Baujahr: 1745/46
Erweiterungen: 1976 Bischöfl. Bauamt, Beuerlein
Sitzplätze: 340
Orgel: 1981 Zimnol, II/12 mech.

Bundenthal
Name: St. Peter und Paul
Zugehörigkeit: Kath., Pirmasens - Dahn
Baujahr: 1743
Erweiterungen: 1835, 1952 W. Schulte II
Sitzplätze: 310
Orgel: 1992 Kuhn, II/20, mech./elek.

Burgalben
Zugehörigkeit: Evang., Pirmasens
Baujahr: 1412 Chorturm, 1740 Schiff
Renovierungen: 1905, 1947/48, 1962
Sitzplätze: 225
Orgel: 1994 Mayer, I/12 mech.

Burrweiler
Name: Mariä Heimsuchung
Zugehörigkeit: Kath., Landau - Edenkoben
Baujahr: 1523
Erweiterungen: 1866/67 nach Westen verlängert
Sitzplätze: 240
Orgel: 1924 Steinmeyer, II/19 pneum.

Muttergottes und Hl. Joseph (18. Jh) sowie Grabmäler und Wappengrabsteine. Kanzel und Taufstein von 1605.

Burrweiler

Name:	St. Anna - Kapelle
Zugehörigkeit:	Kath., Landau - Edenkoben
Baujahr:	1895/96
Architekt:	W. Schulte I
Erweiterungen:	Neuer Vorbau 1984
Sitzplätze:	80
Orgel:	Elektronisch

Wallfahrtstage: 1. Mai und neun Dienstage, im Juli beginnend.

Busenberg
Name:	St. Jakobus
Zugehörigkeit:	Kath., Pirmasens - Dahn
Baujahr:	1760 - 1767, 1927-1929 Neubau
Architekt:	Rudolf Perignon (Neubau)
Beschädigungen:	1944/45
Renovierungen:	1985
Sitzplätze:	380
Orgel:	1971 Mayer, II/19

Callbach
Zugehörigkeit:	Evang., Obermoschel
Baujahr:	1779-1781
Architekt:	Friedrich G. Wahl, Zweibrücken
Erweiterungen:	1546, 1779 - 1781
Beschädigungen:	1540, 1770
Sitzplätze:	270
Orgel:	1961 Owart, I/3, 1966 erworben

Carlsberg
Name:	Heilig Kreuz
Zugehörigkeit:	Kath., Bad Dürkheim - Grünstadt
Baujahr:	1874 - 1879
Architekt:	Leonhard Heiny
Renovierungen:	1979
Sitzplätze:	260
Orgel:	1913 Poppe, II/16 pneum.

Carlsberg

Zugehörigkeit:	Evang., Grünstadt
Baujahr:	1863/64
Architekt:	Bauassistent Kreiner, Neustadt
Renovierungen:	1955/56, 1980-83
Sitzplätze:	287
Orgel:	1870 Mayer, I/11 mech. Restaur. Vleugels 1992

Viergeschoßiger Turm mit gezahnten Ecklisenen und oktogonalem Spitzhelm.

Clausen

Name:	Seliger Bernhard von Baden
Zugehörigkeit:	Kath., Pirmasens - Rodalben
Baujahr:	1902
Architekt:	Ludwig Becker, Mainz
Renovierungen:	1988 Turm
Sitzplätze:	660
Orgel:	1916 Klais, II/25 pneum., Restaur. 1986 Klais

Colgenstein

Zugehörigkeit:	Evang., Grünstadt
Baujahr:	12. Jh Turm und Schiff, das 1736 zu einem Rechtecksaal umgebaut und 1815/18 erweitert wurde.
Renovierungen:	1951/52, 1966
Sitzplätze:	180
Orgel:	1970 Owart, I/10, Prospekt Keller, Darmstadt

Der Turm ist eines der schönsten Bauwerke pfälzischer Kirchtürme und beherbergt die älteste Glocke (1320). Die kleinere der beiden Glocken steht heute beschädigt im Altarraum. Spätgotischer Taufstein von 1509 mit Heiligendarstellungen.

Contwig

Name:	Martin Luther-Kirche
Zugehörigkeit:	Evang., Zweibrücken
Baujahr:	1784/85
Architekt:	Friedrich Gerhard Wahl, Zweibrücken
Erweiterungen:	1785 Chorturm aufgestockt
Renovierungen:	1906, 1956, 1980
Beschädigungen:	Im Zweiten Weltkrieg
Sitzplätze:	450
Orgel:	1843 Gebrüder Stumm, I/12 mech. Restaur./Umbau: 1966/67 Oberlinger

Contwig

Name:	St. Laurentius
Zugehörigkeit:	Kath., Pirmasens - Zweibrücken
Baujahr:	1905
Architekt:	Wilhelm Schulte I
Renovierungen:	1981
Beschädigungen:	1945 zerbombt, wiederaufgebaut bis 1956
Sitzplätze:	820
Orgel:	1932 Späth, II/28

Hl. Stephanus und Hl. Laurentius um 1700, Hl. Josef (18. Jh), Muttergottes um 1750.

Dackenheim

Zugehörigkeit:	Evang., Bad Dürkheim
Baujahr:	Nach 1704
Renovierungen:	1959, 1995
Sitzplätze:	200
Orgel:	1875 Walcker, I/5 mech.

Dackenheim

Name:	St. Maria Immaculata
Zugehörigkeit:	Kath., Bad Dürkheim - Bad Dürkheim
Baujahr:	1200 Turm, 1844 Schiff erneuert und erweitert
Erweiterungen:	1839 W. Brock
Renovierungen:	1989
Sitzplätze:	165
Orgel:	1953 Walcker, I/4

Dahn

Zugehörigkeit:	Evang., Pirmasens
Baujahr:	1883/84
Architekt:	Leimbach, München
Renovierungen:	1952/53, 1965, 1980
Sitzplätze:	360
Orgel:	1965 Steinmeyer, I/12 mech.

Dahn
Name: St. Laurentius
Zugehörigkeit: Kath., Pirmasens - Dahn
Baujahr: 1787/88
Architekt: Spieß und Werner, Landau
Renovierungen: 1987
Sitzplätze: 510
Orgel: 1995 Klais, II/27

Schnitzereien an Kanzel, Tür und Hochaltar.

Dannenfels
Zugehörigkeit: Evang., Kirchheimbolanden
Baujahr: 1673 Schiff, 1781 Turm
Erweiterungen: 1781 Turm angebaut
Renovierungen: 1835, 1887, 1933, 1963
Sitzplätze: 284
Orgel: 1758 Stumm, , I/11
               Restaur. 1973 Oberlinger

Besonderheit: Flachtonne im Innern.

Dannstadt
Zugehörigkeit: Evang., Speyer
Baujahr: 1848/49
Architekt: Jakob Foltz, Speyer
Renovierungen: 1960, 1975
Sitzplätze: 650
Orgel: 1984 Hammer, Hannover, II/23 mech.

Dannstadt
Name: St. Michael
Zugehörigkeit: Kath., Speyer - Mutterstadt
Baujahr: 1866/67
Architekt: Speth (Umbau)
Erweiterungen: 1775 Helm aufgesetzt, 1866 abgetragen,
                 1965 Erweiterungsbau
Renovierungen: 1966, dabei Orgelempore erneuert
Sitzplätze: 441
Orgel: 1956 Späth, II/19, Umbau: 1982 Kuhn

Taufstein von 1630, zwei Holzstatuen (18. Jh).

Deidesheim
Zugehörigkeit: Evang., Bad Dürkheim
Baujahr: 1875
Renovierungen: 1891, 1957 Fritz Höckelsberger,
                 Deidesheim
Sitzplätze: 193
Orgel: 1964 Ott, II/11 mech.

Deidesheim
Name: St. Ulrich
Zugehörigkeit: Kath., Bad Dürkheim - Deidesheim
Baujahr: 1462, 1697 wiedererbaut
Renovierungen: 1962-64, 1985-86
Beschädigungen: 1689 niedergebrannt
Sitzplätze: 430
Orgel: 1995 Kuhn, II/25, Prospekt: Walcker 1861

Triumphkreuz von 1510, aus gleicher Zeit Hl. Anna Selbdritt auf dem Seitenaltar. Holzrelief Hl. Georg aus dem 15. Jh. Ölgemälde Christi Himmelfahrt von Augustin Palme (1864). Neben der Kirche ein Beinhaus, das heute als Gedenkstätte für die Gefallenen dient.

Deidesheim
Name: Hospitalkirche
Zugehörigkeit: Kath., Bad Dürkheim - Deidesheim
Baujahr: 1494
Sitzplätze: 60
Orgel: Elektronisch

Dellfeld
Zugehörigkeit: Evang., Pirmasens
Baujahr: 13. Jh Turm, 1923/24 Schiff
Architekt: 1923/24 Hellenthal, Zweibrücken
Sitzplätze: 297
Orgel: 1925 Walcker, II/12 pneum.

Dennweiler - Frohnbach

Zugehörigkeit: Evang., Kusel
Baujahr: 1908
Renovierungen: 1959 H. G. Fiebiger, Kaiserslautern
Sitzplätze: 200
Orgel: 1970 Oberlinger

Dernbach

Zugehörigkeit: Evang., Landau
Baujahr: 1898
Architekt: Franz Schöberl, Speyer
Renovierungen: 1945, 1960
Sitzplätze: 100
Orgel: Harmonium

Kanzel mit Holzreliefs (vier Evangelisten und Moses, vor 1608).
Ehemaliger lutherischer Altar aus der Stiftskirche in Landau.

Diedesfeld

Name: St. Remigius
Zugehörigkeit: Kath., Bad Dürkheim - Neustadt
Baujahr: Roman. Turm, 1752 Saalbau
Renovierungen: 1970 - 1972
Sitzplätze: 368
Orgel: 1960 Reiser, II/28 mech.

Dernbach
Name: Hl. Dreifaltigkeit
Zugehörigkeit: Kath., Landau - Annweiler
Baujahr: 13. Jh Chor, 15. Jh Langhaus
und Westturm, 1651 wiedererbaut
Sitzplätze: 240
Orgel: 1820 Alffermann, 13 Reg. mech.
Restaur. 1993 Vier

Wandgemälde aus dem 14. Jh an der Ostseite des Chors, Taufstein um 1500, Bischofsfigur 15. Jh. Sakramentshäuschen 14. Jh.

Dielkirchen
Zugehörigkeit: Evang., Rockenhausen
Baujahr: 1727/28 - 1738
Renovierungen: 1965
Sitzplätze: 298
Orgel: 1793 Philipp Christian Schmidt, Rockenhausen II/26 elek./mech.
Umbau/Restaur. 1975 Oberlinger

Dietschweiler (oben links)
Zugehörigkeit: Evang., Kusel
Baujahr: 1952 - 1954
Architekt: Hans Georg Fiebiger, Kaiserslautern
Sitzplätze: 184
Orgel: 1991 Kuhn, I/12 mech.

Dierbach (oben rechts)
Zugehörigkeit: Evang., Bad Bergzabern
Baujahr: 1502 - 1513
Renovierungen: 1606, 1954 Bauabteilung Landeskirchenrat
Beschädigungen: 1945
Sitzplätze: 205
Orgel: 1955 Oberlinger, I/12

Spätgotisches Netzgewölbe und Maßwerkfenster im Chor, Kanzel auf achteckigem Steinpfeiler, Empore auf Holzpfeilern.

Dimbach
Zugehörigkeit: Evang., Bad Bergzabern
Baujahr: 1904/05
Architekt: J. Kullmann, Annweiler
Sitzplätze: 170
Orgel: 1953 Walcker, I/4 mech., 1963 erworben

Dirmstein
Zugehörigkeit: Evang., Frankenthal
Baujahr: 1740-42 Neubau nach Brand 1689,
                 Turm 16. Jh
Architekt: Balthasar Neumann (vereinfachte Pläne)
Sitzplätze: 250 (310)
Orgel: 1870 Walcker, II/1⁻,
                 Umbau: Oberlinger 1966

In Dirmstein befinden sich zwei Kirchen unter einem gemeinsamen Dach, kein Simultaneum im engeren Sinn.

Dirmstein (oben rechts)
Name: Ehem. Hospitalkirche St. Maria Magdalena
Zugehörigkeit: Kath., Bad Dürkheim-Grünstadt
Baujahr: 13. Jh

Dirmstein (unten links)
Name: St. Laurentius
Zugehörigkeit: Kath., Bad Dürkheim - Grünstadt
Baujahr: 1742
Architekt: Balthasar Neumann
Renovierungen: 1963
Sitzplätze: 310
Orgel: 1900 Voit, II/23
 Umbau: 1986 Peter Vier, Friesenheim-Oberweiler

Schnitzereien an der Emporenbrüstung. Seitenaltäre (1750) mit Rokoko-Aufbauten, Hochaltar mit sechs Marmorsäulen, zwei Heiligenfiguren. Stuckrahmenfelder an der Decke.

Donsieders
Zugehörigkeit: Evang., Pirmasens
Baujahr: 1962/63
Architekt: Gerhard Sapper, Waldfischbach
Sitzplätze: 235
Orgel: 1968 Zimnol

Donsieders
Name: Heiligstes Herz Jesu
Zugehörigkeit: Kath., Pirmasens - Rodalben
Baujahr: 1934
Architekt: Albert Boßlet
Sitzplätze: 230
Orgel: 1957 Sattel, II/7, Restaur. 1980 Wehr

Dörrenbach (oben rechts Grundriß)
Name: Dörrenbach - St. Martin (Simultankirche)
Zugehörigkeit: Evang. und kath., Bad Bergzabern
Baujahr: Chorturm 1300, obere Geschoße und Langhaus 16. Jh
Renovierungen: 1959-61 Heinz Fröhlich, Ludwigshafen
Beschädigungen: 1460 zerstört
Sitzplätze: 233
Orgel: 1953 Weigle, II/12, elek.

Bekannteste Wehranlage der Pfalz; an den vier Ecken des Kirchhofs runde Mauertürme mit Spitzhelmen. Südlich am Kirchturm ein rundes Treppentürmchen mit Nische für eine Totenleuchte. Wandmalereien aus dem 14. und 15. Jh. Einzigartiger Wehrfriedhof.

Dörrenbach
Name: Kolmerberg-Kapelle Maria Hilf
Zugehörigkeit: Kath., Landau - Bergzabern
Baujahr: 1719, 1805-15 Wiederaufbau
Erweiterungen: 1745
Sitzplätze: 100

Das Gnadenbild stammt aus dem 15. Jh, Wallfahrtstage sind Mariä Heimsuchung und Kreuzerhöhung.

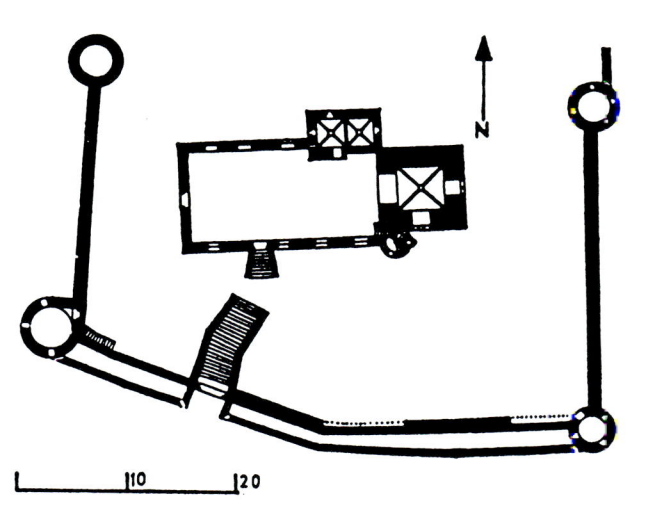

Dörnbach
Name:	(Simultankirche)
Zugehörigkeit:	Kath. und Evang., Donnersberg - Rockenhausen
Baujahr:	1968/69
Architekt:	Fritz Waldherr, Dreisen
Sitzplätze:	40
Orgel:	Elektronisch

Dörrmoschel
Zugehörigkeit:	Evang., Rockenhausen
Baujahr:	1712
Architekt:	Haquinus Schlang (vermutet)
Renovierungen:	1960-70, 1988 Dach, Glockenturm und Außenfassade
Sitzplätze:	255
Orgel:	Oberlinger, I/6 mech.

Dreisen
Zugehörigkeit:	Evang., Kirchheimbolanden
Baujahr:	1781 Langhaus und Turm
Renovierungen:	1951 - 1963, 1985
Sitzplätze:	484
Orgel:	1976 Owart

Duchroth

Zugehörigkeit:	Evang., Obermoschel
Baujahr:	1908 - 1910
Architekt:	Karl Schenkel, München - Pasing
Sitzplätze:	351
Orgel:	1910 Steinmeyer, II/14 pneum.

Seitlich versetzter Turm, offene Vorhalle, welsche Turmhaube. Kuriosum: Das mechanische Uhrwerk muß jeden Tag von Hand aufgezogen werden.

Dudenhofen

Zugehörigkeit:	Evang., Speyer
Baujahr:	1960/61
Architekt:	Egon Freyer, Speyer
Sitzplätze:	120
Orgel:	1969 Scherpf, I/8

Dudenhofen

Name:	St. Gangolf
Zugehörigkeit:	Kath., Speyer - Dudenhofen - Römerberg
Baujahr:	1877, Turm 1770
Architekt:	Franz Schöberl, Speyer
Erweiterungen:	1969 Anbau
Renovierungen:	1985
Beschädigungen:	1945
Sitzplätze:	598
Orgel:	1972 Späth, II/23, elek.

Neugotische Schnitzaltäre von Peter Sprenger, München mit reichen Verzierungen. Fenster im Langhaus von Johann Kniebitzsch (Mannheim, 1907).

Dunzweiler
Zugehörigkeit: Evang., Homburg
Baujahr: 1840
Renovierungen: 1964/65 Friedrich Sofsky, Bruchmühlbach
Sitzplätze: 190
Orgel: 1995 Vleugels, I/8 mech.

Dunzweiler
Name: St. Ägidius
Zugehörigkeit: Kath., Kusel - Schönenberg - Kübelberg
Baujahr: 1962 - 1964
Architekt: Wilhelm Schulte II
Renovierungen: 1987
Sitzplätze: 480

Duttweiler
Zugehörigkeit: Evang., Neustadt
Baujahr: 1832
Renovierungen: 1952
Sitzplätze: 253
Orgel: 1836 W. Ubhaus, I/11
Restaur. 1984 Steinmeyer

Duttweiler

Name:	St. Michael
Zugehörigkeit:	Kath., Bad Dürkheim - Neustadt
Baujahr:	1877 Kirchenschiff, 13.-18. Jh Turm
Architekt:	Franz Schöberl, Speyer
Sitzplätze:	190
Orgel:	1968/74/81 Wehr, II/14 elek.

Turmuntergeschoß aus dem 13. Jh.

Ebernburg

Zugehörigkeit:	Evang., Obermoschel
Baujahr:	1200 Langhaus mit Chor, 13. Jh Turm
Renovierungen:	1930, 1973/74
Beschädigungen:	1698
Sitzplätze:	189
Orgel:	1840 Weil/Oberlinger, I/9 mech. Umbau: 1974 Oberlinger

Im Turm unten Wappensteine der Sickinger von 1607 und 1615. 1930 zwei unterirdische Wehrgänge (zur Burg und zur Nahe führend) entdeckt. Sterbeglocke von 1429, Taufglocke von 1761, Betglocke von 1959.

Ebernburg

Name:	St. Johannes
Zugehörigkeit:	Kath., Donnersberg - Rockenhausen
Baujahr:	1915 - 1918
Architekt:	Karl Marschall, August Greifzu
Renovierungen:	1984
Sitzplätze:	210
Orgel:	1931 Klais, II/15

Ebertsheim

Zugehörigkeit:	Evang., Grünstadt
Baujahr:	Roman. Langhaus, 1746 umgebaut
Architekt:	Renovierung: Fritz Waldherr Dreisen
Renovierungen:	1962
Sitzplätze:	175
Orgel:	1956/67 Oberlinger, II/13 mech.

Spätgotisches Portal an der Südseite, daneben eine Sonnenuhr eingeritzt.

Edenkoben

Zugehörigkeit:	Evang., Neustadt
Baujahr:	1438 Turmunterbau, 1739 Schiff
Renovierungen:	1960, 1980
Architekt:	Johann Georg Kuntzelmann, Heidelberg
Sitzplätze:	1000
Orgel:	1977/79 Walcker, II/30
	Prospekt: Hartung 1757

Empore mit Brüstungsbildern, Stuckdecke, Kanzel. Turm mit Kreuzrippen von 1438, im 19. Jh um ein Geschoß erhöht.

Edenkoben

Name:	St. Ludwig IX
Zugehörigkeit:	Kath., Landau - Edenkoben
Baujahr:	1887 - 1889
Architekt:	F. Bernatz und W. Schulte
Renovierungen:	1989
Sitzplätze:	430
Orgel:	1989 Kuhn, III/29 mech./elek.

Kreuzwegstationen und Apostelstatuen von Schiemann, München.

Edesheim
Zugehörigkeit: Evang., Landau
Baujahr: 1967/68
Architekt: Wilhelm Ecker
Orgel: Oberlinger, I/6

Edesheim
Name: St. Peter und Paul
Zugehörigkeit: Kath., Landau - Edenkoben
Baujahr: 1742, Turm 1794
Architekt: W. Schulte I 1933
Erweiterungen: 1933 Seitenschiff und Unterkirche
Renovierungen: 1980/81 Erneuerung des Chorraums
Beschädigungen: 1794 zerstört, 1811/12 wiederaufgebaut
Sitzplätze: 720
Orgel: 1882 Steinmeyer, I/20

Einöd
Zugehörigkeit: Evang., Zweibrücken
Baujahr: 1752 Schiff
Architekt: 1949/50 Fritz Zawar, Homburg
Erweiterungen: 1868 neugotisch verändert und Turm, 1949 Wiederaufbau, 1975 Sakristei angebaut
Renovierungen: 1958, 1973 Turm, 1976 Horst Binkle, Homburg
Beschädigungen: 1944/45 zerstört
Sitzplätze: 300
Orgel: 1985 Koenig, Sarre-Union, II/14 mech.

Einöllen
Zugehörigkeit:	Evang., Lauterecken
Baujahr:	Roman. Schiff, im 14. Jh und 1729 verändert
Renovierungen:	1954, 1962, 1975
Sitzplätze:	230
Orgel:	1813 Gebrüder Stumm, I/10 Restaur. 1986 Klais

Einselthum
Zugehörigkeit:	Evang., Kirchheimbolanden
Baujahr:	1760
Sitzplätze:	150
Orgel:	1959 Oberlinger

Einselthum
Name:	St. Martin P. C.
Zugehörigkeit:	Kath., Donnersberg - Kirchheimbolander
Baujahr:	Wiedererbaut 1762
Sitzplätze:	90
Orgel:	1994 Wilbrand, I/8 mech.

Eisenberg

Zugehörigkeit:	Evang., Grünstadt
Baujahr:	1900
Architekt:	Franz Schöberl, Speyer
Sitzplätze:	867
Orgel:	1900 Walcker, II/34, elek., Umbau: Owart

Sehenswerte Glasfenster, steinerne Emporen.

Eisenberg

Name:	St. Matthäus
Zugehörigkeit:	Kath., Bad Dürkheim - Grünstadt
Baujahr:	1914 - 1919
Architekt:	Wilhelm Schulte I
Renovierungen:	1977/78
Sitzplätze:	520
Orgel:	1991 Hubert Sandtner, III/28

Elmstein

Zugehörigkeit:	Evang., Neustadt
Baujahr:	1841 - 1843 Schiff, 1900 Turm
Architekt:	August von Voit, Speyer (1841-43)
Erweiterungen:	1899/1900 Turm angebaut
Renovierungen:	1957/58, 1970
Sitzplätze:	391
Orgel:	1928 Firma Linck, Giengen / Württemberg II/19 pneum, Umbau: 1958 Oberlinger

Grabstein des Ritters Heinrich von Pack, der 1516 gestorben ist und auf der Burg Elmstein residierte.

Ellerstadt

Zugehörigkeit:	Evang., Bad Dürkheim
Baujahr:	1894
Architekt:	Wilhelm Manchot, Mannheim
Sitzplätze:	410
Orgel:	1898 Walcker, II/15 pneum.

Westturm aus dem 16. Jh stammt noch von älterem Bau.

Elmstein

Name:	Unbefleckte Empfängnis (Herz Mariä)
Zugehörigkeit:	Kath., Bad Dürkheim - Lambrecht
Baujahr:	1949 - 1952
Architekt:	A. Boßlet
Sitzplätze:	450
Orgel:	1953 Späth, I/5 pneum.

Der Wallfahrtsaltar enthält Reliquien der Hl. Maria Goretti und des Hl. Ludwig Maria Grignion.

Elmstein
Name: Mariä Heimsuchung (alte Pfarrkirche)
Zugehörigkeit: Kath., Bad Dürkheim - Lambrecht
Baujahr: 1765
Architekt: Karl Schaeffer, Heidelberg
Sitzplätze: 150
Orgel: 1885 H. Schlimbach, I/13

Schnitzereien am Orgelprospekt und Hochaltar (um 1700).

Elschbach
Name: Unsere Liebe Frau und St. Nikolaus
Zugehörigkeit: Kath., Kusel - Schönenberg - Kübelberg
Baujahr: 1955
Architekt: Günter Schuck, Schönenberg
Renovierungen: 1989/90
Sitzplätze: 210
Orgel: Elektronisch

Enkenbach
Zugehörigkeit: Evang., Winnweiler
Baujahr: 1832/33
Renovierungen: 1963/64 Fritz Waldherr, Dreisen
Sitzplätze: 310
Orgel: 1833 Gebrüder Stumm, I/10
Umbau: Zimnol

Früher stand hier eine lutherische Kirche, die 1753 erbaut und 1832 wegen Baufälligkeit abgerissen wurde.

Enkenbach

Name:	St. Norbert
Zugehörigkeit:	Kath., Kaiserslautern - Enkenbach -Alsenborn
Baujahr:	1225 - 1272
Renovierungen:	1967 - 1972
Beschädigungen:	1689 Chor und Querschiff zerstört
Sitzplätze:	300
Orgel:	1959 Walcker, II/14 elek., Truhenorgel G. Kuhn

Basilika mit kreuzförmigem Grundriß, 1564 aufgehoben und profaniert, südlicher Kreuzarm abgebrochen. Ab 1707 wiederhergestellt, 1876 südlicher Kreuzarm und Chor wiederaufgebaut. Über dem Hauptportal Tympanon mit Symboltieren und Rebzweigen.

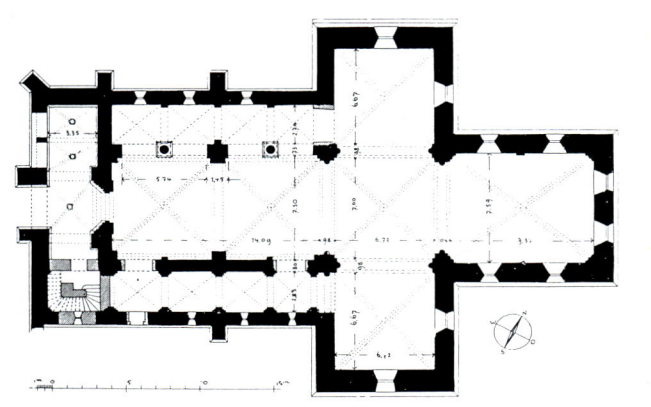

Ensheim

Zugehörigkeit:	Evang., Zweibrücken
Baujahr:	1869
Renovierungen:	1950, 1953, 1957, 1958, 1970
Beschädigungen:	1944/45
Sitzplätze:	100
Orgel:	Elektronisch

Ensheim

Name:	St. Peter
Zugehörigkeit:	Kath., Saarpfalz - Mandelbachtal
Baujahr:	1755
Erweiterungen:	1907 - 1909 um Querhaus, Chorraum und Turm (W. Schulte I)
Renovierungen:	1968 - 1970
Beschädigungen:	1944/45
Sitzplätze:	610
Orgel:	1953 Späth, III/30

Im Innern reiche Barockausstattung: Hochaltar, Seitenaltäre, Kanzel mit Kruzifix. Holzfiguren: St. Nikolaus und St. Wendelin (beide 18. Jh).

Eppenbrunn

Name:	St. Pirmin
Zugehörigkeit:	Kath., Pirmasens - Pirmasens - Land
Baujahr:	1847
Erweiterungen:	1932 Carl Th. Pfirmann
Renovierungen:	1970-72 (Atzberger) und 1990
Sitzplätze:	386
Orgel:	1919 X. Mönch, Überlingen, II/16

Altar, Tabernakel und Ambo von Karl-Heinz Deutsch (Jockgrim).

Eppstein - Flomersheim

Name:	Christuskirche
Zugehörigkeit:	Evang., Frankenthal
Baujahr:	1904/05
Architekt:	Heinrich Grießhaber, Ludwigshafen
Renovierungen:	1952, 1990
Sitzplätze:	250
Orgel:	1904 Voit, II/12 pneum.

Originale Innenausstattung sowie Glasfenster erhalten.

Eppstein
Name: St. Cyriakus
Zugehörigkeit: Kath., Speyer - Frankenthal
Baujahr: 1764/65 (Turm 1509/1511)
Architekt: Hartweck , Wiederaufbau Ochs
Wiederaufbau: 1948/49
Renovierungen: 1972
Beschädigungen: 1943
Sitzplätze: 219
Orgel: ca. 1773 Seuffert,
Restaur. 1994/95 Scherpf

Hochaltar mit Kreuzigungsgruppe, Taufstein 1711, Hl. Cyriakus (18. Jh):

Erfenbach
Zugehörigkeit: Evang., Otterbach
Baujahr: 1737
Renovierungen: 1905, 1952 - 1954 Blauth, Erfenbach
Sitzplätze: 370
Orgel: 1968 Oberlinger, II/23 mech.

Erfenbach
Name: Unbefleckte Empfängnis
Zugehörigkeit: Kath., Kaiserslautern - Kaiserslautern
Baujahr: 1926/27
Architekt: Wilhelm Schulte I
Erweiterungen: 1950 wiedererbaut
Renovierungen: 1986
Sitzplätze: 340
Orgel: 1959 Späth, II/18

Erfweiler

Name:	St. Wolfgang
Zugehörigkeit:	Kath., Pirmasens - Dahn
Baujahr:	1904
Architekt:	Willhelm Schulte I
Erweiterungen:	1969/70
Sitzplätze:	500
Orgel:	1914 Steinmeyer, I/13

Spätgotische Holzfiguren: St. Wolfgang und St. Wendelin, Taufstein um 1800, Holzdecke.

Erfweiler - Ehlingen

Name:	St. Mauritius
Zugehörigkeit:	Kath., Saarpfalz - Mandelbachtal
Baujahr:	1613 Chor, 1824 Langhaus, 1904 neugotischer Saalbau. Rundturm 12. Jh.
Architekt:	W. Schulte I 1904 Kirchenschiff W. Schulte II 1954 Turm
Erweiterungen:	1824 Kirchenschiff erweitert, 1954 Turm erhöht
Renovierungen:	1977 (Janz und Quack)
Sitzplätze:	345
Orgel:	1935 Späth, II/18

Holzrelief St. Mauritius (18. Jh).

Erlenbach bei Dahn

Name:	Mariä Himmelfahrt
Zugehörigkeit:	Kath., Pirmasens - Dahn
Baujahr:	1750
Renovierungen:	1973
Sitzplätze:	145
Orgel:	Voit, I/6

Erlenbach bei Kaiserslautern
Zugehörigkeit: Evang., Otterbach
Baujahr: 1900
Architekt: Franz Schöberl, Speyer
Renovierungen: 1963/64
Sitzplätze: 350
Orgel: 1900 Walcker, II/8, Umbau: Zimnol

Erlenbach bei Kandel
Name: (St. Martin)
Zugehörigkeit: Evang., Germersheim
Baujahr: 1821/22 Schiff, 1866 Turm
Architekt: Meyer, Rülzheim
Renovierungen: 1866 baufälligen Turm abgerissen, Neubau, 1955-59 und 1984-87 renoviert
Sitzplätze: 358
Orgel: 1864 Walcker, II/17, Restaur. 1994 Walcker

Eingeschränktes Simultaneum: Einmal im Jahr findet ein kath. Gottesdienst statt. Bronzekreuz von Wolf Spitzer, Speyer.

Erlenbrunn
Zugehörigkeit: Evang., Pirmasens
Baujahr: 1931 - 1933
Architekt: Schork, Pirmasens
Renovierungen: 1964
Sitzplätze: 390
Orgel: 1951 Mönch und Söhne, Überlingen am Bodensee, II/22 elek.

Erlenbrunn
Name: St. Josef
Zugehörigkeit: Kath., Pirmasens – Pirmasens - Stadt
Baujahr: 1929
Architekt: Josef Uhl
Sitzplätze: 200

Erpolzheim
Zugehörigkeit: Evang., Bad Dürkheim
Baujahr: 1847 - 1849
Architekt: 1847 E. Hatzel
Renovierungen: 1885, 1967 O. Hahn, Schifferstadt
Beschädigungen: 1896
Sitzplätze: 216
Orgel: 1849 Karl Wagner, Kaiserslautern, II/19 mech., Restaur. 1985 Oberlinger

Eschbach
Name: St. Ludwig
Zugehörigkeit: Kath., Landau - Landau - Land
Baujahr: 1831/32, Turmneubau 1962
Renovierungen: 1989
Sitzplätze: 360
Orgel: 1947/79 Sattel, II/15

Zwei Rokokofiguren in Stein: Immakulata und St. Nepomuk. Rokoko-Kanzel von 1760.

Eschringen
Name:	St. Laurentius
Zugehörigkeit:	Kath., Saarpfalz - Mandelbachtal
Baujahr:	1929/30
Architekt:	Weis, Saarbrücken
Erweiterungen:	1947 Wiederaufbau
Renovierungen:	1987
Beschädigungen:	1939/40 und 1944/45
Sitzplätze:	500
Orgel:	1950 Roethinger/Straßburg, II/24

Essingen
Zugehörigkeit:	Evang., Landau
Baujahr:	1788 Schiff, 1862 Turm
Renovierungen:	1929, 1983
Beschädigungen:	1945
Sitzplätze:	375
Orgel:	1930 Gebrüder Poppe, II/17 Restaur. Owart 1983

Romanische Sandsteinfenster, neun Grabmäler 14. bis 18. Jh.

Essingen
Name:	St. Sebastian und Agathe
Zugehörigkeit:	Kath., Landau - Landau - Land
Baujahr:	1929
Architekt:	Peter Metzger, Ludwigshafen
Sitzplätze:	270
Orgel:	1983 Albiez, II/13

Essingen
Name: St. Wendelinus (simultan)
Zugehörigkeit: Kath., Landau - Landau-Land und Evang.
Baujahr: 15./16. Jh

Wandmalereien (Marienzyklus) aus dem 15. Jh wurden 1968 freigelegt. Kirche heute profaniert. Mittelalterliches Sakramentshäuschen im Altarraum.

Esthal
Name: St. Maria (Klosterkirche)
Zugehörigkeit: Kath., Bad Dürkheim - Lambrecht
Baujahr: 1959
Architekt: Hebgen
Sitzplätze: 148
Orgel: 1967 Scherpf, II/15

Provinzialmutterhaus der Schwestern vom Göttlichen Erlöser.

Esthal
Name: St. Konrad von Parzham
Zugehörigkeit: Kath., Bad Dürkheim - Lambrecht
Baujahr: 1933/34
Architekt: Schönwetter und Schaltenbrand
Sitzplätze: 460
Orgel: 1955 Roth, Esthal II/27 elek.

Kreuzigungsgruppe von Ohly (Frankfurt), Holzfiguren St. Sebastian und St. Konrad von Parzam.

Eußerthal

Name: St. Bernhard von Clairvaux
Zugehörigkeit: Kath., Landau - Annweiler
Baujahr: 1262
Renovierungen: 1961/62, 1984
Sitzplätze: 224
Orgel: 1978 Wehr, II/23

Dreischiffige Basilika, ehemalige Zisterzienserabtei, 1561 aufgehoben, 1709 kath. Pfarrei errichtet. Wichtiger pfälzischer Kirchenbau der Reformorden neben Otterberg und Enkenbach.

Eßweiler
Zugehörigkeit: Evang., Lauterecken
Baujahr: 1863 - 1865
Architekt: Schmeisser, Kusel
Sitzplätze: 240
Orgel: 1979 Oberlinger, I/9 mech.

Eußerthal
Zugehörigkeit: Evang., Landau
Baujahr: 1901/02
Sitzplätze: 154
Orgel: 1961 Oberlinger, I/5 mech.

Falkenstein
Name: St. Katharina
Zugehörigkeit: Kath., Donnersberg - Rockenhausen
Baujahr: 1975/76
Architekt: Bischöfliches Bauamt, Speyer
Sitzplätze: 207
Orgel: 1981 Mayer, I/8 mech.

Fehrbach
Name: St. Josef
Zugehörigkeit: Kath., Pirmasens - Pirmasens - Stadt
Baujahr: 1892/93
Architekt: W. Schulte I
Renovierungen: 1968
Sitzplätze: 470
Orgel: 1892 Voit, II/16, pneum.

Feilbingert
Zugehörigkeit: Evang., Obermoschel
Baujahr: 1768, 1895 neuer Turm
Renovierungen: 1967-69, 1991-92
Sitzplätze: 300
Orgel: 1869 G. Schlimbach, I/10 mech.

Feilbingert
Name: St. Michael
Zugehörigkeit: Kath., Donnersberg - Rockenhausen
Baujahr: 1868
Architekt: Rau, Speyer
Sitzplätze: 190
Orgel: Neubau 1989 durch Kuhn, II/16 mech.

Finkenbach

Zugehörigkeit:	Evang., Rockenhausen
Baujahr:	Turm und Chor 14. Jh, Schiff 1743 verändert
Renovierungen:	1962/63, 1983/84
Sitzplätze:	200
Orgel:	Mechanische Traktur, Schleifladen, 1963, mit dem vorhandenen Material der alten Orgel. Disposition nach vorgefundenem Vertrag von 1743 und 1963 in das Stumm-Barockgehäuse von 1743 eingebaut. Gebrüder Oberlinger, I/ 10.

Gotischer Chor aus dem 14. Jh, Renaissanceportal, Turm mit Schießscharten und Wasserspeiern, Barockhaube.

Fischbach bei Dahn

Name:	St. Bartholomäus
Zugehörigkeit:	Kath., Pirmasens - Dahn
Baujahr:	12. Jh Wehrturm, 1798 Kirchenschiff
Erweiterungen:	1924
Renovierungen:	1984
Beschädigungen:	1944/45
Sitzplätze:	420
Orgel:	1952 Sattel, II/23, 1981 erneuert: Zimnol

Sehenswert der Beichtstuhl aus dem 18. Jh und die Kanzel mit Reliefs der Evangelisten (ebenfalls 18. Jh).

Flemlingen

Name:	St. Alban
Zugehörigkeit:	Kath., Landau - Edenkoben
Baujahr:	1759
Erweiterungen:	1936 Albert Boßlet
Renovierungen:	1979 innen
Sitzplätze:	290
Orgel:	1912 Voit, II/11 pneum.

An der Empore Brüstungsgemälde aus dem 18. Jh, Hochaltar von 1700, Madonna von 1450 auf dem Seitenaltar, Steinkanzel von 1595, Taufstein von 1734.

Flomersheim

Name:	St. Thomas Morus
Zugehörigkeit:	Kath., Speyer - Frankenthal
Baujahr:	1968/70
Architekt:	Klumpp, Ludwigshafen
Sitzplätze:	300
Orgel:	Elektronisch

Flomersheim

Name:	Stephanuskirche
Zugehörigkeit:	Evang., Frankenthal
Baujahr:	16. Jh Kirchenschiff, Turm von 1469
Renovierungen:	1957/58 Friedrich Larouette, Frankenthal
Sitzplätze:	175
Orgel:	1995 Geb. Link, II/21

Forst

Name:	St. Margareta
Zugehörigkeit:	Kath., Bad Dürkheim - Deidesheim
Baujahr:	1717 Schiff, 1767 Turm
Renovierungen:	1976
Sitzplätze:	186
Orgel:	1900 Voit, II/14, Umbau: Scherpf

Zwei Ölgemälde: Petrus vor Christus (1860) und Fußwaschung Christi (17. Jh).

Frankeneck

Zugehörigkeit:	Evang., Neustadt
Baujahr:	1958 - 1961
Architekt:	H. Frieß, Lambrecht
Sitzplätze:	195
Orgel:	1975 Owart, I/7

Frankenstein

Zugehörigkeit:	Evang., Neustadt
Baujahr:	1871
Architekt:	Tanera und Huth, Kaiserslautern
Renovierungen:	1954/55, 1958, 1980
Sitzplätze:	177
Orgel:	1981 Kuhn, II/14 mech.

Dreiteiliger Wandbehang in Batik von Ilse Benninger.

Frankenholz

Zugehörigkeit:	Evang., Homburg
Architekt:	Habermann / Roth
Baujahr:	1988-91

Frankenholz

Name:	St. Josef
Zugehörigkeit:	Kath., Saarpfalz - Bexbach
Baujahr:	1927
Architekt:	Berndl, München
Renovierungen:	1975 - 1977
Sitzplätze:	570
Orgel:	1958, Mayer

Seitenschiffenster von Wilhelm Braun (München).

Frankenthal

Name:	Friedenskirche
Zugehörigkeit:	Evang., Frankenthal
Anschrift:	Wingertstr. 41
Baujahr:	1988, Turm 1993
Architekt:	Werner Boxheimer, Dirmstein
Sitzplätze:	250
Orgel:	1975/6 Owart, II/11

Frankenthal

Name:	Lutherkirche
Zugehörigkeit:	Evang., Frankenthal
Anschrift:	Bohnstr. 16
Baujahr:	1964
Architekt:	Gutbier, Kammerer, Belz
Sitzplätze:	350
Orgel:	1967/68 E. Kemper und Sohn, Lübeck

Die evangelische Kirche befindet sich rechts hinten im Luftbild.

Frankenthal - Mörsch
Name: Christuskirche
Zugehörigkeit: Evang., Frankenthal
Anschrift: Birkenweg 16
Baujahr: 1950 - 1953
Architekt: Bauabteilung Landeskirchenrat
Sitzplätze: 230
Orgel: 1962 Oberlinger, II/10 mech.
Umbau: E.F. Walcker 1988

Frankenthal
Name: Versöhnungskirche
Zugehörigkeit: Evang., Frankenthal
Anschrift: Gottfried-Keller-Str. 2
Baujahr: 1969
Architekt: K. Hirschmann
Sitzplätze: 380
Orgel: 1974 E.F. Walcker, II/18 mech.

Frankenthal (auch oben rechts)
Name: Zwölf - Apostelkirche
Zugehörigkeit: Evang., Frankenthal
Anschrift: Rathausplatz
Baujahr: 1820-23, 1845 Glockengeschoß und Spitzhelm
Architekt: Johann Philipp Mattlener
Zerstörung: 23.09.1943
Wiederaufbau: Georg Pick und H. G. Fiebiger, Kaiserslautern
Sitzplätze: 926
Orgel: 1952-60 E. Kemper und Sohn, Lübeck, III/43

Der Chorflankenturm der ehemaligen Stiftskirche wurde als Glockenturm einbezogen. Die Ruine stammt von dem 1119 gegründeten Augustinerchorherrenstift. Geschichte: 1125 geweiht, 1134 durch den Papst bestätigt, Neubau 1181 geweiht, 1562 aufgehoben, zerstört, 1689 wiederhergestellt und simultan genutzt, 1912 Einbau des Erkenbert-Museums in die Umfassungsmauern des Kirchenschiffs, im 2. Weltkrieg ausgebrannt, jetzt offene Ruine.

Frankenthal

Name:	St. Dreifaltigkeit
Zugehörigkeit:	Kath., Speyer - Frankenthal
Anschrift:	Mahlastr. 5
Baujahr:	1709 - 1732
Architekt:	Villiancourt / J. Ochs Wiederaufbau
Wiederaufbau:	nach dem Krieg bis 1949
Beschädigungen:	1943 zerstört
Sitzplätze:	332
Orgel:	1960 Scherpf, III/33, Umbau: Kuhn 1983

Barockaltäre aus einer Kirche in Baden-Baden, drei Ölgemälde aus dem 18. Jh. Hauptaltar um 1750, Drehtabernakel, Oberteil des Altaraufbaus von vier Putti flankiert, in der Bekrönung das Auge Gottes. Die beiden Seitenaltäre aus der 2. Hälfte des 18. Jahrhunderts.

Frankenthal

Hame:	Hl. Ludwig IX
Zugehörigkeit:	Kath., Speyer - Frankenthal
Anschrift:	Westl.-Ringstr. 30
Baujahr:	1935/36
Architekt:	Albert Boßlet (in Frankenthal 1880 geboren)
Renovierungen:	1984/85
Beschädigungen:	1943/45 Luftangriffe
Sitzplätze:	840
Orgel:	1988/95 Kuhn, III/46

Wichtiges Hauptwerk von Albert Boßlet, dreischiffige Basilika, nach innen offener Chorturm; Einbindung in die Häuserzeile.

Frankenthal

Name:	St. Paul
Zugehörigkeit:	Kath., Speyer - Frankenthal
Anschrift:	Bohnstr. 1
Baujahr:	1965 - 1967
Architekt:	Walter Betz / H. Kammerer
Sitzplätze:	310
Orgel:	1969 Dereux, 32 Register

Die Kath. Kirche befindet sich links im Bild.

Frankenthal - Mörsch

Name:	Hl. Kreuz
Zugehörigkeit:	Kath., Speyer - Frankenthal
Baujahr:	1853 - 1855
Architekt:	Jakob Gabriel
Erweiterungen:	1929 neuer Turmhelm
Renovierungen:	1954, 1979
Beschädigungen:	1945 Blindgänger-Bombe ohne Schaden anzurichten
Sitzplätze:	260
Orgel:	1956 Scherpf, II/26

Frankweiler

Zugehörigkeit:	Evang., Landau
Baujahr:	1487 Turm, 1788 Kirchenschiff
Renovierungen:	1965 - 1967 Otto Stahl, Speyer
Sitzplätze:	247
Orgel:	1972 Owart, II/17 mech.

Freckenfeld
Name: Wolfgangskirche
Zugehörigkeit: Evang., Bad Bergzabern
Baujahr: 1500
Architekt: 1774 Hellermann, Zweibrücken
Erweiterungen: 1774 Langhaus nach Westen verlängert
Renovierungen: 1934, 1959/60 Wiederaufbau, 1988-91
Beschädigungen: 1635, 1945
Sitzplätze: 454
Orgel: 1962 Oberlinger, II/20, mech.
Umbau: Link 1993

Gotischer Chor mit Rippendecke, Barockkanzel aus der Schloßkirche von Bad Bergzabern, barocker Orgelprospekt.

Freimersheim
Zugehörigkeit: Evang., Landau
Baujahr: 1760
Architekt: Leonhard Stahl, Bruchsal
Renovierungen: 1960
Sitzplätze: 288
Orgel: 1861 Gustav Schlimbach, II/13 mech.

Zwei Grabdenkmäler aus dem 17. Jh.

Freimersheim
Name: St. Fronleichnam
Zugehörigkeit: Kath., Landau - Edenkoben
Baujahr: 1900
Architekt: W. Schulte I
Sitzplätze: 80
Orgel: Harmonium

Freinsheim

Zugehörigkeit:	Evang., Bad Dürkheim
Baujahr:	1470, Veränderungen 16. Jh und nach 1689
Renovierungen:	1962, 1986
Beschädigungen:	1689 zerstört
Sitzplätze:	500
Orgel:	1970 Walcker, II/20, Umbau: Kuhn 1994

Freinsheim

Name:	St. Peter und Paul
Zugehörigkeit:	Kath., Bad Dürkheim - Bad Dürkheim
Baujahr:	1772
Sitzplätze:	210
Orgel:	ca. 1825 Seuffert, I/13

Immakulata, St. Sebastian, St. Nepomuk, St. Petrus und Paulus (alle 18. Jh), Stuckrelief über dem Portal, barocker Hochaltar für St. Paul in Worms erbaut, in Freinsheim 1956 konsekriert.

Freisbach

Zugehörigkeit:	Evang., Neustadt
Baujahr:	1539 Turm, 1754 Kirchenschiff
Architekt:	Johann Georg Hotter, Speyer
Erweiterungen:	1754 Turm erhöht
Sitzplätze:	407
Orgel:	1789 J. G. Geib, Saarbrücken. II/25 mech. Umbau: 1891 Jelacic, Restaur. 1975 Owart

Gemälde von Georg Menges: Altargemälde Abendmahl Christi, Deckengemälde Dreifaltigkeit und vier Evangelisten, beide von 1754.

Friedelsheim

Zugehörigkeit:	Evang., Bad Dürkheim
Baujahr:	Chor 14. Jh, Schiff 18. Jh und 1826 nach Süden erweitert
Renovierungen:	1826, 1935, 1959 Otto Hahn, Schifferstadt
Beschädigungen:	1525, 1689
Sitzplätze:	301
Orgel:	1964 Oberlinger, I/9 mech.

Wandmalereien aus dem 14. Jh (Leidensweg Christi), fünf Grabplatten 16./17. Jh.

Friedelsheim

Name:	Mariä Himmelfahrt
Zugehörigkeit:	Kath., Bad Dürkheim - Deidesheim
Baujahr:	1811
Sitzplätze:	130
Orgel:	1978 Zimnol, II/11 mech.

Fußgönheim

Name:	Lutherkirche
Zugehörigkeit:	Evang., Speyer
Baujahr:	1723 - 1733
Erweiterungen:	1842 Turm, 1911 Kirchenschiff erhöht
Renovierungen:	1842, 1911
Sitzplätze:	290
Orgel:	Der Prospekt stammt aus der ehem. luth. Kirche in Neckargemünd und wurde 1822 ersteigert; 1976 Oberlinger, II/15

Fußgönheim

Name:	St. Jakobus Major (Schloßkirche)
Zugehörigkeit:	Kath., Speyer - Maxdorf
Baujahr:	1741
Umbau:	1973 - 76
Sitzplätze:	226
Orgel:	1977 Mayer, II/13

Ursprünglich 1728-31 für Freiherr Jakob Tilmann von Hallberg erbautes Schloß. 1972 von der kath. Kirche erworben und restauriert. Marienfigur aus dem 15. Jh.

Fußgönheim (Maxdorf)

Name:	Siedlung der BASF (Johanneskirche)
Zugehörigkeit:	Evang., Bad Dürkheim
Baujahr:	1952/53
Architekt:	Clemens Anders, Ludwigshafen
Sitzplätze:	400
Orgel:	1953 Steinmeyer II/12
	Erweiterung: 1985 Wehr

Gangloff

Zugehörigkeit:	Evang., Lauterecken
Baujahr:	1832 - 1835
Architekt:	Ferdinand Beyschlag, Kaiserslautern
Renovierungen:	1901/02, 1937, 1951, 1963/64
Sitzplätze:	262
Orgel:	1953 Oberlinger, I/7 mech. stammt aus Maudach

Gauersheim

Zugehörigkeit:	Evang., Kirchheimbolanden
Baujahr:	15. Jh, Chorturm ca. 1300
Erweiterungen:	Schiff 1751 nach Norden erweitert
Renovierungen:	1961, 1963, 1988
Sitzplätze:	143
Orgel:	1942 Sattel, II/12 pneum.

Doppelgrabmal Wolf von Oberstein und Maria Horneck von Weinheim, Grabstein Ritter Friederich Steben von Einselthum. Sakramentsnische aus dem 13. Jh.

Gaugrehweiler

Zugehörigkeit:	Evang., Rockenhausen
Baujahr:	Anfang 18. Jh Umbau der gotischen Anlage
Renovierungen:	1961 - 1963 Fritz Waldherr, Dreisen
Sitzplätze:	219
Orgel:	1967 Oberlinger, I/4

Geinsheim
Name: St. Peter und Paul
Zugehörigkeit: Kath., Bad Dürkheim - Neustadt
Baujahr: 1498-1502, Neubau 1869 - 73
Architekt: Franz Schmidt Neubau von 1869-73
Erweiterungen: 1870-73 drei Türme
Renovierungen: 1959 - 1963
Sitzplätze: 710
Orgel: 1963 Hugo Wehr, II/31 elek., von Späth 1989 renoviert.

Geiselberg
Zugehörigkeit: Evang., Pirmasens
Baujahr: 1954
Architekt: Hansgeorg Fiebiger, Kaiserslautern
Sitzplätze: 170
Orgel: 1955 Walcker, I/5 mech.
Erweiterung: Walcker 1992

Gerbach
Name: St. Michael
Zugehörigkeit: Kath., Donnersberg - Rockenhausen
Baujahr: 1783
Erweiterungen: 1902 Chor und Chorflankenturm von W. Schulte I
Renovierungen: 1988/89
Sitzplätze: 190

Gerhardsbrunn

Zugehörigkeit:	Evang., Homburg
Baujahr:	1825
Wiederaufbau:	1954 Friedrich Sofsky, Bruchmühlbach
Beschädigungen:	1945 zerbombt
Sitzplätze:	130
Orgel:	1975 Mayer, I/6 mech.

Besonderheit: Kirche, ehem. Schule und Lehrerwohnung unter einem einzigen Dach.

Germersheim

Zugehörigkeit:	Evang., Germersheim
Baujahr:	1782 - 1784
Wiederaufbau:	1947 Theis, Germersheim
Renovierungen:	1957 - 1959
Beschädigungen:	1945
Sitzplätze:	410
Orgel:	1957/77 Oberlinger, II/24 mech.

Barockes Kruzifix aus dem ehemal. luther. Betsaal.

Germersheim

Name:	St. Jakobus
Zugehörigkeit:	Kath., Germersheim - Germersheim
Baujahr:	15. Jh
Erweiterungen:	1861-65 Langhaus erweitert
Renovierungen:	1976/77
Beschädigungen:	1945 Turm
Sitzplätze:	440
Orgel:	1977 Späth, II/24

1298 bestand bereits ein Servitenkloster, 1674 von den Franzosen bis auf Chor und Teile des Langhauses zerstört, 1684 wiederaufgebaut, 1703 an die Franziskaner übertragen, 1861 Steinturm errichtet.

Gerolsheim
Zugehörigkeit: Evang., Frankenthal
Baujahr: 1834/35
Architekt: August von Voit, Speyer
Renovierungen: 1934, 1956, 1964
Sitzplätze: 246
Orgel: 1895 Walcker, II/11 pneum.

Gerolsheim
Name: St. Leodegar
Zugehörigkeit: Kath., Speyer - Maxdorf
Baujahr: 1840 - 1843, Turm 15. Jh
Renovierungen: 1977, 1990 Turm
Sitzplätze: 120
Orgel: 1724 (?), II/11, Gehäuse Barock
Umbau: Zimnol

Gersbach
Zugehörigkeit: Evang., Pirmasens
Baujahr: 1968
Architekt: W. Ecker
Sitzplätze: 250

Gersheim
Name:	St. Alban
Zugehörigkeit:	Kath., Saarpfalz - Gersheim
Baujahr:	1844-46
Architekt:	W. Schulte II Wiederaufbau 1950
Renovierungen:	1977, 1983
Beschädigungen:	Zerstört im Kriege 1945, 1950 wiedererbaut
Sitzplätze:	430
Orgel:	1959 Späth, II/23, Restaur. Mayer 1980

Gimmeldingen
Zugehörigkeit:	Evang., Neustadt
Baujahr:	Roman. Westturm, Schiff Anfang des 18. Jh umgebaut
Renovierungen:	1951
Sitzplätze:	483
Orgel:	Prospekt: 1750 Hartung 1956 Oberlinger, II/20 mech.

Kanzel und Pfarrstuhl mit Schnitzereien,
Taufstein aus dem 15. Jh.

Gimmeldingen
Name:	St. Nikolaus
Zugehörigkeit:	Kath., Bad Dürkheim - Neustadt
Baujahr:	1406, 1957 wiedererbaut
Architekt:	1957: Heinrich und Friedrich Stammer
Beschädigungen:	Im 17. Jh. zerstört
Sitzplätze:	90
Orgel:	Elektronisch

Gimsbach

Zugehörigkeit:	Evang., Kusel
Baujahr:	1747
Renovierungen:	1947, 1955, 1975
Beschädigungen:	1945
Sitzplätze:	260
Orgel:	1764 Göbel, Restaur. 1996 Vier, I/14

Glanbrücken

Zugehörigkeit:	Evang., nicht mehr zur Landeskirche
Baujahr:	Turm 12. Jh, 1336 Weihe der neuen Kirche
Renovierungen:	1648, 1754, 1892
Erweiterungen:	Treppenturm 1963/64
Orgel:	1957 Ott, Göttingen

Glan - Münchweiler

Zugehörigkeit:	Evang., Kusel
Baujahr:	12./13. Jh Chor, 1772 Schiff
Renovierungen:	1772 Philipp Heinrich Hellermann, Zweibrücken
Sitzplätze:	300
Orgel:	1865 Gebrüder Stumm, II/11 mech. Erneuerung 1967 Oberlinger

Glan - Münchweiler
Name: St. Pirminius
Zugehörigkeit: Kath., Kusel - Kusel
Baujahr: 1900 - 1902
Architekt: W. Schulte I
Renovierungen: 1981
Sitzplätze: 350
Orgel: 1927 Klais, II/16 pneum.

Gleisweiler
Zugehörigkeit: Evang., Landau
Baujahr: 1954/55
Architekt: Bauabteilung Landeskirchenrat
(Otto Stahl, Heinz Leszas)
Sitzplätze: 184
Orgel: 1961-1964 W. E. Renkewitz, Nehren,
II/21 mech.

Gleiszellen
Zugehörigkeit: Evang., Bad Bergzabern
Baujahr: 1723
Renovierungen: 1965
Sitzplätze: 160
Orgel: 1841 Stumm, Umbau: Oberlinger 1964,
I/11 mech.

Gleisweiler

Name:	St. Stephan
Zugehörigkeit:	Kath., Landau - Edenkoben
Baujahr:	1354 Turm, 1761 Kirchenschiff
Architekt:	Franz Wilhelm Rabaliatti
Renovierungen:	1937, 1958
Sitzplätze:	355
Orgel:	1899 Voit, I/10 pneum., Umbau 1935 u. 1955

Hochaltar mit Kreuzigungsgruppe, Seitenaltäre 18. Jh, Rokoko-Kanzel.

Gleiszellen

Name:	St. Dionysius
Zugehörigkeit:	Kath., Landau - Bad Bergzabern
Baujahr:	1748
Architekt:	Kaspar Valerius, Heidelberg
Sitzplätze:	180
Orgel:	1955 Walcker, II/10

Immakulata von 1754, St. Dionysius 18. Jh.

Göcklingen
Zugehörigkeit: Evang., Bad Bergzabern
Baujahr: 1788/89
Renovierungen: 1939, 1956
Sitzplätze: 310
Orgel: 1904 Walcker, Umbau: 1983 Owart,
                  II/15 pneum.

Göcklingen
Name: St. Laurentius
Zugehörigkeit: Kath., Landau - Landau - Land
Baujahr: 1787 - 1791 Schiff, 1869 Turm
Renovierungen: 1973 - 1975
Sitzplätze: 300
Orgel: 1772 Göbel, II/22
                  Umbau: 1936 Kämmerer, II/18 pneum.

Godramstein
Zugehörigkeit: Evang., Landau
Baujahr: 1774 Schiff, 13.-15. Jh Turm
Architekt: Bohl, Heidelberg
Beschädigungen: Im 2. Weltkrieg
Sitzplätze: 400
Orgel: 1780/81 Nikolaus Rummel, Edenkoben
                  Umbau/Erweit. 1971 Oberlinger, I/14 mech.

Turm spätgotisch mit romanischem Untergeschoß.

Godramstein
Name:	St. Pirmin
Zugehörigkeit:	Kath., Landau - Landau - Stadt
Baujahr:	1737 Margaretenkirche, 1960 Um- und Neubau
Architekt:	Aug. Peter 1960
Sitzplätze:	400
Orgel:	1700, I/12 (Frühbarock) Restaur. 1955 Walcker

Hochaltar um 1720, Steinkanzel um 1737, Vesperbild um 1450.

Gommersheim
Zugehörigkeit:	Evang., Neustadt
Baujahr:	1730 Langhaus, 12. Jh Turm
Architekt:	Michel Heyland
Renovierungen:	1956, 1978
Sitzplätze:	377
Orgel:	Prospekt: 1858 Walcker 1979 Mühleisen/Straßburg, II/16 mech.

Gönnheim
Name:	Martinskirche
Zugehörigkeit:	Evang., Bad Dürkheim
Baujahr:	1756
Wiederaufbau:	G. Brust, Wiesbaden - Biebrich und Friedelsheim, Bad Dürkheim 1951
Erweiterungen:	1951
Beschädigungen:	6. 12. 1942
Sitzplätze:	257
Orgel:	1957 Oberlinger, II/15 mech.

Göllheim
Name: St. Johannes Nepomuk (Hl. Kreuz)
Zugehörigkeit: Kath., Donnersberg - Kirchheimbolanden
Baujahr: 1909 - 1911
Architekt: Wilhelm Schulte I
Renovierungen: 1973/74
Beschädigungen: 1942
Sitzplätze: 476
Orgel: 1921 Steinmeyer, II/18
Umbau: 1967 Wehr pneum.
Taufstein um 1500.

Göllheim
Zugehörigkeit: Evang., Kirchheimbolanden
Baujahr: 1765 Schiff, Turm 14. Jh
Renovierungen: 1960, 1986
Sitzplätze: 500
Orgel: 1770 Prospekt G. Geib
1889 Dauer, Frankfurt, II/22
Restaur. Haspelmath

Pfeiler seitlich der Kanzel als Palmbäume gestaltet. Sakramentshäuschen aus dem 14 Jh, Taufstein um 1500. Simultaneum von 1686 bis 1811.

Gossersweiler
Name: St. Paulusstift/ St. Josef Kapelle
Zugehörigkeit: Kath. Landau - Annweiler
Baujahr: 1950
Sitzplätze: 180
Orgel: Kleine Sattel-Orgel, pneum./elek.

Gossersweiler (auch unten links)
Name: St. Cyriakus
Zugehörigkeit: Kath., Landau - Annweiler
Baujahr: 1766 - 1769
Erweiterungen: 1974 Bischöfliches Bauamt
Renovierungen: 1989
Sitzplätze: 450
Orgel: 1960/61 Scherpf, II/ 9 mech.

Gräfenhausen
Zugehörigkeit: Evang.,
Baujahr: 1969/70
Architekt: Max Brämer, Schopp
Orgel: 1973 Oberlinger

Gräfenhausen
Name: St. Johannes Bapt.
Zugehörigkeit: Kath., Landau - Annweiler
Baujahr: 1762
Sitzplätze: 55

Gräfinthal
Name: Ehemalige Klosterkirche St. Maria
Baujahr: 1243 gegründet
Beschädigungen: 1365 und 1421 niedergebrannt, 1525 geplündert, 1635 zerstört, 1714 durch Jonas Erikson Sundahl wiederaufgebaut. Im 2. Weltkrieg beschädigt, 1948 wiederhergestellt.

Wallfahrtstage: Mariä Heimsuchung, Mariä Geburt.

Gries
Zugehörigkeit: Evang., Homburg
Baujahr: 1961 - 1964
Architekt: Hansgeorg Fiebiger, Kaiserslautern
Sitzplätze: 280

Gronau
Zugehörigkeit: Evang., Neustadt
Baujahr: 1746 - 1753
Architekt: Franz Wurth, Mannheim
Renovierungen: 1966
Sitzplätze: 224
Orgel: 1927 Steinmeyer, II/6 pneum.

Großfischlingen
Name: St. Gallus
Zugehörigkeit: Kath., Landau - Edenkoben
Baujahr: 1723
Erweiterungen: 1865 Turm
Renovierungen: 1986
Sitzplätze: 200
Orgel: 1906 Voit, II/12 pneum.

Pieta um 1500.

Großbundenbach

Zugehörigkeit:	Evang., Homburg
Baujahr:	Chorturm 12. Jh., Langhaus 14. Jh.
Renovierungen:	1960 - 1965, 1980
Sitzplätze:	305
Orgel:	1983 Kuhn, I/10

Wandmalereien im Chor 1908 freigelegt (14. Jh), mehrere Grabsteine des 16. bis 19. Jh. Dreischiffiger frühgotischer Bau mit überhöhtem Mittelschiff, Südportal mit Tympanon, Tierköpfe an den Kragsteinen.

Großkarlbach

Zugehörigkeit:	Evang., Frankenthal
Baujahr:	1609/10 Schiff, 13. Jh Turm
Sitzplätze:	340
Orgel:	1981 Owart, II/19 mech.

Sehenswerte Ornamentmalereien aus der Renaissance; barokkes Orgelgehäuse.

Großkarlbach

Name:	St. Jakobus
Zugehörigkeit:	Kath., Bad Dürkheim - Grünstadt
Baujahr:	1711
Renovierungen:	1986
Beschädigungen:	Im Zweiten Weltkrieg
Sitzplätze:	145
Orgel:	1988 Vier, I/7 mech.

Taufstein 16. Jh, Hl. Katharina um 1500, Muttergottes in Stein (18. Jh), Kanzel mit Reliefbildern.

Großniedesheim

Zugehörigkeit:	Evang., Frankenthal
Baujahr:	12. Jh Turm, 1753 Kirchenschiff
Architekt:	1753 Baumeister Pfanner und Werkmeister Burger, Mannheim
Erweiterungen:	1753 Glockengeschoß und barocker Helm, Erhöhung des Kirchenschiffs
Beschädigungen:	20. 03. 1945
Sitzplätze:	220
Orgel:	1925 Steinmeyer, II/12 pneum. Umbau: 1966 Owart

Großsteinhausen

Zugehörigkeit:	Evang., Zweibrücken
Baujahr:	1863
Architekt:	Hermann
Renovierungen:	1930, 1953, 1964
Beschädigungen:	1945
Sitzplätze:	390
Orgel:	1898 Walcker, II/10 pneum.

Großsteinhausen
Name:	St. Cyriakus
Zugehörigkeit:	Kath., Pirmasens - Zweibrücken
Baujahr:	1846
Architekt:	1846 Portscheller, 1945 Schönau
Renovierungen:	1966, 1978 neue Fenster
Sitzplätze:	250
Orgel:	1959/63 Späth, II/14 mech.

Grünstadt
Name:	Friedenskirche
Zugehörigkeit:	Evang., Grünstadt
Baujahr:	1739
Renovierungen:	1846, 1913, 1956 - 1966, 1993
Sitzplätze:	327
Orgel:	1895 Sauer, Frankfurt/Oder, II/12 mech.

Grünstadt
Name:	Martinskirche
Zugehörigkeit:	Evang., Grünstadt
Baujahr:	vor 1000, Neubau 1493-1520, 1617 Turm, jetzige Kirche 1727-36, 1743 Turmerhöhung
Architekt:	1950 - 1963 Bauabteilung Landeskirchenrat, Richard Hummel
Beschädigungen:	1689, 6.12.1942 Kirche ausgebrannt
Sitzplätze:	588
Orgel:	1959 Steinmeyer, II/26 mech.

Taufstein 16. Jh.

Grünstadt

Name:	St. Peter
Zugehörigkeit:	Kath., Bad Dürkheim - Grünstadt
Baujahr:	1700, 1840 Umbau
Erweiterungen:	Turm 1935
Renovierungen:	1982/83
Beschädigungen:	Im Zweiten Weltkrieg
Sitzplätze:	360
Orgel:	1801 Stumm, II/16 mech.
	Umbauten von: Poppe 1902, Zimnol 1958, Oberlinger 1973

Muttergottes aus dem 18. Jh, Hochaltar und Seitenaltäre um 1700. 1803 Auflösung des angrenzenden Kapuzinerkonvents.

Gumbsweiler

Zugehörigkeit:	Evang., Kusel
Baujahr:	1618 - 1648
Wiederaufbau:	1720
Renovierungen:	1967/68
Sitzplätze:	203
Orgel:	1949 Sattel, I/3 mech.

Gundersweiler

Zugehörigkeit:	Evang., Winnweiler
Baujahr:	1727
Renovierungen:	1952, 1960 - 1963
Sitzplätze:	210
Orgel:	1975 Oberlinger, I/9 mech.

Haardt / Weinstraße

Zugehörigkeit:	Evang., Neustadt
Baujahr:	1781/82 Kirchenschiff, 1867 Turm
Renovierungen:	1962
Sitzplätze:	478
Orgel:	1785 Johann Michael Stumm
	Restaur. 1985 Steinmeyer, I/16

Habkirchen

Name:	St. Martin
Zugehörigkeit:	Kath., Saarpfalz - Mandelbachtal
Baujahr:	Schiff 1758, Turm romanisch
Architekt:	Nau, St. Ingbert Wiederaufbau 1950-60
Erweiterungen:	1758, 1962 neue Sakristei
Beschädigungen:	Im 2. Weltkrieg stark beschädigt
Sitzplätze:	260
Orgel:	1964 Mayer, II/12

Im Innern fünf hölzerne Barockfiguren: St. Petrus, St. Wendelinus, St. Adolph und zwei Engel.

Hagenbach

Name:	St. Michael
Zugehörigkeit:	Kath., Germersheim - Wörth
Baujahr:	1752 - 1759
Architekt:	Hofbaumeister Sigismund Zeller
Erweiterungen:	1866 Chor angebaut
Renovierungen:	1973/74
Beschädigungen:	1944
Sitzplätze:	530
Orgel:	1913 Voit, II/24
	Prospekt: Hartung ca. 1752
	Umbau: 1953 Walcker

Madonna mit Kind im Strahlenkranz (1700) und barocke Statue des Hl. Sebastian (16. Jh). Kanzel, Taufstein und Beichtstühle.

Hainfeld

Name:	St. Barbara
Zugehörigkeit:	Kath., Landau - Edenkoben
Baujahr:	1718 - 1719, Turm um 1300, Barockhaube 18. Jh
Erweiterungen:	1967 neue Sakristei
Renovierungen:	1989
Sitzplätze:	240
Orgel:	1891 Walcker, II/17 pneum.

Hochaltar, Taufstein, Kanzel und Kreuzweg sehenswert. Gotische Wandmalereien im Turmuntergeschoß.

Hallgarten

Zugehörigkeit:	Evang., Obermoschel
Baujahr:	1927
Architekt:	Arnold, Rockenhausen
Renovierungen:	1963
Sitzplätze:	135
Orgel:	1927 Oberlinger, I/5 pneum.

Hallgarten

Name:	St. Maria
Zugehörigkeit:	Kath., Donnersberg - Rockenhausen
Baujahr:	1938
Architekt:	Boßlet und Lochner
Erweiterungen:	1973 erweitert (Kraus, Kaiserslautern)
Sitzplätze:	400
Orgel:	1986 Kuhn, II/17 mech.

Hambach

Name:	St. Jakobus
Zugehörigkeit:	Kath., Bad Dürkheim - Neustadt
Baujahr:	1750 Kirchenschiff, 1274 Turm
Architekt:	Johann Georg Stahl, Bruchsal
Erweiterungen:	1844 zweite Empore
Renovierungen:	1986
Sitzplätze:	440
Orgel:	1979 Späth, II/17 mech.

Sehenswert: Hauptaltar von Vinzenz Möhring mit Altarbild Hl. Apostel Jakobus, Kanzel mit Baldachin, Taufstein von 1731, Wandmalereien aus dem 14. Jh im Erdgeschoß des Turmes.

Hane

Name:	Kloster Hane
Zugehörigkeit:	Kath., Donnersbergkreis - Kirchheimbolanden
Baujahr:	12. Jh

Ehemaliges Prämonstratenserkloster, 1564 aufgehoben, 1706 profaniert. Dreischiffige Basilika, ausladendes Querhaus, kurzes Langhaus.

Hanhofen

Name:	St. Martin
Zugehörigkeit:	Kath., Speyer - Dudenhofen - Römerberg
Baujahr:	1759 - 1763, Turm 1776
Architekt:	Leonhard Stahl, Bruchsal
Renovierungen:	1987
Sitzplätze:	255
Orgel:	1979 Mayer, II/15 mech.

Kreuz von Gottfried Renn (Speyer, 1893), zahlreiche Holzfiguren, Taufstein aus dem 18. Jh.

Hardenburg

Zugehörigkeit:	Evang., Bad Dürkheim
Baujahr:	1950 - 1952
Architekt:	Hans Buch, Frankenthal
Sitzplätze:	164
Orgel:	1976 Owart, I/7

An der Emporenbrüstung Bildtafeln von Rolf Müller, Landau.

Hardenburg

Name:	St. Elisabeth
Zugehörigkeit:	Kath., Bad Dürkheim - Bad Dürkheim
Baujahr:	1963
Architekt:	H. Stammer, Bad Dürkheim
Sitzplätze:	350
Orgel:	Elektronisch

Harxheim

Zugehörigkeit:	Evang., Kirchheimbolanden
Baujahr:	1888 - 1890
Renovierungen:	1929, 1964/65
Sitzplätze:	352
Orgel:	1894 Walcker, II/-2 mech.
	Umbau: 1968 Oberlinger

Harthausen
Name: St. Johannes der Täufer
Zugehörigkeit: Kath., Speyer - Dudenhofen - Römerberg
Baujahr: 1872
Architekt: Anton Hurt, Speyer
Renovierungen: 1971
Sitzplätze: 500
Orgel: 1978/79 Wehr, II/23 mech./elek.

Hochaltar und Seitenaltäre ursprünglich aus Bad Bergzabern.

Hassel
Zugehörigkeit: Evang., Homburg
Baujahr: 1908
Architekt: Ludwig Wagner, Passau
Sitzplätze: 350
Orgel: 1908 Steinmeyer, II/11 pneum.
1968 Klangumbau Mayer, Hintz 1949

Interessanter Jugendstilbau, tonnengewölbte Halle mit Holzdecke.

Hassel
Name: Heiligstes Herz Jesu
Zugehörigkeit: Kath., Saarpfalz - St. Ingbert
Baujahr: 1928/29
Architekt: Wilhelm Schulte I und Hubert Groß
Renovierungen: 1987/88
Beschädigungen: im Kriege 1939/45
Sitzplätze: 430
Orgel: 1988 Scherpf, II/23 mech./elek.

Haßloch
Name: Christuskirche
Zugehörigkeit: Evang., Neustadt
Baujahr: 1752 - 1754
Architekt: Franz Wilhelm Rabaliatti
Erweiterungen: 1902 Turm um ein Geschoß erhöht
Renovierungen: 1929, 1955, 1980 Hagen Eckert, Haßloch
Sitzplätze: 905
Orgel: 1992 Winterhaller, II/27 mech.
Prospekt: 1752 Hartung

Das Untergeschoß des Turmes ist der Chor der St. Ulrichskapelle aus dem 14. Jh.

Haßloch
Name: Lutherkirche
Zugehörigkeit: Evang., Neustadt
Baujahr: 1729
Renovierungen: 1957
Sitzplätze: 300
Orgel: 1934 Weigle, 2 Manuale, pneum.

Haßloch
Name: Pauluskirche
Zugehörigkeit: Evang., Haßloch
Baujahr: 1969
Architekt: Kurt Eckert, Haßloch
Sitzplätze: 390
Orgel: 1978 Hugo Wehr, Haßloch,
II/19 mech./elek.

Haßloch
Name: St. Gallus
Zugehörigkeit: Kath., Bad Dürkheim - Deidesheim
Anschrift: Rösselgasse 4
Baujahr: 1968
Architekt: A. Atzberger
Sitzplätze: 670
Orgel: 1976 Wehr, II/24 elek.

Haßloch
Name: Hl. Ulrich
Zugehörigkeit: Kath., Bad Dürkheim - Deidesheim
Anschrift: St. Ulrichstr. 8
Baujahr: 1957
Architekt: Grüner
Sitzplätze: 550
Orgel: 1963/64 Wehr, II/27 mech./elek.

Hatzenbühl
Name: St. Wendelin
Zugehörigkeit: Kath., Germersheim - Kandel
Baujahr: 1929/30
Architekt: Hans Seeberger, Kaiserslautern
Renovierungen: 1988/89
Sitzplätze: 460
Orgel: 1933 Kämmerer, II/27 pneum.

Sehenswert: Altar, Kanzel und Figuren aus dem 18. Jh, Gefallenenkapelle.

Hauenstein
Name: Dreifaltigkeitskirche
Zugehörigkeit: Evang., Landau
Baujahr: 1960 - 1962
Architekt: Bauabteilung Landeskirchenrat
(Otto Stahl und Richard Hummel)
Sitzplätze: 120
Orgel: 1963 Oberlinger, I/6 mech.

Hauenstein
Name: Maria Königin des Friedens
Zugehörigkeit: Kath., Pirmasens - Dahn
Baujahr: 1970/71
Architekt: Lenz, Stuttgart
Sitzplätze: 450
Orgel: 1974 Mayer, II/16

Hauenstein
Name: St. Bartholomäus (ehem. Pfarrkirche)
Zugehörigkeit: Kath., Pirmasens - Dahn
Baujahr: 1788, Turm 1826 (J.F.S. Schwarze)
Architekt: Senger von Weißenburg
Erweiterungen: 1788
Sitzplätze: 280

Hochaltar 1841, Sebastiansaltar 1849, Marienaltar 1830, barokkes Kirchengestühl.

Hauenstein
Name: Christkönig
Zugehörigkeit: Kath., Pirmasens - Dahn
Baujahr: 1931
Architekt: A. Boßlet
Renovierungen: 1953
Sitzplätze: 880
Orgel: 1942 Klais, III/40 elek.

Eindrucksvoller Boßlet-Bau: Dreischiffige Basilika, roter Sandstein, Doppeltürme; dominierende Ortslage. Fresko von Felix Baumhauer 1932, Zelebrationsaltar von Franz Seibel (1982), Kanzel mit Reliefs von A. Weckbecker.

Hauenstein
Name: Katharinenkapelle
Zugehörigkeit: Kath., Pirmasens - Dahn
Baujahr: 1512
Sitzplätze: 20

Vesperbild aus dem 14. Jh, Kreuzigungsgruppe aus dem 16. Jh, Muttergottes um 1460.

Hauenstein
Name: St. Josef (Karmelkloster)
Zugehörigkeit: Kath., Pirmasens - Dahn
Baujahr: 1958
Architekt: Lenz, Stuttgart
Sitzplätze: 70

Hauptstuhl
Zugehörigkeit: Evang., Homburg
Baujahr: 1965
Architekt: G. Röder
Sitzplätze: 170
Orgel: 1985 Mayer, I/7 mech.

Hauptstuhl
Name: St. Ägidius
Zugehörigkeit: Kath., Kaiserslautern - Landstuhl
Baujahr: 1931
Architekt: Johann Seeberger
Sitzplätze: 310
Orgel: 1964 Zimnol, II/10

Hayna
Name:	Hl. Kreuz
Zugehörigkeit:	Kath., Landau - Landau - Land
Baujahr:	1820
Erweiterungen:	1862 Chor angebaut
Renovierungen:	1988
Sitzplätze:	485
Orgel:	1954 Späth, III/24 elek.

Sehenswert aus dem 18. Jh: Kreuzweg, Kanzel, Beichtstuhl, Muttergottes, Hl. Joseph.

Heckendalheim
Name:	St. Josef
Zugehörigkeit:	Kath., Saarpfalz - Mandelbachtal
Baujahr:	1953
Architekt:	Bischöfliches Bauamt, W. Schulte II
Renovierungen:	1983
Sitzplätze:	480
Orgel:	1954 Späth, I/6

Heiligenmoschel
Zugehörigkeit:	Evang., Winnweiler
Baujahr:	1748/49
Renovierungen:	1964 Jakob Haeckher und Otto Hubing, Otterberg
Sitzplätze:	188
Orgel:	1783 Philipp Daniel Schmidt, Meisenheim Restaur. 1984 Steinmeyer, I/13

Heiligenstein

Name:	St. Sigismund
Zugehörigkeit:	Kath., Speyer - Dudenhofen - Römerberg
Baujahr:	1778/79
Erweiterungen:	1971 (Atzberger)
Renovierungen:	1987
Sitzplätze:	520
Orgel:	Prospekt: 1772 Seuffert
	Restaur. 1996 Vier

Barocker Hochaltar um 1700, zwei Holzstatuen Hl. Wendelin und Hl. Rochus (1750).

Heimkirchen

Zugehörigkeit:	Evang., Otterbach
Baujahr:	1878
Architekt:	Menges, Kaiserslautern
Renovierungen:	1964 - 1966
Beschädigungen:	1945
Sitzplätze:	220
Orgel:	Rühlmann/Zörbig, II/13
	Umbau: Oberlinger/Mayer

Heltersberg

Zugehörigkeit:	Evang., Pirmasens
Baujahr:	1959
Architekt:	Jakob, Kaiserslautern
Sitzplätze:	275
Orgel:	1965 Oberlinger, I/8 mech.

Heltersberg
Name: Maria Mutterschaft
Zugehörigkeit: Kath., Pirmasens - Waldfischbach - Burgalben
Baujahr: 1965 - 1967
Architekt: J. Blanz
Sitzplätze: 590
Orgel: 1936 Sattel, II/14
Umbau: 1968 Zimnol

Herbitzheim
Name: St. Barbara
Zugehörigkeit: Kath., Saarpfalz - Gersheim
Baujahr: 1973 - 1975
Architekt: Alios Atzberger
Sitzplätze: 920
Orgel: Elektronisch, Ahlborn 1975

Holzstatue Hl. Maria aus dem 18. Jh.

Hermersberg
Zugehörigkeit: Evang., Pirmasens
Baujahr: 1912
Architekt: Rayss, Kaiserslautern
Renovierungen: 1959
Sitzplätze: 208
Orgel: 1957 Oberlinger, elek.

Interessante Glasmalereien (Vater-Unser-Zyklus).

Hermersberg
Name: St. Johannes der Täufer
Zugehörigkeit: Kath., Pirmasens - Waldfischbach - Burgalben
Baujahr: 1903
Architekt: W. Schulte I
Sitzplätze: 520
Orgel: 1955 Walcker, II/18

Herschberg
Zugehörigkeit: Evang., Pirmasens
Baujahr: 1861/62
Renovierungen: 1953, 1985
Sitzplätze: 300
Orgel: 1870 Stumm, I/12 mech.

Herschweiler - Pettersheim
Zugehörigkeit: Evang., Kusel
Baujahr: 1954
Architekt: Heußer, Kaiserslautern
Sitzplätze: 320
Orgel: 1956 Oberlinger, II/12 mech.

Hertlingshausen

Zugehörigkeit:	Evang., Grünstadt
Baujahr:	1840 - 1843
Renovierungen:	1956 - 1957
Sitzplätze:	151
Orgel:	1924 Poppe, I/6

Hertlingshausen

Name:	Maria vom Frieden
Zugehörigkeit:	Kath., Bad Dürkheim - Grünstadt
Baujahr:	1966
Sitzplätze:	100
Orgel:	1952 Walcker, I/4

Herxheim am Berg

Zugehörigkeit:	Evang., Bad Dürkheim
Baujahr:	Chor 1024, Langhaus 1729
Renovierungen:	1925, 1935 Latteyer und Koch, Ludwigshafen
Beschädigungen:	1729, 1934
Sitzplätze:	225
Orgel:	1993 Walcker, II/10 mech.

Im Altarraum Wandmalereien aus dem 14. Jh.

Herxheim
Zugehörigkeit: Evang., Germersheim
Baujahr: 1962
Architekt: Kurt Jung, Kandel
Sitzplätze: 145
Orgel: 1965 Oberlinger, I/5 mech.

Herxheim
Name: St. Maria
Zugehörigkeit: Kath., Landau - Landau - Land
Baujahr: 1502, Langhaus 1776/78
Renovierungen: 1981/82
Sitzplätze: 1030
Orgel: 1985 Beckerath, III/50 mech./elek.

Sehenswert: Kanzel mit Schnitzereien, Seitenaltäre, Sakramentshäuschen.

Herxheimweyher
Name: St. Antonius
Zugehörigkeit: Kath., Landau - Landau - Land
Baujahr: 1821
Architekt: F. S. Schwarze
Sitzplätze: 290
Orgel: 1870 Schlimbach, II/12 mech.

Herxheim
Name: St. Paulusstift
Zugehörigkeit: Kath., Landau - Landau - Land
Baujahr: 1896
Architekt: Erbauer: Jakob Friederich Bussereau
Sitzplätze: 100
Orgel: 1976 Scherpf, II/12

Heßheim
Name: Christuskirche
Zugehörigkeit: Evang., Frankenthal
Baujahr: 1954
Architekt: Wilhelm Ecker, Landau
Sitzplätze: 325
Orgel: 1954 Oberlinger
Umbau: 1986 Walcker II/13

Wandgemälde „Sinkender Petrus" an der Chor-Rückwand.

Heßheim

Name:	St. Martin
Zugehörigkeit:	Kath., Speyer - Frankenthal
Baujahr:	Turm 12. Jh, Schiff 1753
Architekt:	Wilhelm Schulte / A.E. Sohn, Umbau 1958
Erweiterungen:	1958 oberstes Turmgeschoß, 1963 Schiff
Renovierungen:	1982/83
Sitzplätze:	310
Orgel:	ca. 1760, Umbau: Scherpf/Kuhn 1983, II/11

Aus dem 18. Jh: Taufstein, Muttergottes, Vespergruppe, Hochaltar mit Kreuzigungsgemälde. Anna Selbdritt 15. Jh.

Hettenleidelheim

Zugehörigkeit:	Evang., Grünstadt
Baujahr:	1952
Architekt:	Hansgeorg Fiebiger, Kaiserslautern
Sitzplätze:	112
Orgel:	1959 Walcker, I/6 mech.

Achteckiger Zentralbau, sechs rundbogige Fenster in Sandsteinfassung.

Hettenleidelheim

Name:	St. Peter
Zugehörigkeit:	Kath., Bad Dürkheim - Grünstadt
Baujahr:	1720 - 1724
Erweiterungen:	1898 - 1901 W. Schulte I
Renovierungen:	1972
Sitzplätze:	460
Orgel:	1958 Scherpf, II/19 mech. Restaur. 1982 Scherpf

Barocke Seitenaltäre um 1740.

Heuchelheim bei Landau

Zugehörigkeit:	Evang., Bad Bergzabern
Baujahr:	Um 1300 Langhaus und Chor, 1503 Turm
Renovierungen:	1669, 1765, 1961 Heinrich Scheid, Heuchelheim
Sitzplätze:	180
Orgel:	1977 Oberlinger, I/14 mech.

Fresken des 14. und 15. Jahrhunderts im Chorraum. Kanzel und Orgelprospekt aus dem Rokoko.

Heuchelheim bei Frankenthal

Zugehörigkeit:	Evang., Frankenthal
Baujahr:	1566 Schiff
Veränderungen:	1733 Umbau in dreiseitig geschlossenen Saalraum
Renovierungen:	1953 - 1957, 1975
Sitzplätze:	257
Orgel:	1974 Owart, II/11 mech.

Zwei Ölbilder: Abendmahl und Hl. Familie (17. Jh)

Hinterweidenthal (oben rechts)
Zugehörigkeit: Evang., Pirmasens
Baujahr: 1778 Schiff, 1860 Turm
Architekt: F. G. Wahl (Schiff) und
August von Voit (Turm)
Renovierungen: 1860, 1895, 1960
Sitzplätze: 245
Orgel: 1960 Steinmeyer, II/13 elek.

Hildebrandseck / Königsbach
Name: Kloster Hildebrandseck
Zugehörigkeit: Kath. Bad Dürkheim - Neustadt
Baujahr: 1616
Erweiterungen: 19. Jh Festsaal, jetzt Kapelle
Orgel: II/7

Hilst
Zugehörigkeit: Evang., Pirmasens
Baujahr: 1933/34
Architekt: L. Schork, Pirmasens
Wiederaufbau: 1948/49
Beschädigungen: 1941 im Krieg
Sitzplätze: 125
Orgel: 1981 Streichert, I/6 mech.

Hinzweiler (unten rechts)
Zugehörigkeit: Evang., Lauterecken
Baujahr: 13. Jh Chorturm, 1727 Kirchenschiff
Erweiterungen: 1727
Renovierungen: 1964, 1986
Beschädigungen: 1726
Sitzplätze: 280
Orgel: 1886, Walcker, I/9

Im Chorraum Grabplatte, in der Turmstube Fresken.

Hilst
Name: St. Joseph
Zugehörigkeit: Kath., Pirmasens - Pirmasens - Land
Baujahr: 1931
Renovierungen: 1989/90
Sitzplätze: 120
Orgel: 1983 Zimnol, I/4 mech.

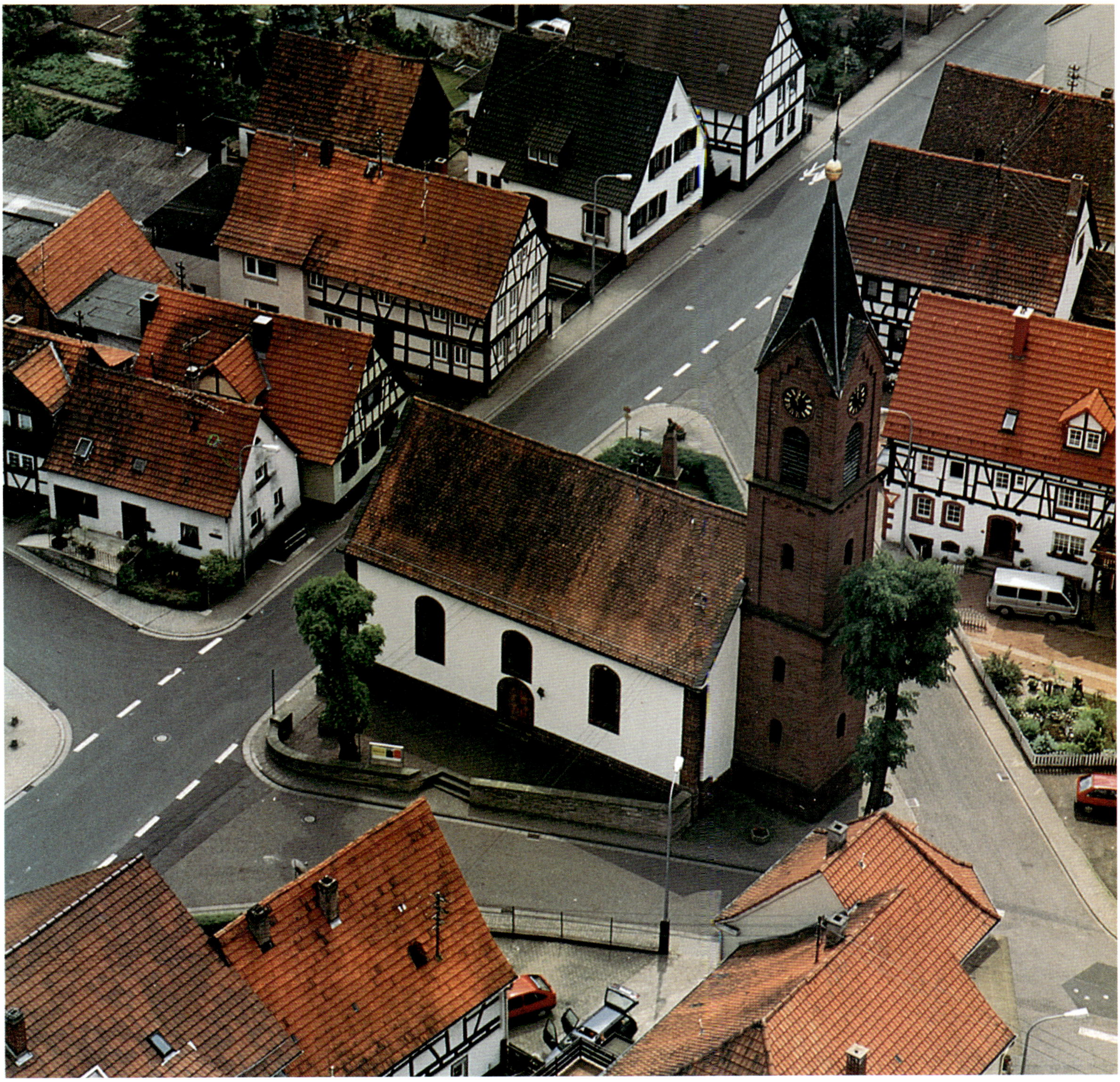

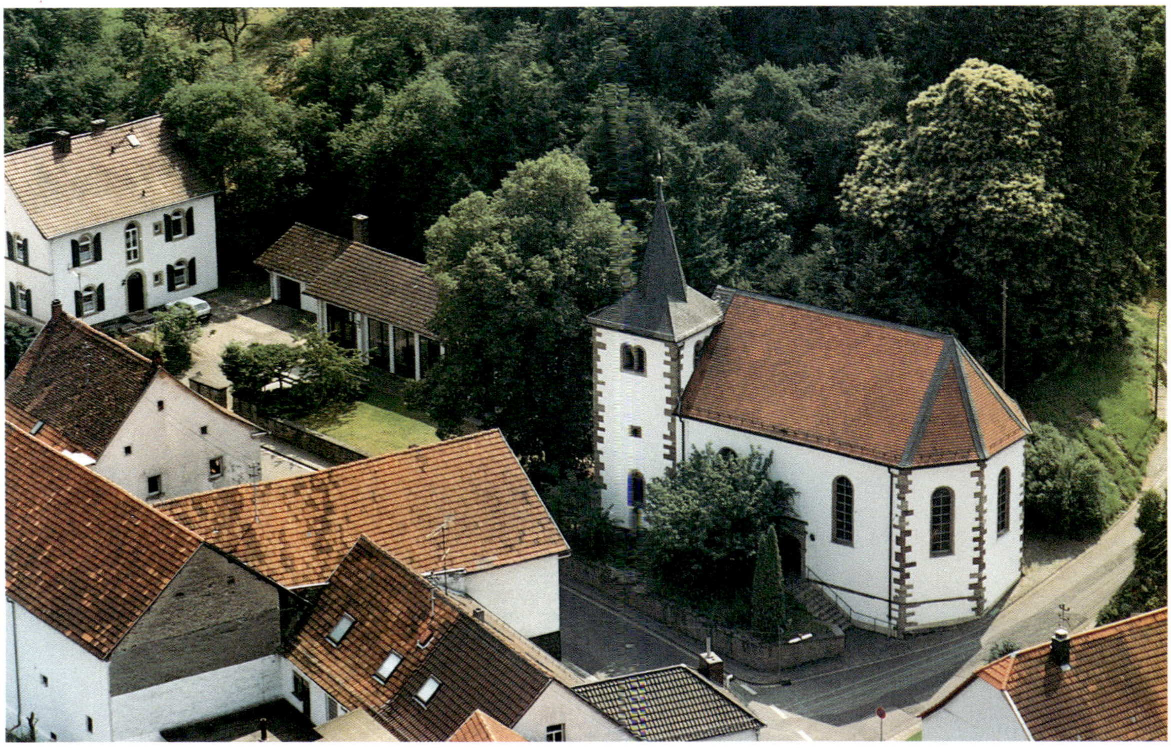

Hinterweidenthal

Name:	Maria Himmelfahrt
Zugehörigkeit:	Kath., Pirmasens - Dahn
Baujahr:	1933/34
Architekt:	J. Uhl
Renovierungen:	1984
Sitzplätze:	159
Orgel:	1994 Vier, I/14 mech.

Hirsauer Kapelle (Hundheim)

Name:	Hirsauer Kapelle
Zugehörigkeit:	Evang., Lauterecken
Baujahr:	12. Jh., 1507 nördl. Seitenschiff
Renovierungen:	1961-64 Hansgeorg Fiebiger, Kaiserslautern
Orgel:	1970 Oberlinger, I/6 mech.

Bei der Renovierung wurden Fresken aus dem 13. Jh. entdeckt. Die Glocken sind von 1480. Ursprünglich einschiffiger Bau mit quadratischem Turm im Osten, Westportal und Chor. Im 13. Jh wird alter Chorraum durch heutigen ersetzt. Das nördliche Seitenschiff wurde im 30-jährigen Krieg abgebrochen, im 19. Jh wiederaufgebaut. Runder Treppenturm von 1895.

Hochdorf

Name:	St. Peter
Zugehörigkeit:	Kath., Speyer - Mutterstadt
Baujahr:	1756
Architekt:	Für Erweiterungsbau: Bischöflicher Baudirektor Alois Atzberger
Erweiterungen:	1973/74 Anbau, 1923 Glockengeschoß
Renovierungen:	1973/74 erweitert, alter Eingang zugemauert
Sitzplätze:	460
Orgel:	1980 Wehr, II/16 mech./elek.

Im Chor restauriertes Fresko „Krönung Mariä" von Paul Rammelkammer, Mannheim.

Höchen (oben und rechts)
Name: St. Maria
Zugehörigkeit: Kath., Saarpfalz - Bexbach
Baujahr: 1803
Erweiterungen: 1968 Anbau, Atzberger
Sitzplätze: 450
Orgel: 1969 Mayer, II/15

Marienfigur aus dem 18. Jh (Holz), Kruzifix aus dem 16. Jh.

Höchen
Zugehörigkeit:	Evang., Homburg
Baujahr:	1902 Schiff, 1909/10 Turm
Architekt:	Christian Löhmer, Homburg
Renovierungen:	1963
Sitzplätze:	320
Orgel:	1910/11 Poppe, II/15 pneum.

Interessante Lampen im Innern, entworfen von Larouette.

Hochspeyer
Zugehörigkeit:	Evang., Kaiserslautern
Baujahr:	1770 Schiff, 1870 Turm
Renovierungen:	1951 - 1965
Beschädigungen:	1944 im Krieg
Sitzplätze:	350
Orgel:	1904 Walcker, II/21 pneum., Umbau: Zimnol

Hochspeyer
Name:	St. Laurentius
Zugehörigkeit:	Kath., Kaiserslautern - Enkenbach - Alsenborn
Baujahr:	1858
Architekt:	Rudolf Perignon
Erweiterungen:	1912
Renovierungen:	1970/71
Sitzplätze:	380
Orgel:	1962 Zimnol, II/17 mech./elek.

Hochstadt (Niederhochstadt)

Zugehörigkeit:	Evang., Landau
Baujahr:	Turm 13. Jh und 1557, Schiff 1738-41
Architekt:	Vermutlich Baumeister Osswald, Speyer
Erweiterungen:	1741 Turm aufgestockt
Beschädigungen:	Im 2. Weltkrieg, 1946 wiederaufgebaut
Sitzplätze:	488
Orgel:	1875 Voit, II/19 mech.

Barockkanzel mit reichen Verzierungen.

Hochstadt (Oberhochstadt)

Zugehörigkeit:	Evang., Landau
Baujahr:	1727
Sitzplätze:	217
Orgel:	1864 Carl Wagner, II/12 mech.
	Umbau: Kämmerer 1911, 1968 Owart

Kanzel von 1770, runder Korpus mit Rokoko-Schnitzwerk.

Hochstadt

Name:	St. Georg
Zugehörigkeit:	Kath., Landau - Landau - Land
Baujahr:	1251, 1749 neu erbaut, Turm 1864
Renovierungen:	1969
Sitzplätze:	240
Orgel:	Harmonium

Hochstadt (Niederhochstadt)
Name: St. Michael
Zugehörigkeit: Kath., Landau - Land
Baujahr: 1827
Sitzplätze: 60

Hochstätten (Mitte links)
Zugehörigkeit: Evang., Obermoschel
Baujahr: 1772 Schiff, gotischer Chorturm
Renovierungen: 1926, 1966, 1989/91
Sitzplätze: 200
Orgel: 1777 Philipp Schmidt, Meisenheim, I/13 mech., Umbau: 1967 Oberlinger

Hofstätten
Zugehörigkeit: Evang., Landau
Baujahr: 1925/26
Architekt: Fritz Kindler, Landau
Renovierungen: 1957
Sitzplätze: 179
Orgel: 1957 Oberlinger, 2 Manuale, elek.

Höheinöd

Zugehörigkeit:	Evang., Pirmasens
Baujahr:	1913 - 1915
Architekt:	Raimund Ostermaier, Kaiserslautern
Renovierungen:	1950, 1966
Sitzplätze:	520
Orgel:	1914/15 Walcker, 1 Manual, pneum. Umbau: 1959 Oberlinger

Höheinöd

Name:	Bruder Konrad
Zugehörigkeit:	Kath., Pirmasens - Waldfischbach - Burgalben
Baujahr:	1935
Architekt:	Josef Uhl
Sitzplätze:	60
Orgel:	Harmonium

Höhfröschen

Zugehörigkeit:	Evang., Pirmasens
Baujahr:	1958
Architekt:	Wilhelm Ecker, Landau
Sitzplätze:	141
Orgel:	1959 Walcker, II/13 mech.

Homburg

Name:	Stadtkirche
Zugehörigkeit:	Evang., Homburg
Baujahr:	1779 - 1785 Turm, 1871/74 Schiff
Architekt:	1779 - 1785 Franz Georg Schäfer, Schloß Karlsberg. 1871 - 1874: Müller, Homburg
Renovierungen:	1954, 1986
Beschädigungen:	1945 im Krieg zerstört
Sitzplätze:	800
Orgel:	1972 Steinmeyer, III/33 mech./elek.

Homburg - Beeden

Zugehörigkeit:	Evang., Homburg
Baujahr:	1934/35
Architekt:	Grün und Weber, Kaiserslautern
Wiederaufbau:	1945 - 1947
Renovierungen:	1964
Beschädigungen:	1945 im Krieg
Sitzplätze:	350
Orgel:	1935 Walcker, II/12 elek.

Homburg - Bruchhof

Name:	Christuskirche
Zugehörigkeit:	Evang., Homburg
Baujahr:	1928
Architekt:	1928 Friedrich Larouette, Frankenthal. 1962 Ludwig Wolfart, Homburg
Renovierungen:	1962, 1973
Sitzplätze:	277
Orgel:	1937 Walcker, II/12, 1973 Klangumbau

Homburg - Erbach
Name: Martin Luther-Kirche
Zugehörigkeit: Evang., Homburg
Baujahr: 1931
Architekt: Friedrich Larouette, Frankenthal
Renovierungen: 1957 Ludwig Wolfart, Homburg
Sitzplätze: 238
Orgel: 1970 Oberlinger, II/12 mech.

Homburg - Beeden
Name: St. Remigius
Zugehörigkeit: Kath., Saarpfalz - Homburg
Baujahr: 1953
Architekt: H. Lück
Renovierungen: 1983 Turm
Sitzplätze: 400
Orgel: Elektronisch

Homburg - Bruchhof
Name: Maria, Hilfe der Christen
Zugehörigkeit: Kath., Saarpfalz - Homburg
Anschrift: Bechhofen, Rosenkopferstr. 3
Baujahr: 1931
Architekt: A. Boßlet
Renovierungen: 1986 - 1988
Sitzplätze: 290
Orgel: 1993/94 Mayer, II/15

Homburg

Name:	St. Fronleichnam
Zugehörigkeit:	Kath., Saarpfalz - Homburg
Anschrift:	Ringstr. 50
Baujahr:	1962
Architekt:	Herbert Lück
Renovierungen:	1974, 1987 saniert
Beschädigungen:	Brand 1974
Sitzplätze:	550
Orgel:	1983/84 Mayer, II/20 mech.

Homburg

Name:	Maria vom Frieden
Zugehörigkeit:	Kath., Saarpfalz - Homburg
Anschrift:	Westring 27
Baujahr:	1954
Architekt:	W. Schulte II
Renovierungen:	1980
Sitzplätze:	850
Orgel:	1966 Mayer, III/42 elek.

Homburg

Name:	St. Michael
Zugehörigkeit:	Kath., Saarpfalz - Homburg
Anschrift:	Pfarrgasse 1
Baujahr:	1836 - 1841
Architekt:	August von Voit, Christian Portscheller
Renovierungen:	1988
Sitzplätze:	550
Orgel:	1968 Mayer, III/36 elek.

Homburg - Erbach

Name:	St. Andreas
Zugehörigkeit:	Kath., Saarpfalz - Homburg
Anschrift:	Steinbachstr. 60
Baujahr:	1903/04
Architekt:	W. Schulte I
Renovierungen:	1973
Sitzplätze:	590
Orgel:	1954 Mayer, II/30

Flügelaltar von Heinz Schiestel (Würzburg).

Homburg - Kirrberg

Name:	Mariä Himmelfahrt
Zugehörigkeit:	Kath. Saarpfalz - Homburg
Baujahr:	1893
Erweiterungen:	1955 - 57 Lück
Renovierungen:	1987
Sitzplätze:	630
Orgel:	1963 Mayer, II/25

Wallfahrtsbild aus dem 18. Jh aus der profanierten Klosterkirche Saarwerden. Zwei Wallfahrtstage: Mariä Heimsuchung und Mariä Geburt.

Homburg - Erbach Reiskirchen

Name:	Auferstehungskirche
Zugehörigkeit:	Kath., Saarpfalz - Homburg
Baujahr:	1976
Architekt:	Bischöfl. Bauamt (Atzberger)
Sitzplätze:	230
Orgel:	1990 Mayer, II/11 mech.

Hoof im Ostertal
Zugehörigkeit: Evang., Kusel
Baujahr: 1853
Renovierungen: 1963 Baureis, St. Wendel
Sitzplätze: 220
Orgel: 1879 Walcker, I/10 mech.

Innenraum im klassizistischen Stil: Kanzel, Kassettendecke, Gestühl, Empore.

Hoof
Name: Christkönig
Zugehörigkeit: Kath., Saarpfalz - Bexbach
Baujahr: 1933/34
Architekt: Leidner, Kaiserslautern
Sitzplätze: 145
Orgel: 1956 Gerhard, Boppard, I/5

Höningen
Name: Jakobskirche
Zugehörigkeit: Evang., Grünstadt
Baujahr: 12. Jh
Renovierungen: 1930/31, 1961/62, 1988
Sitzplätze: 107
Orgel: 1993 R. Reusch, I/7

Ursprünglich befand sich in der Nähe eine 40 m lange Basilika mit rechteckigem Chor (Augustiner-Chorherrenstift 1120 gegründet). Fragmente mittelalterlicher Wandfresken. Bemalte Barockempore von 1720, Taufstein von 1230.

Hördt

Name:	St. Georg
Zugehörigkeit:	Kath., Germersheim - Rülzheim
Baujahr:	1750 Langhaus (1850 umgebaut)
Erweiterungen:	1935 Vierungsturm, Apsis und Querhaus von Boßlet
Renovierungen:	1979 - 1981
Sitzplätze:	530
Orgel:	1985 Karl Göckel, II/25 mech.

Sehenswert: Altar, Kanzel und Kreuzwegstationen.

Horbach

Name:	St. Petrus
Zugehörigkeit:	Kath., Pirmasens - Waldfischbach - Burgalben
Baujahr:	13. Jh
Architekt:	Schulte I 1905, M. Brunner 1977/78
Erweiterungen:	1905 Chor mit Turm
Renovierungen:	1977/78
Sitzplätze:	300
Orgel:	1847 Karl Frosch, I/10 1978 aufgestellt durch Staller

Hornbach

Zugehörigkeit:	Evang., Zweibrücken
Baujahr:	1785/86; 1844 Turm
Architekt:	1785/86 Friedrich Gerhard Wahl, Zweibrücken und Albert Schwarzenberger (Turm)
Renovierungen:	1951, 1970
Beschädigungen:	1944
Sitzplätze:	525
Orgel:	1953 Oberlinger, mech., II/22 unvollendet 1972 Mayer, Prospekt: 1739 Toussaint

Ehemalige Benediktinerabtei, Grab des Hl. Pirminius von 753, Michaelskapelle mit Steinmuseum, Fabianskapelle mit Krypta. Kath. Wallfahrtstag: Sonntag nach dem Fest des Hl. Pirminius.

Höringen

Name:	St. Peter
Zugehörigkeit:	Evang. und kath., Winnweiler
Baujahr:	1750
Renovierungen:	1963
Sitzplätze:	85
Orgel:	1955 Walcker, I/4 mech.

Hornbach
Name: St. Pirminius
Zugehörigkeit: Kath., Pirmasens - Zweibrücken
Baujahr: 1927 - 1930
Architekt: Albert Boßlet
Renovierungen: 1987
Sitzplätze: 270
Orgel: 1966 Mayer, II/10
Restaur. 1986 Mayer

Horschbach
Zugehörigkeit: Evang., Lauterecken
Baujahr: 1791
Renovierungen: 1960
Sitzplätze: 195
Orgel: 1969 Oberlinger, I/9 mech.
Prospekt: 1792

Hüffler
Zugehörigkeit: Evang., Kusel
Baujahr: 1875/76
Architekt: Franz Schöberl, Speyer
Renovierungen: 1953 - 1957
Sitzplätze: 300
Orgel: 1976/77 Owart, I/7 mech.

Hüffler
Name: Maria Königin
Zugehörigkeit: Kath., Kusel - Kusel
Baujahr: 1956
Architekt: Bischöfliches Bauamt (Blanz)
Sitzplätze: 112
Orgel: Elektronisch

Hütschenhausen
Zugehörigkeit: Evang., Homburg
Baujahr: 1933/34
Architekt: Willi Hemmer, Kaiserslautern 1962
Renovierungen: 1955, 1960, 1962 - 1966
Sitzplätze: 290
Orgel: 1934 Steinmeyer, II/15 pneum., Umbau 1966

Hütschenhausen
Name: St. Michael
Zugehörigkeit: Kath., Kaiserslautern - Ramstein - Bruchmühlbach
Baujahr: 1908 - 1910
Architekt: Rudolf Perignon, München
Renovierungen: 1972 - 1981
Sitzplätze: 450
Orgel: 1965 Ott, II/15 mech.

Iggelbach

Zugehörigkeit:	Evang., Neustadt
Baujahr:	1931 - 1933
Architekt:	Ernst Stoll, Neustadt
Sitzplätze:	237
Orgel:	1963 Ankauf Walcker, I/4 (Positiv)

Iggelheim

Zugehörigkeit:	Evang., Speyer
Baujahr:	1756
Architekt:	Carl Wilhelm Schäfer, Neustadt
Erweiterungen:	1834 Turm erhöht
Renovierungen:	1834, 1951, 1964
Sitzplätze:	596
Orgel:	1987 Vier, II/25 mech.

Die drei unteren Turmgeschoße stammen noch von einem Bau aus dem 12. Jh. Das vierte Geschoß und der Spitzhelm wurden 1834 aufgesetzt. Im Erdgeschoß ein wiederhergestelltes spätgotisches Gewölbe. Sehenswert die barocke Kanzel von 1770.

Iggelheim

Name:	St. Simon und Judas Thaddäus
Zugehörigkeit:	Kath., Speyer - Mutterstadt
Baujahr:	1935/36
Architekt:	Albert Boßlet
Renovierungen:	1976
Sitzplätze:	530
Orgel:	1964 Wehr, II/15

Zwei Holzstatuen Hl. Simon und Judas Thaddäus (18. Jh).

Iggelheim
Name: St. Simon und Judas Thaddäus
Zugehörigkeit: Ehemalige kath. Kirche
Baujahr: 1740-41
Erweiterungen: 1845 Sakristei angebaut

Die Kirche wurde 1936 profaniert und dient seit 1957 als Leichenhalle.

Ilbesheim bei Kirchheimbolanden
Zugehörigkeit: Evang., Kirchheimbolanden
Baujahr: 1790/91
Renovierungen: 1802, 10. 12. 1819, 1954
Beschädigungen: 18. Jh
Sitzplätze: 236
Orgel: Prospekt ca. 1800,
1928 Gebrüder Link, Giengen an der Brenz,
II/15 pneum.

Ilbesheim bei Landau
Zugehörigkeit: Evang., Landau
Baujahr: 1718/19
Renovierungen: 1960/61
Sitzplätze: 338
Orgel: Prospekt 1781 Johann Karl Baumann,
Annweiler 1936 Poppe,
Umbau: 1961 Oberlinger, II/15 pneum

Immesheim

Name:	St. Bartholomäus
Zugehörigkeit:	Kath., Donnersberg - Kirchheimbolanden
Baujahr:	1375 alter Chor
Architekt:	Franz Schuhmann 1964
Erweiterungen:	1964 neu errichtet und erweitert
Sitzplätze:	50
Orgel:	1993 Böhm, Gotha, I/6

Impflingen

Zugehörigkeit:	Evang., Landau
Baujahr:	1249 erwähnt, 1726 neu gebaut
Erweiterungen:	1739 Schiff erweitert
Renovierungen:	1952, 1967
Sitzplätze:	246
Orgel:	1778 Andreas Krämer, Mannheim Restaur. 1993 Vleugels, I/14 mech.

Imsbach

Zugehörigkeit:	Evang., Winnweiler
Baujahr:	1729 Kirchenschiff, 1926 Turm
Renovierungen:	1953, 1972/73
Sitzplätze:	234
Orgel:	1857 erworben, Umbau: 1938 Poppe

Bemalte Emporenfelder (Johann Georg Engisch).

Imsbach
Name: Unbefleckte Empfängnis Mariä
Zugehörigkeit: Kath., Donnersberg - Rockenhausen
Baujahr: 1898
Architekt: Wilhelm Schulte I
Renovierungen: 1988
Sitzplätze: 174
Orgel: 1941 Sattel, II/15

Imsweiler
Name: St. Petrus in Ketten
Zugehörigkeit: Kath., Donnersberg - Rockenhausen
Baujahr: 11. Jh Chor, Turm, Sakristei und 1896 Neubau
Architekt: Ludwig Becker 1896
Renovierungen: 1984
Sitzplätze: 205
Orgel: 1899 Voit, II/11 pneum. Restaur. 1978 Zimnol

Taufstein um 1500, Muttergottes in Stein 14. Jh, Renaissance-Grabmal Johann Brenner von Lewenstein und seine Gattin (16. Jh). Sonnenuhr von 1526 außen an der Sakristei.

Ingenheim
Zugehörigkeit: Evang., Bad Bergzabern
Baujahr: 1822/23
Architekt: Friedrich Samuel Schwarze
Renovierungen: 1936/38, 1962/63
Beschädigungen: 1944/45
Sitzplätze: 284
Orgel: 1967 Oberlinger, II/16 mech.

Insheim
Name: St. Michael
Zugehörigkeit: Kath., Landau - Landau - Land
Baujahr: 1912 - 1914
Architekt: Albert Boßlet
Renovierungen: 1988/89
Sitzplätze: 320
Orgel: 1938 Sattel, 17 Register elek.

Insheim
Zugehörigkeit: Evang., Landau
Baujahr: 1743 Kirchenschiff, 1518 Turm
Architekt: Franz Wilhelm Rabaiatti, Schwetzingen
Renovierungen: 1956
Sitzplätze: 250
Orgel: ca. 1780, Umbau: 1928 Poppe, I/12 mech.

Ingenheim
Name: St. Bartholomäus
Zugehörigkeit: Kath., Landau - Landau - Land
Baujahr: 1899 - 1902
Architekt: Wilh. Schulte I
Renovierungen: 1973/74
Sitzplätze: 250
Orgel: 1993/94 Kuhn, II/15 mech.

Jägersburg
Name: Adventskirche
Zugehörigkeit: Evang., Homburg
Baujahr: 1956
Architekt: Rudolf Krüger, Saarbrücken
Sitzplätze: 270
Orgel: 1968 Ott, II/16 mech.

Jägersburg
Name: St. Josef
Zugehörigkeit: Kath., Saarpfalz - Homburg
Baujahr: 1954/55
Architekt: A. Boßlet / van Aaken
Renovierungen: 1984
Sitzplätze: 390
Orgel: 1963 Mayer, II/22, Restaur. 1988 Mayer

Jakobsweiler

Zugehörigkeit:	Evang., Kirchheimbolanden
Baujahr:	15. Jh.
Erweiterungen:	1720-24 verlängert
Renovierungen:	1845, 1892, 1964, 1983
Sitzplätze:	146
Orgel:	Elektronisch

Altarkreuz in Bronze von Thomas Duttenhoefer, 1985.

Jettenbach

Zugehörigkeit:	Evang., Lauterecken
Baujahr:	1895/96
Architekt:	Franz Schöberl, Speyer, Friedrich Graf, Speyer Bauleitung
Renovierungen:	1956/57
Sitzplätze:	534
Orgel:	1896 Walcker, II/16 pneum. Restaur. 1992 Kuhn

Jockgrim
Name: St. Dionysius
Zugehörigkeit: Kath., Germersheim - Kandel
Baujahr: 1772
Beschädigungen: Im 2. Weltkrieg zerstört, ab 1946 wieder aufgebaut (Lochner)
Sitzplätze: 430
Orgel: 1952 Link, II/18

Jockgrim
Zugehörigkeit: Evang., Germersheim
Baujahr: 1937/38
Architekt: Hans Seeberger, Kaiserslautern
Renovierungen: 1953
Sitzplätze: 110
Orgel: 1970 Walcker, I/8 mech.

Ursprünglich als Privatkapelle gebaut, 1950-53 zur Kirche ausgebaut.

Jockgrim
Name: St. Georg
Zugehörigkeit: Kath., Germersheim - Kandel
Baujahr: 1966 - 1968
Architekt: Atzberger
Sitzplätze: 700
Orgel: 1969/70 Wehr, II/24

Johanniskreuz
Name: Waldkapelle
Zugehörigkeit: Kath., Bad Dürkheim - Lambrecht
Baujahr: 1960/61
Architekt: Blanz (Bischöfliches Bauamt)
Sitzplätze: 50
Orgel: Elektronisch 1974

Kaiserslautern
Name: Apostelkirche
Zugehörigkeit: Evang., Kaiserslautern
Anschrift: Spitalstr. 23
Baujahr: 1897 - 1901
Architekt: Ludwig Stempel, München
Wiederaufbau: 1952 - 1956, 1961/62 Eugen Heusser
Beschädigungen: 28. 09. 1944
Sitzplätze: 910
Orgel: 1957 Steinmeyer, III/43 elek.

Der erste Spatenstich erfolgte am 26.08.1897, die Grundsteinlegung am 04.11.1897. Am 01.09.1901 wurde die Kirche eingeweiht. In der Nacht vom 27. zum 28.09.1944 erfolgte ein schwerer Luftangriff, der eine Ruine hinterließ. Der Wiederaufbau begann ab 1947 unter Eugen Heußer. Am 19.02.1956 erfolgte die Einweihung der wiederaufgebauten Kirche. Am 23.03.1962 waren die fünf Türme wieder instandgesetzt.

Kaiserslautern

Name:	Dietrich Bonhoeffer-Kirche
Zugehörigkeit:	Evang., Kaiserslautern
Anschrift:	Höfflerstr. 18
Baujahr:	1965
Architekt:	Hansgeorg Fiebiger, Kaiserslautern
Sitzplätze:	390
Orgel:	1973/74 Walcker, mech. II/10

Kaiserslautern

Name:	Christuskirche
Zugehörigkeit:	Evang., Kaiserslautern
Anschrift:	Am Heiligenhäuschen 9
Baujahr:	1958/59
Architekt:	Hansgeorg Fiebiger, Kaiserslautern
Sitzplätze:	570
Orgel:	1968 Mühleisen/Straßburg, III/36 mech./elek.

Kaiserslautern

Name:	Friedenskirche
Zugehörigkeit:	Evang., Kaiserslautern
Anschrift:	Kurt-Schumacher-Str. 56
Baujahr:	1986
Architekt:	R. Glück, H. Thiem
Sitzplätze:	150
Orgel:	1986 Oberlinger, II/15 mech.

Ambo, Altar, Kreuz und Taufbecken von Gernot Rumpf.

Kaiserslautern
Name: Kleine Kirche
Zugehörigkeit: Evang., Kaiserslautern
Anschrift: Unionstr. 2
Baujahr: 1711-17, 1757 Dachreiter
Renovierungen: 1991-93 Thomas Lahme, Kaiserslautern
Orgel: 1910 Walcker, II/31 pneum.
Restaur. 1993 Walcker

Während der französischen Besatzung 1793/94 als Lagerraum verwendet, 1811 neue Einrichtung, 1836-44 Fenster neugotisch verändert, 1992 Restaurierung, 1902 neue Ausmalung. Kanzel, Empore und Orgelgehäuse klassizistisch. 1818 tagte hier die Generalsynode der Pfälzischen Kirchenunion.

Kaiserslautern
Name: Lukaskirche
Zugehörigkeit: Evang., Kaiserslautern
Anschrift: Spichererstr. 63a
Baujahr: 1956 - 1958
Architekt: Emil Cusnick, Kaiserslautern
Sitzplätze: 450
Orgel: 1971 Oberlinger, II/17

Kaiserslautern
Name: Lutherkirche
Zugehörigkeit: Evang., Kaiserslautern
Anschrift: Barbarossaring 26
Baujahr: 1963 - 1966
Architekt: Eugen Heusser, Kaiserslautern
Sitzplätze: 430
Orgel: 1970/71 Steinmeyer, II/22 mech.

Kaiserslautern

Name:	Pauluskirche
Zugehörigkeit:	Evang., Kaiserslautern
Anschrift:	Hahnenbalz 38
Baujahr:	1958 - 1960
Architekt:	Willibald Hemmer, Kaiserslautern
Sitzplätze:	465
Orgel:	1964 Oberlinger, III/39 mech./elek.

Kaiserslautern

Name:	Stiftskirche
Zugehörigkeit:	Evang., Kaiserslautern
Anschrift:	Stiftsplatz 2
Baujahr:	1288, 1325 Langhaus, Ende 14. Jh Nordvorhalle, Anfang 16. Jh Westtürme
Wiederaufbau:	1946 - 1950 Eugen Heusser, Kaiserslautern
Renovierungen:	16. Jh, 1878 - 1880, 1965
Beschädigungen:	1944/45 zerstört
Sitzplätze:	730
Orgel:	1968 Oberlinger, IV/64 mech./elek.

Bedeutendstes Denkmal gotischer Baukunst in der Pfalz. Baubeginn Mitte 13. Jh, Richardiskapelle (heute steht hier die Adler-Apotheke) 1291 geweiht. 1511 bis 1565 Kirche eines weltlichen Kollegiatstiftes. Im französischen Revolutionskrieg 1793/94 verwüstet. 1818 tagte hier die Unions-General-Synode (Ergebnis: Union zwischen Lutheranern und Reformierten, Unionsdenkmal von Professor Knoll 1883). Am 5.1.1945 durch Bomben schwer zerstört, Wiederaufbau, 1966-68 Restaurierung.

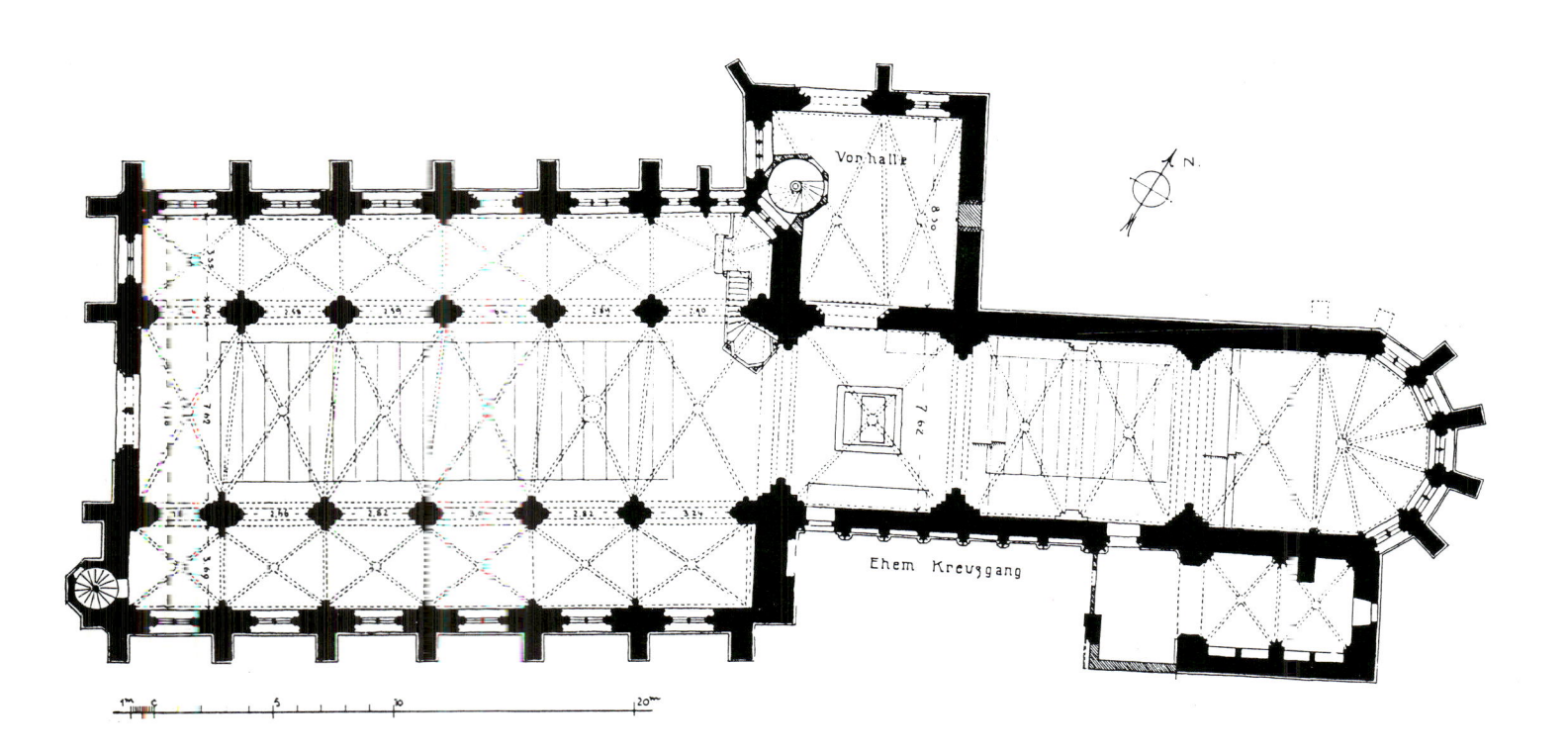

Langhaus aus drei Schiffen gleicher Höhe, zwei achteckige Türme im Westen. Besonders auffällig: Die Längsachse des Langhauses weicht von der des Chores ab. Chor einschiffig, langgestreckt, mächtiger achteckiger Turm an der Westseite. Chor in drei ungefähr quadratische Abschnitte unterteilt, westlicher Abschnitt bildet den Altarraum der Pfarrkirche, mittlerer den Psallierchor der Mönche, östlicher den Altarraum der Priesterkirche.

Nordfront des Langhauses: Strebepfeiler mit Fialen und Wasserspeiern, zweigeschoßige Fensterreihen, fein gegliedertes Portal mit hohem Wimperg. An der Nordseite jüngster Teil: Vorhalle mit vereinfachten gotischen Formen.

Kaiserslautern
Name: Versöhnungskirche
Zugehörigkeit: Evang., Kaiserslautern
Anschrift: Leipzigerstr.
Baujahr: 1969-73
Architekt: Ernst Kummer, Ludwigshafen
Orgel: Steinmeyer I/6, 1993 Oberlinger, II/21

Kaiserslautern - Dansenberg
Zugehörigkeit: Evang., Kaiserslautern
Baujahr: 1894
Architekt: Fritz Leidner, Kaiserslautern
Heinrich Kallmayer, Kaiserslautern
Renovierungen: 1958
Sitzplätze: 200
Orgel: 1969/70 Fischer & Krämer, Endingen

Kaiserslautern - Erzhütten
Zugehörigkeit: Evang., Kaiserslautern
Anschrift: Erzhütterstr. 68
Baujahr: 1952
Architekt: Eugen Heusser, Kaiserslautern
Sitzplätze: 198
Orgel: 1958 Steinmeyer, II/13 mech.

Kaiserslautern - Hohenecken
Zugehörigkeit: Evang., Kaiserslautern
Baujahr: 1957
Architekt: Heinrich Kallmayer, Kaiserslautern
Sitzplätze: 186
Orgel: 1967 Steinmeyer, mech. (Positiv)

Kaiserslautern - Mölschbach
Zugehörigkeit: Evang., Otterbach
Baujahr: 1928/29
Architekt: Ernst Stoll, Neustadt
Sitzplätze: 152
Orgel: 1985 Oberlinger, I/8 mech.

Kaiserslautern - Morlautern
Zugehörigkeit: Evang., Kaiserslautern
Baujahr: 1930
Architekt: Ludwig Ullmann, Speyer
Renovierungen: Anschließend an den Brand
Beschädigungen: 27.09.1944 Brandbombenschaden
Sitzplätze: 315
Orgel: 1957 Oberlinger, II/13 mech.

Kaiserslautern - Siegelbach

Zugehörigkeit:	Evang., Otterbach
Baujahr:	1906
Architekt:	Ludwig Levy, Karlsruhe
Renovierungen:	1950
Sitzplätze:	350
Orgel:	1912 Voit, pneum. Umbau: 1954 Oberlinger

Kaiserslautern

Name:	Christ König
Zugehörigkeit:	Kath., Kaiserslautern - Kaiserslautern
Anschrift:	Hahnenbalz 27
Baujahr:	1959
Architekt:	Paul und Hans Klostermann
Sitzplätze:	380
Orgel:	1971 Zimnol, II/16 (21)

Kaiserslautern

Name:	Hl. Kreuz
Zugehörigkeit:	Kath., Kaiserslautern - Kaiserslautern
Anschrift:	Leipzigerstr. 10
Baujahr:	1964 - 1966
Architekt:	R. Jörg
Sitzplätze:	550
Orgel:	Elektronisch, Dr. Böhm, 58 Register, 1973

Kaiserslautern

Name:	Maria Schutz (Gelöbniskirche)
Zugehörigkeit:	Kath., Kaiserslautern - Kaiserslautern
Anschrift:	Bismarckstr. 64
Baujahr:	1928
Architekt:	Seeberger, Kaiserslautern
Renovierungen:	1969
Beschädigungen:	Zerstört im Kriege 1944, 1948 wieder aufgebaut
Sitzplätze:	520
Orgel:	1957 Walcker, III/33 elek.

Bischof Michael Faulhaber gelobte den Bau der Kirche, falls die Pfalz im ersten Weltkrieg von größeren Verwüstungen verschont bliebe. Die Kirche wird von Minoriten betreut. Wallfahrtstage: Mariä Lichtmeß, Mariä Geburt, Unbefl. Empfängnis, Franz von Assisi, Elisabeth von Thüringen, Antonius von Padua.

Kaiserslautern

Name:	St. Franziskus
Zugehörigkeit:	Kath., Kaiserslautern - Kaiserslautern
Anschrift:	Betzenberg/Kantstr.
Baujahr:	1984
Architekt:	Bischöfliches Bauamt
Erweiterungen:	1985
Sitzplätze:	280
Orgel:	1989 Zimnol, II/18 mech./elek.

Kaiserslautern

Name:	St. Konrad
Zugehörigkeit:	Kath., Kaiserslautern - Kaiserslautern
Anschrift:	Reichswaldstr. 30
Baujahr:	1956/57
Architekt:	Dr. Fischer
Renovierungen:	1987
Sitzplätze:	280
Orgel:	1987 Gebrüder Späth, II/15

Kaiserslautern

Name:	St. Maria (Mariä Himmelfahrt)
Zugehörigkeit:	Kath., Kaiserslautern - Kaiserslautern
Anschrift:	St. Marienplatz 20
Baujahr:	1887 - 1892
Architekt:	Heinrich Freiherr von Schmidt, München
Renovierungen:	1972/73
Sitzplätze:	550
Orgel:	1904 Klais, III/49 pneum.

Kaiserslautern

Name:	St. Norbert
Zugehörigkeit:	Kath., Kaiserslautern - Kaiserslautern
Anschrift:	Am Heiligenhäuschen 47
Baujahr:	1955/56
Architekt:	Schulte II und Grüner (Bischöfliches Bauamt)
Sitzplätze:	492
Orgel:	1973 Zimnol, II/16 mech./elek.

Kaiserslautern

Name:	St. Martin
Zugehörigkeit:	Kath., Kaiserslautern - Kaiserslautern
Anschrift:	Spittelstr. 4
Baujahr:	1300
Erweiterungen:	15. Jh Anbau des Langhauses
Renovierungen:	1936-37, 1976-78
Sitzplätze:	392
Orgel:	1978/79 Zimnol, III/42 mech./elek.

Ehemalige Minoritenkirche, 1538 aufgelöst, 1623 bis 1625 Klosterkirche, dann Reithalle, 1686 Franziskaner, ab 1803 Pfarrkirche.

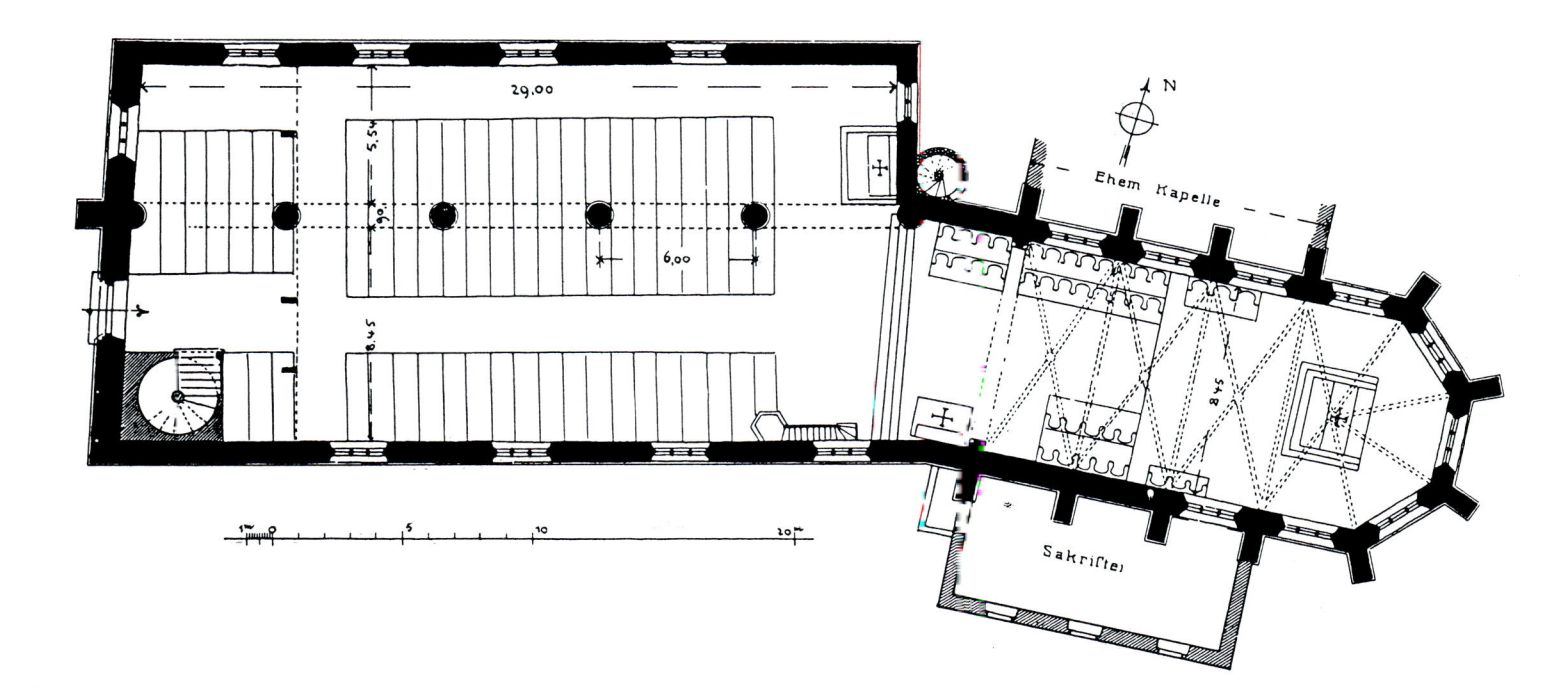

Kaiserslautern

Name: St. Theresia
Zugehörigkeit: Kath., Kaiserslautern
Anschrift: Konrad-Adenauer-Str
Baujahr: 1994
Architekt: Folker Fiebiger, Kaiserslautern
Sitzplätze: 120
Orgel: Elektronisch

Kaiserslautern - Dansenberg
Name: St. Petrus und Paulus
Zugehörigkeit: Kath., Kaiserslautern - Kaiserslautern
Baujahr: 1967
Architekt: Bischöfliches Bauamt
Sitzplätze: 325
Orgel: 1972 Zimnol, II/12 mech./elek.

Kaiserslautern - Einsiedlerhof
Name: St. Raphael
Zugehörigkeit: Kath., Kaiserslautern - Kaiserslautern
Baujahr: 1954
Architekt: Klostermann
Sitzplätze: 180
Orgel: 1980 Späth, 10 Register

Kaiserslautern
Name: St. Michael
Zugehörigkeit: Kath., Kaiserslautern - Kaiserslautern
Anschrift: Erzhütterstr. 105
Baujahr: 1936/37
Architekt: Klostermann
Renovierungen: 1985
Sitzplätze: 168
Orgel: 1980 Mayer, III/15 mech.

Kaiserslautern - Hohenecken
Name: St. Rochus
Zugehörigkeit: Kath., Kaiserslautern - Kaiserslautern
Baujahr: 1896/97
Architekt: Ludwig Becker, Mainz
Renovierungen: 1987
Sitzplätze: 370
Orgel: 1968 gekauft (Hartwig Späth?), II/19

Am rechten Bildrand sieht man die Rochuskapelle von 1748.

Kaiserslautern - Mölschbach
Name: St. Blasius
Zugehörigkeit: Kath., Kaiserslautern - Kaiserslautern
Baujahr: 1930
Architekt: E. und F. Leidner
Renovierungen: 1989
Sitzplätze: 94
Orgel: Elektronisch

Kaiserslautern - Morlautern
Name: St. Bartholomäus
Zugehörigkeit: Kath., Kaiserslautern - Kaiserslautern
Baujahr: 1928
Architekt: W: Schulte II, Wiederaufbau
Renovierungen: 1989
Beschädigungen: 1944 Fliegerangriff
Sitzplätze: 260
Orgel: Elektronisch

Kaiserslautern - Siegelbach
Name: St. Stephanus
Zugehörigkeit: Kath., Kaiserslautern - Kaiserslautern
Baujahr: 1965 - 1967
Sitzplätze: 480
Orgel: Elektronisch

Kalkofen
Zugehörigkeit: Evang., Rockenhausen
Baujahr: 1801 - 1825
Renovierungen: 1934, 1961 - 1964
Beschädigungen: 1928 durch Gewitter
Sitzplätze: 170
Orgel: 1972 Oberlinger, I/4 mech.

Kallstadt
Zugehörigkeit: Evang., Bad Dürkheim
Baujahr: 15. Jh Chorturm, 1772 Kirchenschiff
Renovierungen: 1963
Sitzplätze: 308
Orgel: Mechanische Traktur, 1775 Johann Georg Geib, Saarbrücken
Umbau: 1963-65 Oberlinger, II/26

Kandel

Zugehörigkeit:	Evang., Germersheim
Baujahr:	1468 - 1475, Turm 1501 - 1520
Architekt:	Turm von Meister Jörg
Beschädigungen:	1622, 1635, 1945
Sitzplätze:	750
Orgel:	1841 Stier, Selz, II/32
	Umbau: 1973 Oberlinger

1836 - 40 Erneuerung des Langhauses durch August von Voit.

Kandel

Name:	St. Pius X
Zugehörigkeit:	Kath., Germersheim - Kandel
Baujahr:	1957/58
Architekt:	Bischöfliches Bauamt (Beuerlein)
Renovierungen:	1977
Sitzplätze:	560
Orgel:	1962 Wehr, II/27

Kapellen - Drusweiler
Zugehörigkeit: Evang., Bad Bergzabern
Baujahr: 1717 - 1719 Kirchenschiff, 1865 Turm
Architekt: Morgens, Landau (Turm)
Renovierungen: 1960 - 1962 Otto Hahn, Schifferstadt
Beschädigungen: 1939 - 1945
Sitzplätze: 280
Orgel: Mechanische Traktur, 1831 Stumm
                  Umbau: 1962/63 Oberlinger, I/11

Kapsweyer
Name: St. Ulrich
Zugehörigkeit: Kath., Landau - Bad Bergzabern
Baujahr: 1854
Beschädigungen: 1945 zerstört, 1950 wiederaufgebaut
Sitzplätze: 494
Orgel: 1962 Scherpf, II/16 elek.

Katzenbach
Zugehörigkeit: Evang., Rockenhausen
Baujahr: 1750
Renovierungen: 1954
Sitzplätze: 120

Katzenbach

Name:	St. Hildegard
Zugehörigkeit:	Kath., Donnersberg - Rockenhausen
Baujahr:	1968
Architekt:	Bischöfliches Bauamt / Fa. Hebel-Bau
Sitzplätze:	180
Orgel:	1979 Mayer, I/5

Katzweiler

Zugehörigkeit:	Evang., Otterbach
Baujahr:	1822 - 1826
Architekt:	F. S. Schwarze, Kaiserslautern
Renovierungen:	1910, 1959/60, 1963/64
Sitzplätze:	384
Orgel:	Prospekt: 1749/70, 1979/80 Zimnol, II/23

Katzweiler

Name:	Maria Himmelfahrt
Zugehörigkeit:	Kath., Kaiserslautern - Otterbach
Baujahr:	1936
Architekt:	Paul Klostermann
Sitzplätze:	200
Orgel:	1936 Sattel, I/3

Kerzenheim
Zugehörigkeit: Evang., Kirchheimbolanden
Baujahr: 1783
Architekt: Johann Georg Christian Hess
Renovierungen: 1854 und 1925 Decke, 1928 außen
Sitzplätze: 308
Orgel: 1872 Walcker, I/10 mech.

Besonderheit: Zentralraum-Lösung, Vorstufe zur Frankfurter Paulskirche (Architekt: Heß). Altar, Kanzel und Orgel von 1872.

Kerzenheim
Name: St. Maria
Zugehörigkeit: Kath., Bad Dürkheim - Grünstadt
Baujahr: 1971 - 1973
Architekt: Bischöfliches Bauamt (Atzberger, Platz)
Sitzplätze: 200
Orgel: 1991 Oehms, Trier, II/16 mech.

Kindenheim
Zugehörigkeit: Evang., Grünstadt
Baujahr: 1509 spätgot. Bau, 1729-34 Umbau
Erweiterungen: 1871/72 Turm
Renovierungen: 1926, 1946 - 1955
Sitzplätze: 238
Orgel: 1992 Steinmeyer, I/11 mech.

Kirche erstmals 1196 erwähnt, romanischer Chor, später gotisches Gewölbe eingezogen, 1729 im Barockstil umgebaut.

Kindsbach

Zugehörigkeit:	Evang., Homburg
Baujahr:	1955
Architekt:	Reinhold Rößling, Kaiserslautern
Sitzplätze:	140
Orgel:	Elektronisch

Kindsbach

Name:	Maria Heimsuchung
Zugehörigkeit:	Kath., Kaiserslautern – Landstuhl
Baujahr:	1911
Architekt:	Rudolf von Perignon
Erweiterungen:	1965 - 1968 Innenumbau
Renovierungen:	1990 außen
Sitzplätze:	748
Orgel:	1952 Klais, II/23

Gnadenbild (Kopie der weinenden Madonna im Stephansdom Wien), Geschenk des Offiziers Biot 1704. Wallfahrtstage: Mariä Heimsuchung, Mariä Geburt, Hl. Joseph.

Kirchenarnbach

Name:	St. Johannes Bapt.
Zugehörigkeit:	Kath., Pirmasens - Waldfischbach - Burgalben
Baujahr:	1898/99
Architekt:	L. Becker, Mainz
Renovierungen:	1989 - 1991
Sitzplätze:	595
Orgel:	1913 Weigle, II/25

Kirchheim

Zugehörigkeit:	Evang., Grünstadt
Baujahr:	16. Jh Kirchenschiff, 1761 Turm
Renovierungen:	1907, 1938, 1959
Beschädigungen:	17. Jh, 18. Jh
Sitzplätze:	304
Orgel:	1993 Mönch, Überlingen, II/23 mech.

Gotischer Klappaltar mit Holzfiguren Hl. Anna und Hl. Maria (von 1524, ältestes Kunstwerk der Pfälzischen Landeskirche), spätgotisches Kruzifix, Sakramentshäuschen. Portale von 1747, Turm viergeschoßig mit gezahnten Ecklisenen. Simultaneum von 1684 bis 1929.

Kirchheim

Name:	St. Johannes Bapt.
Zugehörigkeit:	Kath., Bad Dürkheim - Bad Dürkheim
Baujahr:	1928/29
Architekt:	Butz
Sitzplätze:	150
Renovierungen:	1991
Orgel:	1991 Mayer, II/8 mech.

Kirchheimbolanden

Name:	Liebfrauenkirche (ehemalig)
Zugehörigkeit:	Evang., Donnersberg - Kirchheimbolanden
Baujahr:	1731/32 anstelle einer Friedhofskapelle

Die Kirche liegt im ehemaligen Friedhof (1624 angelegt) und wurde 1846 profaniert.

Kirchheimbolanden

Name:	Peterskirche
Zugehörigkeit:	Evang., Kirchheimbolanden
Baujahr:	12. Jh Chorturm, Langhaus 17. Jh
Erweiterungen:	Langhaus im 18. Jh. nach Westen verlängert
Renovierungen:	1664, 1928, 1934, 1975
Sitzplätze:	350
Orgel:	1917 Steinmeyer, II/13 pneum.

Bemerkenswert: Kanzel auf gedrehter Säule, Pinienzapfen. Am Turm alte Sonnenuhr (vor 1200). Barockes Orgelgehäuse.

Kirchheimbolanden

Name:	Paulskirche
Zugehörigkeit:	Evang., Kirchheimbolanden
Baujahr:	1739 - 1743
Architekt:	Julius Ludwig Rothweil
Renovierungen:	1845, 1963 - 1966
Sitzplätze:	760
Orgel:	1744/45 Michael Sturm, III/46 mech. Umbau: 1966/68 Oberlinger

Ehemalige Schloßkirche nach dem Vorbild der Weilburger Schloßkirche. Altar mit Kanzel und auswechselbarem Gemälde, Fürstenloge mit Deckenstuck.

Kirchheimbolanden

Name:	St. Josef
Zugehörigkeit:	Kath., Donnersberg - Kirchheimbolanden
Baujahr:	1971 - 1973
Architekt:	Kammerer und Belz, Stuttgart
Sitzplätze:	430
Orgel:	1950 Sattel, II/10

Kirchheimbolanden

Name:	St. Petrus
Zugehörigkeit:	Kath., Donnersberg - Kirchheimbolanden
Baujahr:	1842 - 1846
Architekt:	Hagemann, Voit
Renovierungen:	1977 - 1980
Sitzplätze:	245
Orgel:	Overmann/Trau, II/17, Restaur. 1985 Kuhn

Muttergottes um 1500 über linkem Seitenaltar.

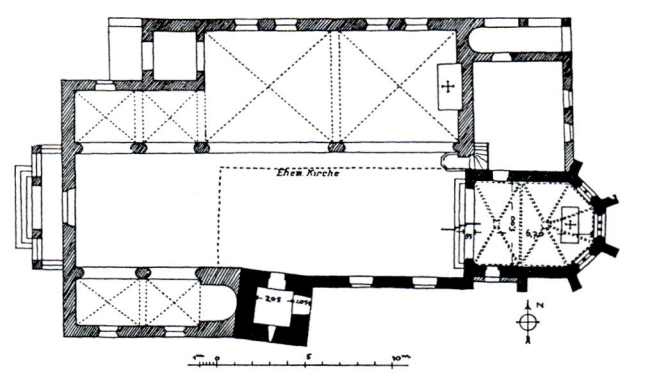

Kirchmohr

Name:	St. Georg
Zugehörigkeit:	Kath., Kaiserslautern - Ramstein - Bruchmühlbach
Baujahr:	1379, 1911 Neubau
Architekt:	Rudolf von Perignon 1911
Renovierungen:	1971 innen, 1985/86 außen
Sitzplätze:	201
Orgel:	1890 Voit, I/10

Kirkel - Neuhäusel

Zugehörigkeit:	Evang., Homburg
Baujahr:	1876 - 1878
Architekt:	Rottenmüller, Homburg
Renovierungen:	1952/53, 1965 Binkle, Kirkel
Sitzplätze:	434
Orgel:	1890 Voit, mech. II/16 1972 Umbau Hintz

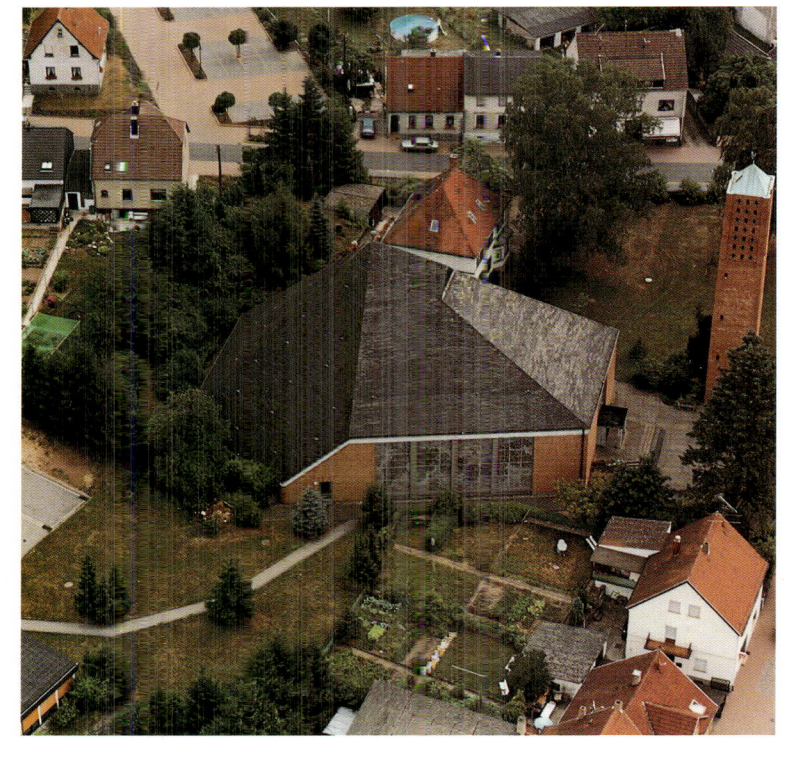

Kirkel - Neuhäusel

Name:	St. Joseph
Zugehörigkeit:	Kath., Saarpfalz - Blieskastel
Baujahr:	1964 - 1966
Architekt:	W. Schulte II
Sitzplätze:	750
Orgel:	1974 Mayer, II/20

Kirrweiler

Name:	Kreuzerhöhung
Zugehörigkeit:	Kath., Landau - Edenkoben
Baujahr:	1748 Kirchenschiff
	Turm: 1450 Mittelteil, 1680 Obergeschoß
Architekt:	Joh. Stahl, Bruchsal
Renovierungen:	1961
Sitzplätze:	364
Orgel:	1900 Weigle, II/16 pneum.
	Prospekt: 1810 Seuffert

Taufstein aus dem 17. Jh, Kruzifix aus dem 18. Jh.

Kleinfischlingen

Zugehörigkeit:	Evang., Landau
Baujahr:	1400 Chorturm,
	1774 Langhaus und Turmhaube
Renovierungen:	1946, 1958/59
Beschädigungen:	1945
Sitzplätze:	226
Orgel:	1910 Poppe, II/12 pneum.

Barocke Kanzel mit Schalldeckel und Pelikan. Im Turmuntergeschoß gotische Wandmalereien.

Kleinfischlingen
Name: St. Simon und Judas
Zugehörigkeit: Kath., Landau - Edenkoben
Baujahr: 1762
Renovierungen: 1978
Sitzplätze: 50
Orgel: Harmonium

Im Luftbild vorn die kath. Kirche, hinten die evang.

Kleinkarlbach
Zugehörigkeit: Evang., Grünstadt
Baujahr: 14. Jh, im 18. Jh erweitert, 1931 Turm
Architekt: 1931 Karl Latteyer und Hans Schneider,
                  Ludwigshafen
Renovierungen: 1952, 1966, 1970/72
Sitzplätze: 168
Orgel: 1974 Owart, I/7

Gemälde von Adam Schlesinger an Empore und Kanzel.

Kleinniedesheim
Zugehörigkeit: Evang., Frankenthal
Baujahr: 1725/26
Sitzplätze: 195
Orgel: 1968 Owart, I/10 mech.

Kriegerdenkmal an nördlicher Langwand von 1900. Epitaph von Karl Ludwig Freiherr von Bergh (+ 1774).

Kleinottweiler

Zugehörigkeit:	Evang., Homburg
Baujahr:	1952
Architekt:	Rudolf Krüger, Saarbrücken
Erweiterungen:	1962 Turm, 1966 Schiff verlängert
Renovierungen:	1966
Sitzplätze:	245
Orgel:	Orgelpositiv 1956 Walcker, I/6 mech.

Klingen

Zugehörigkeit:	Evang., Bad Bergzabern
Baujahr:	Roman. Bau, spätgot. und 1726 verändert
Architekt:	1962 Heinrich Scheid, Heuchelheim bei Landau, Renovierung
Renovierungen:	1905, 1962
Sitzplätze:	140
Orgel:	1770 Seuffert, I/10, Umbau: 1972 Oberlinger

Klingenmünster

Zugehörigkeit:	Evang., Bad Bergzabern
Baujahr:	1958
Architekt:	Wilhelm Ecker, Landau
Sitzplätze:	200
Orgel:	1962 Oberlinger, II/16 mech.

Klingenmünster
Name: St. Michael
Zugehörigkeit: Kath., Landau - Bad Bergzabern
Baujahr: 1738
Architekt: Caspar Valerius, Heidelberg
Renovierungen: 1956
Sitzplätze: 360
Orgel: 1953 Link, II/16, Prospekt 1765 Göbel

Ehemalige Benediktinerabtei (7. Jh), um 1100 Neubau einer dreischiffigen Basilika mit Doppeltürmen (Turmstümpfe noch vorhanden), 1567 Säkularisation, 1738 Neubau einer Barockkirche. Restaurierung des Ostflügels und Einweihung des neuen Pfarrzentrums am 21.5.95 bestehend aus Kapitelsaal, Mönchsaal und Dormitorium.

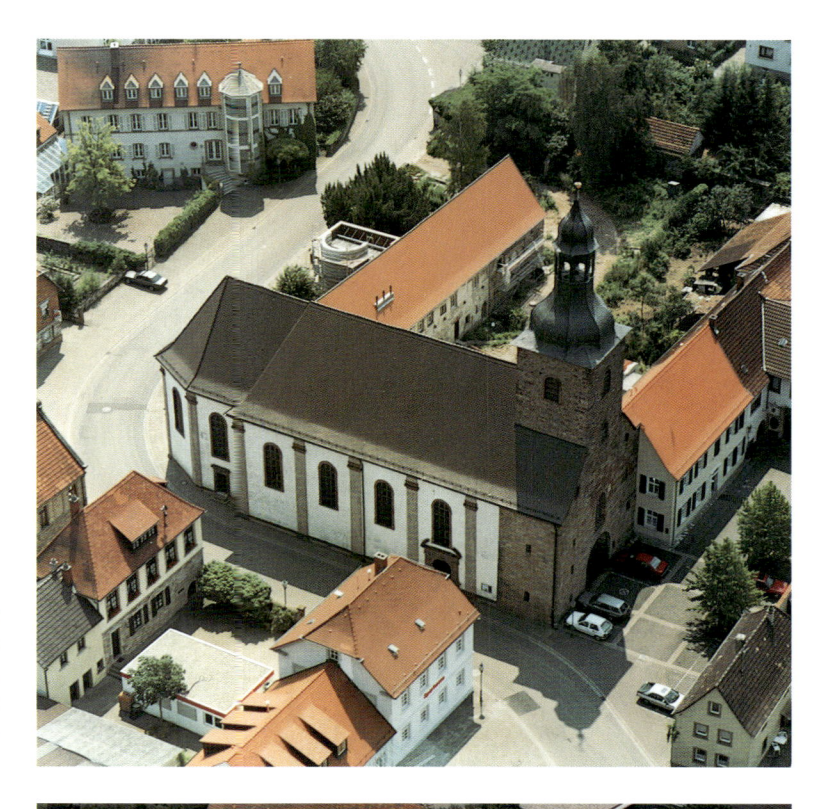

Knittelsheim
Zugehörigkeit: Evang., Germersheim
Baujahr: 1830/31
Architekt: Johannes Bächel, Weingarten
Renovierungen: 1929, 1970
Sitzplätze: 164
Orgel: 1839 L. Voit, Umbau: 1901 Poppe, mech.

Knittelsheim
Name: St. Georg
Zugehörigkeit: Kath., Germersheim - Rülzheim
Baujahr: 1833 (Ostturm 15. Jh)
Architekt: Bauinspektor Wolff, Speyer
Erweiterungen: 1739 Turm aufgestockt
Renovierungen: 1963
Sitzplätze: 340
Orgel: 1840 Voit, II/18
Umbau: Poppe, Sattel

Holzfiguren: Peter und Paul, Hl. Barbara, Madonna mit Kind (aus dem 18. Jh). An der Ostseite steht noch der Turm der spätgotischen Kirche, an der Westseite neuromanisches Giebelportal und Vierpaßrosette.

Knopp - Biedershausen
Name: St. Barbara
Zugehörigkeit: Kath., Pirmasens - Waldfischbach - Burgalben
Baujahr: 1822/23
Architekt: Jakob Metzger, Kaiserslautern
Renovierungen: 1983/84
Beschädigungen: Turm im 2. Weltkrieg
Sitzplätze: 250
Orgel: 1923 Weigle, II/14

Knöringen
Zugehörigkeit: Evang., Landau
Baujahr: 1787/88
Renovierungen: 1833, 1879, 1952, 1982
Beschädigungen: 1789
Sitzplätze: 160
Orgel: ca. 1956 Steinmeyer, I/6 mech.

Knöringen
Name: St. Philippus und Jakobus
Zugehörigkeit: Kath., Landau - Landau - Land
Baujahr: 1754
Sitzplätze: 110
Orgel: 13 Register. 1950 vor Bornheim nach Knöringen, wird nicht benützt (ca. 1820).

Kollweiler
Zugehörigkeit: Evang., Lauterecken
Baujahr: 1475 Chorraum, 1709 Kirchenschiff
Renovierungen: 1894, 1905, 1952
Sitzplätze: 110
Orgel: 1894 Walcker, I/5 pneum.

Königsbach
Name: St. Johannes
Zugehörigkeit: Kath., Bad Dürkheim - Neustadt
Baujahr: 1250 Turm, 18. Jh Saalbau
Architekt: Johann Georg Stahl
Renovierungen: 1985
Sitzplätze: 343
Orgel: 1956 Hess, II/20 elek./pneum.

Sehenswertes Altarbild von 1470.

Konken
Zugehörigkeit: Evang., Kusel
Baujahr: 1771/72
Architekt: Kirchenschaffner Carl Philipp Koch, Kusel
Erweiterungen: 1922 Turm aufgestockt
Sitzplätze: 435
Orgel: 1868/69 Stumm, I/13
Restaur. Oberlinger 1979

Romanischer Chorflankenturm, Obergeschoß im barocken Stil verändert.

Kottweiler - Schwanden
Zugehörigkeit: Evang., Homburg
Baujahr: 1971
Architekt: Rainer Wilking, Kaiserslautern
Sitzplätze: 140
Orgel: 1980 Oberlinger, I/6

Kottweiler - Schwanden
Name: St. Elisabeth
Zugehörigkeit: Kath., Kaiserslautern-Ramstein-Bruchmühlbach
Baujahr: 1927
Architekt: Hans Seeberger
Renovierungen: 1985/86
Sitzplätze: 236
Orgel: 1993 Mayer, II/16

Kreimbach - Kaulbach
Zugehörigkeit: Evang., Lauterecken
Baujahr: 1874 Kirchenschiff, 12. Jh Turm
Sitzplätze: 260
Orgel: 1875 Walcker, II/7, mech., Restaur. 1994/95 Kuhn

Kreimbach - Kaulbach
Name: Herz - Maria
Zugehörigkeit: Kath., Kusel - Kusel
Baujahr: 1874/75
Renovierungen: 1969
Sitzplätze: 100
Orgel: Harmonium

Zwei Wallfahrtstage: Jeweils der Montag nach Mariä Heimsuchung und Mariä Geburt.

Krickenbach
Zugehörigkeit: Evang., Schopp - Pirmasens
Baujahr: 1964
Architekt: Otto Brämer, Schopp
Orgel: Harmonium

Krickenbach
Name: St. Nikolaus
Zugehörigkeit: Kath., Kaiserslautern - Landstuhl
Baujahr: 1966/67
Architekt: Bischöfliches Bauamt
Sitzplätze: 350
Orgel: 1983 Zimnol, II/8

Kriegsfeld

Zugehörigkeit:	Evang., Kirchheimbolanden
Baujahr:	Kirchenschiff 1722, gotischer Turm
Architekt:	1722/23 Henricus Christoff Hartz, Alzey
Renovierungen:	1963/64
Sitzplätze:	220
Orgel:	1981 Mayer, II/12
	Frühklassizistischer Prospekt 1791

In den Fensterleibungen Bauernmalereien aus dem 18. Jh. Die ehemalige Pfarrkirche ist von 1787. Das Luftbild zeigt im Vordergrund die ehem. luth. Kirche (jetzt profaniert).

Kriegsfeld

Name:	St. Matthäus
Zugehörigkeit:	Kath., Donnersberg - Kirchheimbolanden
Baujahr:	1935/36
Architekt:	Albert Boßlet, Würzburg
Renovierungen:	1988/89
Sitzplätze:	270
Orgel:	1899 Walcker, I/6, Restaur. Scherpf

Holzbalkendecke mit Lilienmustern, Apsis mit Kalottenwölbung.

Kröppen

Name:	St. Jakobus der Ältere
Zugehörigkeit:	Kath., Pirmasens-Pirmasens-Land
Baujahr:	1948 (im Krieg als Heim der Hitler-Jugend erbaut)
Erweiterungen:	1951 Umbau, 1960 Turm (Beuerlein)
Renovierungen:	1984
Sitzplätze:	174
Orgel:	1939 Sattel, II/13

Kübelberg

Zugehörigkeit:	Evang., Homburg - Schönenberg
Baujahr:	1937 durch Umbau eines Wohnhauses
Architekt:	G. Jacob, Ramstein
Sitzplätze:	255

Ehemalige Kirche, jetzt profaniert.

Kübelberg

Name:	St. Valentius
Zugehörigkeit:	Kath., Kusel - Schönenberg - Kübelberg
Baujahr:	1702
Architekt:	Für Erweiterungsbau Günter Schuck
Erweiterungen:	1963/64 Anbau, Turm 1823 erhöht
Renovierungen:	1987
Sitzplätze:	890
Orgel:	1943 Kämmerer, II/21, Umbau: Zimnol

Schnitzereien an Gestühl, Empore und Westtür (18. Jh). Taufkapelle mit spätgotischem Kreuzrippengewölbe.

Kuhardt

Name:	St. Anna
Zugehörigkeit:	Kath., Germersheim - Rülzheim
Baujahr:	1957 Neubau, Nord- u. Westwand von 1758
Architekt:	van Aaken, Würzburg
Sitzplätze:	390
Orgel:	1961 Rieger, II/19

Weihwasserbecken und Gemälde aus dem 18. Jh.

Kusel
Name: Stadtkirche
Zugehörigkeit: Evang., Kusel
Baujahr: 1829-31
Architekt: Ferdinand Beyschlag, Kaiserslautern
Renovierungen: 1955, 1968
Sitzplätze: 940
Orgel: 1961 Oberlinger, III/37 elek., nicht vollendet, Prospekt: 1848 Stumm

Umlaufende Empore auf toskanischen Säulen.

Kusel
Name: St. Ägidius
Zugehörigkeit: Kath., Kusel - Kusel
Baujahr: 1886
Architekt: Franz Schöberl
Renovierungen: 1957
Sitzplätze: 440
Orgel: 1968 Mayer, II/14 mech.

Labach
Name: Maria Himmelfahrt
Zugehörigkeit: Kath., Pirmasens - Waldfischbach - Burgalben
Baujahr: 1300
Renovierungen: 1828, 1880/85, 1961/64, 1983/84
Beschädigungen: Dreißigjähriger Krieg 1618 - 1648, achteckiger Turm mit gotischen Schallfenstern
Sitzplätze: 150
Orgel: Elektronisch

Mehrere Bauabschnitte: Hauptschiff, südliche Seitenkapelle, Chorneubau, Seitenschiff und Westturm. Taufstein aus dem 18. Jh, Muttergottesfigur von 1480. 1522 bis 1669 protestantisch, 1669 bis 1709 Simultaneum, 1709 bis 1790 katholisch, 1790 bis 1827 Simultaneum, ab 1828 endgültig katholisch.

Lachen - Speyerdorf (Lachen)
Zugehörigkeit: Evang., Neustadt
Baujahr: 15. Jh Turm, 1757 Kirchenschiff
Renovierungen: 1911, 1949, 1953 - 1955, 1976
Sitzplätze: 416
Orgel: 1976 Oberlinger, II/21 mech./elek.

Lachen - Speyerdorf (Speyerdorf)
Zugehörigkeit: Evang., Neustadt
Baujahr: 1812 Schiff, 1947 Turm
Sitzplätze: 200
Orgel: 1954 Sattel, II/9 elek.

Lachen - Speyerdorf (Lachen)
Name: Heilig Kreuz
Zugehörigkeit: Kath., Bad Dürkheim - Neustadt
Baujahr: 1967/68
Architekt: Alois Atzberger
Sitzplätze: 450
Orgel: 1821 Seifert, I/10, Umbau: Wehr

Die Innenausstattung wurde von der früheren Kapelle übernommen: Hochaltar und Kanzel aus dem 18. Jh, Sakramentsaltar 19. Jh.

Lambrecht (oben)
Zugehörigkeit: Evang., Neustadt
Baujahr: 14. Jh, Verlängerungen 1707, 1776 und 1802
Architekt: 1890 - 1893 Heinrich Jester, Speyer
Renovierungen: 1890 - 1893, 1956/57, 1959 - 1965, 1980 Heinrich Jost, Lambrecht
Sitzplätze: 518
Orgel: 1777 Geib, II/26 mech.
Restaur. 1977 Klais
Chororgel: 1985 Göckel, I/6 mech.

Chor mit fünf Jochen stattlichster Chor der Pfalz. Bei der letzten Renovierung wurden Fresken freigelegt. Chorfenster von Helmut Amman, München 1955-58. Ehemalige Dominikanerklosterkirche. Erweiterung des Chors um 1100. Im 14. Jh. Neubau der Dominikanerinnen. 1707 wird die Kirche geteilt: Langhaus an Katholiken, Chor an Reformierte, dazwischen eine Trennwand. 1890 Abbruch der Wand, Einbau der Vorhalle und Orgelempore.

Lambrecht (unten links)
Name: Herz Jesu
Zugehörigkeit: Kath., Bad Dürkheim - Lambrecht
Baujahr: 1750 (St. Johann Nepomuk)
Architekt: Johann Georg Stahl, Bruchsal 1750
Hanns Erweiterungsbau 1952
Erweiterungen: 1952/53
Renovierungen: 1974
Beschädigungen: Im 2. Weltkrieg
Sitzplätze: 550
Orgel: II/18, Umbau: 1972 Späth

Das erste Joch des barocken Baues ist als Eingangshalle erhalten.

Lambsborn
Zugehörigkeit: Evang., Homburg
Baujahr: 1782/83
Architekt: Friedrich Gerhard Wahl, Zweibrücken,
1963 Erwin Morlock, Ludwigshafen
Renovierungen: 1821, 1892, 1909, 1929, 1963 - 1965
Sitzplätze: 230
Orgel: 1890 Walcker, I/6 pneum.

Lambsheim
Zugehörigkeit: Evang., Frankenthal
Baujahr: 13. Jh Turm, 1844-48 Schiff
Erweiterungen: 1860-61 neugotischer Turmaufbau
mit Spitzhelm
Renovierungen: 1891, 1932, 1961, 1989
Sitzplätze: 850
Orgel: 1967/68 Owart, II/25 elek.

Die unteren drei Turmgeschoße stammen noch vom ursprünglichen Bau aus dem 13. Jh. der Stephanuskirche. 1705 wird die Kirche simultan: Die Katholiken erhalten den Chor, die Reformierten das Schiff. 1785 wird der Chor abgebrochen, die heutige Pfarrkirche St. Stephanus errichtet. Im Turmuntergeschoß ein Hochrelief eines Ritters nebst seiner Frau.

Lambsheim
Name: St. Stephanus
Zugehörigkeit: Kath., Speyer - Maxdorf
Baujahr: 1785 - 1789
Architekt: Gebhard und Rockenbach
Erweiterungen: 1909-12 Glockenturm
Renovierungen: 1976/77
Sitzplätze: 290
Orgel: 1977 Wehr, II/15

Barocker Hochaltar von 1700, Seitenaltäre ebenfalls um 1700. Hl. Stephanus 18. Jh und Vesperbild 15. Jh.

Landau - Horst
Name: Johanneskirche
Zugehörigkeit: Evang., Landau
Anschrift: Horststr. 99
Baujahr: 1962 - 1964
Architekt: Wilhelm Ecker, Landau
Sitzplätze: 450
Orgel: 1964 Oberlinger, I/6 mech.

Landau Wollmersheimerhöhe
Name: Mattäuskirche
Zugehörigkeit: Evang., Landau
Anschrift: Limburgstr. 1a
Baujahr: 1954-55
Architekt: Erwin Morlock, Ludwigshafen am Rhein
Sitzplätze: 312
Orgel: 1981 Wilbrand, II/16 mech.

Landau (auch oben rechts)
Name: Stiftskirche
Zugehörigkeit: Evang., Landau
Anschrift: Westring 3
Baujahr: 13. Jh, Turm (1349/1458), zweites nördl. Seitenschiff 1490
Architekt: 1897/98 Freiherr von Schmidt, München/Wien, Wilhelm Ecker, Landau
Renovierungen: 1897/98, 1958/59
Sitzplätze: 1167
Orgel: 1963 Oberlinger, III/46
Orgelprospekt 1772 Ignaz Seiffert
Chororgel: 1962 Oberlinger, I/7 mech.

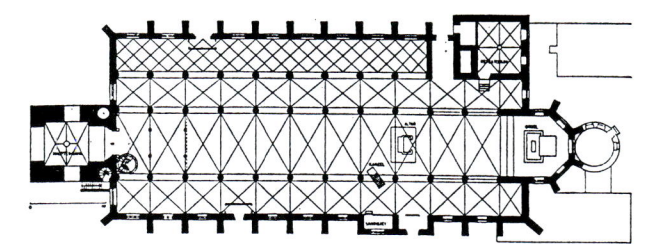

Dreischiffige Basilika mit elf Rechteckjochen, niedere Spitzbogenarkaden, Simultankirche 1685 bis 1893. Kirchenschiff 60 m lang, Westturm 50 m hoch mit ehemaliger Türmerwohnung. Kreuzgewölbe mit Schlußsteinen (südliches und erstes nördliches Seitenschiff), Netzgewölbe (zweites nördliches Seitenschiff), Kapitelsaal mit frühgotischen Fenstern.

Landau - Dammheim
Zugehörigkeit:	Evang., Landau
Baujahr:	1261 erwähnt, jetzige Kirche von 1739
Renovierungen:	1865, 1908, 1953/54
Beschädigungen:	1945 (Dachreiter durch Artilleriebeschuß beschädigt)
Sitzplätze:	261
Orgel:	1979 Owart, I/8 mech., Prospekt 1760 Hartung

Steinerne Kanzel mit Barockschalldeckel.

Landau - Mörlheim
Zugehörigkeit:	Evang., Landau
Baujahr:	1851
Renovierungen:	1962
Sitzplätze:	100
Orgel:	1988 Mayer, I/7

Landau - Queichheim
Zugehörigkeit: Evang., Landau
Baujahr: 1769-71 und 1959-60
Beschädigungen: 1815
Sitzplätze: 320
Orgel: 1801 Alffermann, Bruchsal, I/13
Umbau: 1891 Jelacic

Landau
Name: Christ - König
Zugehörigkeit: Kath., Landau - Landau - Stadt
Anschrift: Albrecht-Dürer-Str. 10
Baujahr: 1963
Architekt: A. J. Peter
Sitzplätze: 550
Orgel: 1980 Ott, II/20(17) mech.

Landau (auch oben rechts)
Name: Hl. Kreuz
Zugehörigkeit: Kath., Landau - Landau - Stadt
Anschrift: Augustinerstr. 6
Baujahr: 14. Jh
Renovierungen: 1963 - 1966
Beschädigungen: 1945 Ostteil des Chors zerstört
Sitzplätze: 650
Orgel: 1964 Wehr, II/20 elek.

Ehemalige Augustinerkirche, gotische Basilika mit dreischiffigem Langhaus und einschiffigem Chor. 1793 für 100 Jahre profan genutzt, ab 1893 als Pfarrkirche genutzt. Französische Garnisonskirche von 1918 bis 1930. Nach Kriegszerstörung 1952-54 wiederaufgebaut. Hochaltarkreuz aus dem 18.Jh, Taufstein von 1506, Beichtstühle 1760-70, Ölgemälde 1725, gotische Wandmalereien. Die ehemaligen Klostergebäude bildeten einen Kreuzgang (15. Jh), der im 18. Jh nach Westen erweitert wurde.

Landau
Name: St. Albert
Zugehörigkeit: Kath., Landau - Landau - Stadt
Anschrift: Drachenfelstr. 2a
Baujahr: 1961/62
Architekt: Karl Mittel, Landau
Sitzplätze: 490
Orgel: 1993 Mayer, II/25 mech./elek.

Mosaik von Josef de Ponte (1969).

Landau
Name: St. Elisabeth
Zugehörigkeit: Kath., Landau - Landau - Stadt
Anschrift: Helmbachstr. 158
Baujahr: 1973
Architekt: Wolfgang Hirsch
Renovierungen: 1987
Sitzplätze: 230
Orgel: 1987 Zimnol, I/5

Landau

Name:	St. Maria
Zugehörigkeit:	Kath., Landau - Landau - Stadt
Anschrift:	Marienring 4
Baujahr:	1908 - 1911
Architekt:	Joseph Cades, Stuttgart Bauleitung: A. Boßlet
Renovierungen:	1974/75
Beschädigungen:	1945 schwere Bombenschäden
Sitzplätze:	630
Orgel:	1924 Steinmeyer, III/72 elek./pneum. Umbau: 1987 Kuhn / Incoset

Nach dem Speyrer Dom die größte Kirche im Bistum (73 m lang, 26 m breit, 30 m hoch, Turmhöhe 60 m). Zwei berühmte Kunstwerke: Beweinung Christi (16. Jh) und Anna Selbdritt (um 1500) mit Hl. Joachim und Hl. Joseph (Jesuskind fehlt !). Monumentale, neoromanische Basilika, Langhaus mit sechs Jochen, Querhaus, zweigeschoßige Seitenschiffe, zweijochiger Chor mit halbrunder Apsis. Westportale mit Tympana von Hans Markus Heinlein. Im Vorraum sechs Apostelfiguren von Wallisch (1931). Gedenkstätte für die Gefallenen im Untergeschoß des Südturmes. Chorumgestaltung durch Georg Günther Zeuner (Ambo, Altar, Kreuz und Fenster).

Landau - Arzheim
Name: St. Georg
Zugehörigkeit: Kath., Landau - Landau - Stadt
Baujahr: 1520, 1902/04 Neubau am alten Turm
Architekt: Schulte I 1902-04 Neubau
Renovierungen: 1967
Sitzplätze: 563
Orgel: 1955 Roth, II/21

Landau - Mörlheim
Name: St. Martin
Zugehörigkeit: Kath., Landau - Landau - Stadt
Baujahr: 1754
Architekt: A. Boßlet Erweiterung 1912
Erweiterungen: 1912
Sitzplätze: 330
Orgel: ca. 1780 Seuffert, I/10

Landau - Queichheim
Name: Mariä Himmelfahrt
Zugehörigkeit: Kath., Landau - Landau - Stadt
Baujahr: 1925/26
Architekt: A. Boßlet
Renovierungen: 1977 - 1979
Sitzplätze: 450
Orgel: 1952 Sattel, II/15

Landau - Queichheim
Name: Stift St. Josef
Zugehörigkeit: Kath., Landau - Landau-Stadt
Orgel: 1951 Sattel, III/20

Landau - Queichheim
Name: Stift St. Paulus

Landeck
Name: Landeck (Nervenklinik)
Zugehörigkeit: Evang., Bad Bergzabern
Baujahr: 1964
Architekt: Forcht und Helfrich, Neustadt
Sitzplätze: 300
Orgel: 1965/66 Oberlinger, II/13 mech.

Landstuhl
Zugehörigkeit: Evang., Homburg
Baujahr: 1863
Architekt: Alexander Müller, Homburg
Renovierungen: 1960 - 1965
Sitzplätze: 300
Orgel: 1949 Sattel, I/3

Landstuhl
Name: H. Geist
Zugehörigkeit: Kath., Kaiserslautern - Landstuhl
Baujahr: 1953 - 1955
Architekt: Wilh. Schulte II
Renovierungen: 1982/83
Sitzplätze: 720
Orgel: 1965 Späth, III/34 mech./elek.

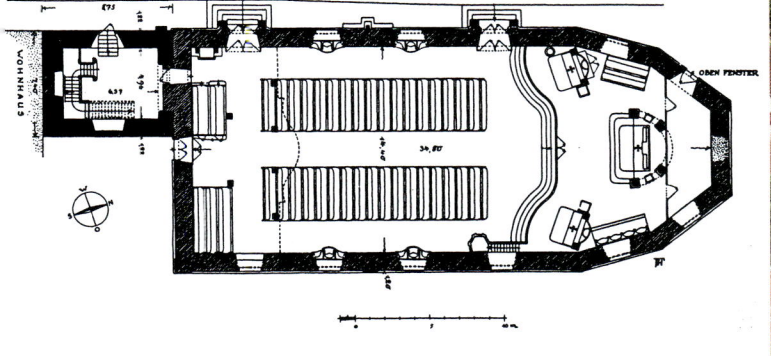

Landstuhl
Name: St. Andreas
Zugehörigkeit: Kath., Kaiserslautern - Landstuhl
Baujahr: 1751 Schiff
Sitzplätze: 350
Orgel: 1977 Zimnol, II/23 mech./elek.

Mittelalterlicher Wehrturm mit Helm von 1869. Im Innern Schnitzereien an Empore, Gestühl und Beichtstühlen; Kanzel mit Reliefs und Putten. Grabmal des Franz von Sickingen (gest. 1523).

Landstuhl - Atzel

Name:	St. Markus
Zugehörigkeit:	Kath., Kaiserslautern - Landstuhl
Baujahr:	1965/66
Architekt:	Forcht und Helfrich
Renovierungen:	1987
Sitzplätze:	590
Orgel:	1987 Zimnol, III/28

Langwieden

Zugehörigkeit:	Evang., Homburg
Baujahr:	13. Jh
Renovierungen:	1927
Sitzplätze:	95
Orgel:	1975 Mayer, I/4

Quadratischer Chor mit Maßwerkfenstern aus dem 14. Jh, Kanzel aus dem 18. Jh, an der Turmostseite ein römischer Viergötterstein eingemauert.

Laumersheim

Name:	St. Bartholomäus
Zugehörigkeit:	Kath., Bad Dürkheim - Grünstadt
Baujahr:	Chorturm 14. Jh, Kirche 1719-21
Architekt:	1719-21 Michael Bader
Veränderungen:	Umbau 1940 Locher
Renovierungen:	1965
Sitzplätze:	186
Orgel:	1717 Hoffmann, 13 Register
	Umbau: 1942 Kämmerer

Wandmalereien aus dem 14. und 15. Jh.

Lauterecken

Zugehörigkeit:	Evang., Lauterecken
Baujahr:	1865/66
Architekt:	Geyer, Kirchheimbolanden, und Morgens, Kaiserslautern
Sitzplätze:	420
Orgel:	1966 Steinmeyer, II/14 mech. 1976 erworben

Sehenswert: Zinnenfries und Treppengiebel an Westseite. Vier Grabplatten im Turmeingang.

Laumersheim

Zugehörigkeit:	Evang., Frankenthal
Baujahr:	1953
Architekt:	Hans Buch, Frankenthal
Sitzplätze:	305
Orgel:	1956 Steinmeyer, I/13 mech.

Lauterecken

Name:	St. Franz Xaver
Zugehörigkeit:	Kath., Kusel - Kusel
Baujahr:	1848
Architekt:	Schmeiß
Renovierungen:	1960/61, 1968, innen 1988/89
Beschädigungen:	1944
Sitzplätze:	190
Orgel:	1964 Zimnol, II/15

Lauterschwan

Name:	St. Michael
Zugehörigkeit:	Kath., Landau - Bad Eergzabern
Baujahr:	1966
Sitzplätze:	40

Lautersheim

Zugehörigkeit:	Evang., Kirchheimbolanden
Baujahr:	1837 - 1846
Architekt:	August von Voit
Renovierungen:	1914/15, 1963
Sitzplätze:	164
Orgel:	1870 Walcker, I/7, mech.

Lautersheim
Name: St. Joseph
Zugehörigkeit: Kath., Bad Dürkheim - Grünstadt
Baujahr: 1921
Renovierungen: 1940/41
Sitzplätze: 80
Orgel: Harmonium

Nach dem ersten Weltkrieg wurde eine Baracke zur Notkirche umgebaut. Ehemaliger Marmoraltar und Empore wurden entfernt.

Lautzkirchen
Name: St. Mauritius
Zugehörigkeit: Kath., Saarpfalz - Blieskastel
Baujahr: 1960
Architekt: Wilhelm Schulte II
Renovierungen: 1986
Sitzplätze: 720
Orgel: 1975 Mayer, II/17 mech.

Leimen
Name: St. Katharina
Zugehörigkeit: Kath., Pirmasens - Rodalben
Baujahr: 1932
Architekt: Albert Boßlet
Renovierungen: 1984
Sitzplätze: 452
Orgel: 1958 Späth, II/22

Leimersheim

Name:	St. Gertrud
Zugehörigkeit:	Kath., Germersheim - Rülzheim
Baujahr:	1731
Architekt:	Erwin van Aaken, Neubau 1961
Renovierungen:	1984
Sitzplätze:	630
Orgel:	1968 Scherpf, II/27(28)
	Restaur. 1984 Kuhn

Hochaltar mit Gemälde von 1752 (Johann Georg Bruder).

Leinsweiler

Name:	Martinskirche
Zugehörigkeit:	Evang., Landau
Baujahr:	13. Jh Vorgängerbau, Chor 1490
Architekt:	1964 - 1966 Heinrich Scheid, Heuchelheim, mit Bauabteilung Landeskirchenrat
Renovierungen:	1964 - 1966
Sitzplätze:	166
Orgel:	1982 Klais, II/17 mech.

Alte Sonnenuhr von 1596.

Leistadt

Zugehörigkeit:	Evang., Bad Dürkheim
Baujahr:	1878
Sitzplätze:	390
Orgel:	1902 Walcker, II/13 pneum.

Leistadt
Name: St. Michael
Zugehörigkeit: Kath., Bad Dürkheim - Bad Dürkheim
Baujahr: 1892
Renovierungen: 1975 - 1978
Sitzplätze: 160
Orgel: 1979 Walcker, II/10 (7)

Lemberg
Zugehörigkeit: Evang., Pirmasens
Baujahr: 1843 - 1845
Architekt: 1957. K. Edmund Berthold, Pirmasens
                1964. W. Jung, Pirmasens
Renovierungen: 1957, 1964
Sitzplätze: 287
Orgel: 1990 Heintz, II/18 mech.

Lemberg
Name: St. Michael
Zugehörigkeit: Kath., Pirmasens - Pirmasens - Stadt
Baujahr: 1969
Architekt: Bischöfliches Bauamt
Sitzplätze: 250
Orgel: 1988 Oehms, II/14 mech.

Lettweiler

Zugehörigkeit:	Evang., Obermoschel
Baujahr:	1763
Architekt:	Philipp Heinrich Hellermann
Sitzplätze:	170
Orgel:	1859/60 G. Schlimbach, I/10 mech.

Limbach

Zugehörigkeit:	Evang., Homburg
Baujahr:	1250 Turmunterbau, 1580 Turmobergeschoß, 1726 Kirchenschiff
Renovierungen:	1826, 1964 Erhard Roland, Limbach
Beschädigungen:	1793
Sitzplätze:	285
Orgel:	1968 Steinmeyer, II/15 mech.

Barocke Kanzel, Emporen und Gestühl.

Limbach

Name:	Christus König
Zugehörigkeit:	Kath., Saarpfalz - Homburg
Baujahr:	1933
Architekt:	A. Boßlet
Renovierungen:	1982/83
Sitzplätze:	210
Orgel:	Elektronisch 1977

Limburg (Bad Dürkheim)

Name: Limburger Klosterruine
Zugehörigkeit: Kath., Bad Dürkheim
Baujahr: 1025

Von Kaiser Konrad II 1025 gegründet, 1042 geweiht, 1130 Marienkapelle angebaut. 1504 gebrandschatzt, 1554 Chor wiederhergestellt, der Rest bleibt Ruine. 1574 Aufhebung des Klosters.
Dreischiffige Säulenbasilika mit beeindruckenden Ausmaßen: 73 m lang, Querhaus 38 m. Zwei Geschoße mit Rundbogenfenstern, Querhaus, quadratischer Chor mit darunterliegender Krypta, Doppeltürme und Vorhalle im Westen, im Norden Kreuzgang und Klostergebäude. Insgesamt eines der bedeutendsten Baudenkmäler salischer Baukunst.

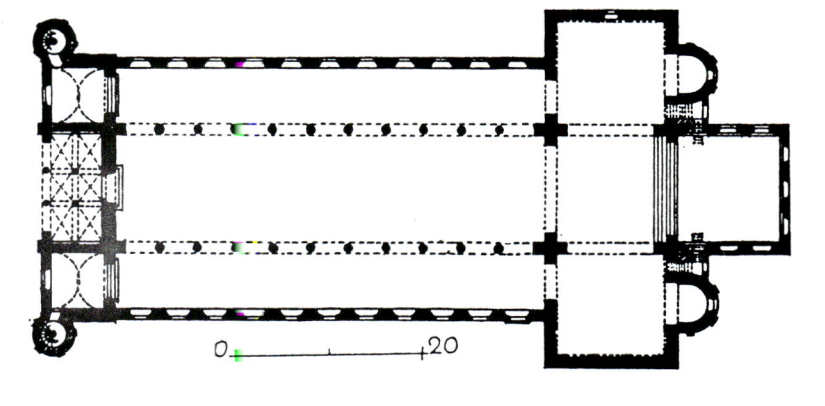

Limburgerhof

Zugehörigkeit:	Evang., Speyer
Baujahr:	1955/56
Architekt:	Egon Freyer, Speyer
Sitzplätze:	500
Orgel:	Elektronisch

Limburgerhof

Name:	St. Bonifatius
Zugehörigkeit:	Kath., Speyer - Waldsee - Limburgerhof
Baujahr:	1936/37
Architekt:	Josef Ohmer
Renovierungen:	1985
Beschädigungen:	1943 - 1945
Sitzplätze:	450
Orgel:	1977 Haepfer / Boluay II/24

Rundbogige Kassettendecke, Chor und Orgelempore ebenfalls kassettiert.

Linden

Zugehörigkeit:	Evang., Pirmasens
Baujahr:	1797
Renovierungen:	1964 Max Brämer, Schopp
Sitzplätze:	175
Orgel:	1914 Voit, Umbau: 1960 Zimnol

Linden
Name: Unbeflecktes Herz Mariä
Zugehörigkeit: Kath., Kaiserslautern - Landstuhl
Baujahr: 1957/58
Architekt: W. Schulte II
Sitzplätze: 480
Orgel: 1968 Mayer, II/18

Lindenberg
Zugehörigkeit: Evang., Neustadt
Baujahr: 1953
Architekt: Otto Reimers, Neustadt
Sitzplätze: 140
Orgel: 1956 Walcker, I/6 mech.

Lindenberg
Name: St. Cyriakus (Wallfahrtskapelle)
Zugehörigkeit: Kath., Bad Dürkheim - Lambrecht
Baujahr: 1550
Sitzplätze: 30

Wallfahrtstag: 8. August Winzerwallfahrt

Lindenberg
Name: St. Maria
Zugehörigkeit: Kath., Bad Dürkheim - Lambrecht
Baujahr: 1929
Architekt: Kreuzberg
Sitzplätze: 290
Orgel: 1951 Späth, II/23

Lingenfeld
Name: St. Martin
Zugehörigkeit: Kath., Germersheim - Germersheim
Baujahr: 1837 - 1840
Architekt: August von Voit
Renovierungen: 1977 außen, 1984 innen
Sitzplätze: 530
Orgel: 1963 Scherpf, III/30, Umbau: Kuhn

Kreuzweg gemalt von Ludwig Götz, Wartenberg.

Lohnsfeld
Name: St. Jakobus Major
Zugehörigkeit: Kath., Donnersberg - Rockenhausen
Baujahr: 1931/32
Architekt: H. Seeberger, Kaiserslautern
Renovierungen: 1981/82
Sitzplätze: 180
Orgel: 1986 Zimnol, III/10

Im Hintergrund sieht man die evangelische Kirche: Baujahr 1602, Veränderungen 1744. Renovierungen: 1933, 1955, 1959. 115 Sitzplätze, Orgel: 1963 Oberlinger, I/4.

Ludwigshafen - Hemshof

Name:	Apostelkirche
Zugehörigkeit:	Evang., Ludwigshafen
Anschrift:	Rohrlachstr. 72
Baujahr:	1892 - 1894
Architekt:	Johannes Otzen, Berlin
Renovierungen:	1951/52
Sitzplätze:	632
Orgel:	1951/52 Steinmeyer, III/41 (46) Umbau: 1964 Steinmeyer

Dreijochige Schaufront, Rosetten- und Spitzbogenfenster, im Innern Kreuzrippengewölbe, Abendmahl-Relief, reich verziertes Gestühl, Terracotta-Statuen.

Ludwigshafen - Süd

Name:	Lukaskirche
Zugehörigkeit:	Evang., Ludwigshafen
Anschrift:	Kurfürstenstr.
Baujahr:	1960/61
Architekt:	Otto Heinrich Vogel, Trier
Sitzplätze:	700
Orgel:	1969/70 Ott, III/39 mech./elek.

Ludwigshafen - Mitte
Name: Lutherkirche
Zugehörigkeit: Evang., Ludwigshafen
Anschrift: Maxstr.
Baujahr: 1858 - 1862 Schiff, 1879 Turm
Architekt: August von Voit (sein Sohn vollendet den Turm)
Beschädigungen: 1943 zerbombt
Sitzplätze: Schiff völlig zerstört

Dahinter die Melanchtonkirche mit folgenden Daten:

Ludwigshafen - Mitte
Name: Melanchthonkirche
Zugehörigkeit: Evang., Ludwigshafen
Anschrift: Maxstr.
Baujahr: 1949
Architekt: Otto Bartning, Darmstadt
Sitzplätze: 400
Orgel: 1964 Oberlinger, I/8 mech.
1980 Weigle, II/22 mech./elek.

Als Notkirche mit Steinen der zerstörten Lutherkirche erbaut.

Ludwigshafen - West
Name: Matthäuskirche
Zugehörigkeit: Evang., Ludwigshafen
Anschrift: Waltraudenstr. 38
Baujahr: 1966
Architekt: E. Morlock
Sitzplätze: 250
Orgel: 1992 Fischer & Krämer, Endingen, II/17 mech.

Ludwigshafen
Name: Versöhnungskirche
Zugehörigkeit: Evang., Ludwigshafen
Anschrift: Fontanestr.
Baujahr: 1975
Architekt: E. Morlock
Sitzplätze: 171
Orgel: 1961 Oberlinger, I/6 mech.

Ludwigshafen - Edigheim

Zugehörigkeit:	Evang., Ludwigshafen
Anschrift:	Oppauerstr. 60
Baujahr:	1914
Architekt:	R. Ostermaier, Kaiserslautern
Renovierungen:	1984-86
Beschädigungen:	1943
Sitzplätze:	590
Orgel:	1916 Link, Giengen / Brenz, II/17 pneum.

Reiche Schnitzereien: Orgel, Kanzel, Altar

Ludwigshafen - Nord

Name:	Friedenskirche
Zugehörigkeit:	Evang., Ludwigshafen
Anschrift:	Leuschnerstr. 56
Baujahr:	1931/32
Architekt:	Latteyer und Schneider, Ludwigshafen
Wiederaufbau:	1956 Ernst Zinsser, Hannover
Beschädigungen:	1943/44 zerstört
Sitzplätze:	630
Orgel:	1958 Steinmeyer, II/27 mech.

Ludwigshafen - Friesenheim

Name:	Pauluskirche
Zugehörigkeit:	Evang., Ludwigshafen
Anschrift:	Spatenstr. 12
Baujahr:	1901/02
Architekt:	Franz Schöberl, Speyer
Erweiterungen:	1952 Kirche; 1953 Turm
Renovierungen:	1977-79
Beschädigungen:	1944
Sitzplätze:	456
Orgel:	1952 Sattel, Speyer, II/30 elek.
	Umbau: 1969 Owart

Ludwigshafen - Gartenstadt

Name:	Erlöserkirche
Zugehörigkeit:	Evang., Ludwigshafen
Anschrift:	Königsbacherstr. 25
Baujahr:	1930/31
Architekt:	Karl Latteyer und Otto Schittenhelm, Ludwigshafen
Sitzplätze:	600
Orgel:	1931 Walcker, II/26 (30) elek./pneum.

Im Innern Fresken von Adolf Kessler, Godramstein.

Ludwigshafen - Niederfeld

Name:	Johanneskirche
Zugehörigkeit:	Evang., Ludwigshafen
Anschrift:	Niederfeldstr. 17
Baujahr:	1956 - 1958
Architekt:	Erwin Morlock, Ludwigshafen
Sitzplätze:	300
Orgel:	1967 Walcker, II/12

Ludwigshafen

Name:	Trinitatis
Zugehörigkeit:	Evang., Ludwigshafen
Anschrift:	Kärntnerstr. 23
Baujahr:	1976
Architekt:	E. Morlock
Sitzplätze:	80
Orgel:	Elektronisch

Ludwigshafen - Maudach

Name:	Martinskirche
Zugehörigkeit:	Evang., Ludwigshafen
Anschrift:	Kaiserstr. 26
Baujahr:	1964/65
Architekt:	Ulrich Wohlgemuth, Worms
Sitzplätze:	225
Orgel:	1965 Oberlinger, 2 Manuale, mech.

Ludwigshafen - Mundenheim

Name:	Christuskirche
Zugehörigkeit:	Evang., Ludwigshafen
Anschrift:	Kirchplatz 7
Baujahr:	1901 - 1903
Architekt:	Franz Schöberl, Speyer
	1952 Karl Otterstätter, Mundenheim
Renovierungen:	1952-54 Wiederaufbau
Beschädigungen:	5. 09. 1943 völlig ausgebrannt
Sitzplätze:	720
Orgel:	1962 Steinmeyer, II/27 mech.

Ludwigshafen - Notwende

Name:	Jakobuskirche
Zugehörigkeit:	Evang., Ludwigshafen
Anschrift:	Karl-Kreuter-Str.
Baujahr:	1988
Architekt:	Karl Nagel
Orgel:	Elektronisch

Ludwigshafen - Oggersheim
Name:	Markuskirche
Zugehörigkeit:	Evang., Ludwigshafen
Anschrift:	Am Speyrer Tor 1
Baujahr:	1896 - 1898
Architekt:	Franz Schöberl, Speyer
Renovierungen:	1956
Sitzplätze:	540
Orgel:	1960 Steinmeyer, II/26 mech./elek.

Kanzel und Altar von Carl Kern (Speyer).

Ludwigshafen - Oppau
Name:	Auferstehungskirche
Zugehörigkeit:	Evang., Ludwigshafen
Anschrift:	Kirchenstr. 3
Baujahr:	1830
Architekt:	1922 Wolfgang Schrade, Mannheim
	1950 Walter Blessing, Neckargemünd
Wiederaufbau:	1923 und 1951
Beschädigungen:	1921 (Explosionsunglück BASF)
	und im Zweiten Weltkrieg
Sitzplätze:	582
Orgel:	1952-57 Steinmeyer, II/24 elek.

Gethsemane-Glasmalerei von W. Oeser (Heidelberg).

Ludwigshafen - Pfingstweide
Zugehörigkeit:	Evang., Ludwigshafen
Baujahr:	1975/76
Architekt:	Albert Speer und Wolfgang Männchen
Orgel:	Elektronisch

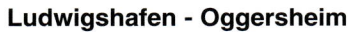

Ludwigshafen - Rheingönheim
Name: Paul-Gerhard-Kirche
Zugehörigkeit: Evang., Ludwigshafen
Baujahr: 1790/91
Architekt: Traitteur, Müller, Rettig
Erweiterungen: 1950 Wiederaufbau und Chorerweiterung durch Wilhelm Horlacher, Rheingönheim
Beschädigungen: 1943
Sitzplätze: 460
Orgel: 1955 Steinmeyer, II/27 mech.

Ludwigshafen
Name: Heilig Geist
Zugehörigkeit: Kath., Ludwigshafen
Anschrift: Georg-Herwegh-Str. 41
Baujahr: 1961/62
Architekt: Peter, Landau
Renovierungen: 1990
Sitzplätze: 530
Orgel: 1970 Oberlinger, II/16 mech.

Ludwigshafen
Name: Heilig Kreuz
Zugehörigkeit: Kath., Ludwigshafen
Anschrift: Volkerstr. 2
Baujahr: 1961/62
Architekt: Karlheinz Fischer
Sitzplätze: 350
Orgel: 1967-81 Zimnol, II/27

Ludwigshafen
Name: Herz Jesu
Zugehörigkeit: Kath., Ludwigshafen
Anschrift: Mundenheimerstr. 216
Baujahr: 1926 - 1929
Architekt: Albert Boßlet und K. Lochner
1951 Wiederaufbau Philipp Blaumer, Ludwigshfn.
Renovierungen: 1979
Beschädigungen: Kriegsschäden
Sitzplätze: 454
Orgel: 1932 Klais, III/44 elek

Madonnen-Statue 19. Jh.

Ludwigshafen
Name: St. Dreifaltigkeit
Zugehörigkeit: Kath., Ludwigshafen
Anschrift: Rohrlachstr. 32
Baujahr: 1898 - 1901
Architekt: Schulte I und II und Hebgen
1952 Wiederaufbau
Renovierungen: 1968/69 (Ewald Karch)
Beschädigungen: 1945
Sitzplätze: 650
Orgel: 1955 Walcker, III/31 mech.
1962 Scherpf: Übertragung aus Dom/Speyer

Chorfenster und Rosettenfenster von Franz Mayer, München.

Ludwigshafen
Name: St. Ludwig
Zugehörigkeit: Kath., Ludwigshafen
Anschrift: Wredestr. 22
Baujahr: 1858
Architekt: H. Hübsch, Ph. Blaumer 1952 Wiederaufbau
Erweiterungen: 1883 Türme vollendet
Renovierungen: 1977
Beschädigungen: Im Zweiten Weltkrieg stark zerstört
Sitzplätze: 530
Orgel: 1956 Späth, III/41, Restaur. 1977 Späth

Ludwigshafen

Name:	St. Maria
Zugehörigkeit:	Kath., Ludwigshafen
Anschrift:	Carl-Friedr.-Gauß-Str. 21
Baujahr:	1926
Architekt:	Albert Boßlet
Renovierungen:	1978/79
Beschädigungen:	1943 durch Luftmine zerstört
Sitzplätze:	480
Orgel:	1942 Klais, III/35 elek.

Über den Portalen Bronzefiguren Hl. Maria, Petrus und Paulus von Hans Panzer, München.

Ludwigshafen - Edigheim

Name:	Maria Königin
Zugehörigkeit:	Kath., Ludwigshafen
Anschrift:	Oppauerstr. 83
Baujahr:	1961
Architekt:	H. Hebgen
Sitzplätze:	450
Orgel:	1967 Wehr, II/22
	Umbau: 1992 mech./elek.

Ludwigshafen - Friesenheim

Name:	St. Josef
Zugehörigkeit:	Kath., Ludwigshafen
Anschrift:	Hegelstr. 55
Baujahr:	1926, Neubau 1950
Architekt:	Philipp Blaumer
Renovierungen:	1981
Beschädigungen:	1944, 1946 Wiederaufbau
	1948 Explosionsschäden (BASF),
	1950 Neubau
Sitzplätze:	480
Orgel:	1956 Walcker, III/46 elek.
	Umbau: 1984 Zimnol

Ludwigshafen - Friesenheim
Name: St. Gallus
Zugehörigkeit: Kath., Ludwigshafen
Anschrift: Erasmus-Bakke-Str. 52
Baujahr: 1848
Architekt: Foltz, Speyer
Erweiterungen: 1965
Renovierungen: 1987
Beschädigungen: Im Kriege Beschädigung
Sitzplätze: 410
Orgel: 1967 Scherpf, III/27

Reich geschnitzte Kanzel von Johann Mathäus van den Branden.

Ludwigshafen - Gartenstadt
Name: St. Bonifaz
Zugehörigkeit: Kath., Ludwigshafen
Anschrift: Deidesheimerstr. 2
Baujahr: 1929
Architekt: Albert Boßlet und Karl Lochner
Renovierungen: 1949/50 Kriegsschäden beseitigt
Beschädigungen: Kriegsschäden
Sitzplätze: 435
Orgel: 1980 Walcker, II/26

Ludwigshafen - Gartenstadt
Name: St. Hedwig
Zugehörigkeit: Kath., Ludwigshafen
Anschrift: Brandenburgerstr. 1
Baujahr: 1967/68
Architekt: Ewald Karch
Sitzplätze: 480
Orgel: 1971 Scherpf, II/19

Ludwigshafen

Name:	St. Hildegard
Zugehörigkeit:	Kath., Ludwigshafen
Anschrift:	Nachtigallstr. 32b
Baujahr:	1955/56
Architekt:	Heinrich Hebgen und Wolfgang Janz
Renovierungen:	1981
Sitzplätze:	400
Orgel:	1972 Michael Weise, II/14

Ludwigshafen - Maudach

Name:	St. Michael
Zugehörigkeit:	Kath., Ludwigshafen
Anschrift:	Silgestr. 19
Baujahr:	1750 - 1753
Architekt:	Franz W. Rabaliatti / Hoffmann
Wiederaufbau:	1949 Hoffmann
Beschädigungen:	1945
Sitzplätze:	270
Orgel:	1977 Haerpfer, II/17
	Prospekt: 1780 Krämer, Restaur. 1993

Sehenswert: Zwei Gemälde aus dem 18. Jh (Mariä Himmelfahrt und Hl. Nepomuk), geschnitztes Vesperbild aus dem 15. Jh, Orgelprospekt von 1779 (Krämer, Mannheim), Kanzel und Beichtstühle.

Ludwigshafen - Mundenheim

Name:	St. Sebastian
Zugehörigkeit:	Kath., Ludwigshafen
Anschrift:	Zedtwitzstr. 2
Baujahr:	1954
Architekt:	Karl Lochner und Philipp Blaumer
Sitzplätze:	560
Orgel:	1961/63 Scherpf, III/37 elek.

Marmoraltar, Sandsteinfigur Maria Immaculata (1755). Die frühere Kirche wurde 1943 zerstört.

Ludwigshafen - Oggersheim
Name: Hl. Familie
Zugehörigkeit: Kath., Ludwigshafen
Anschrift: Rheinhorststr.
Baujahr: 1973
Architekt: Bischöfliches Bauamt
Sitzplätze: 200
Orgel: 1982 Mayer, II/11 mech.

Ludwigshafen - Oggersheim
Name: Christ König
Zugehörigkeit: Kath., Ludwigshafen
Anschrift: Hölderlinstr. 26
Baujahr: 1964
Architekt: Adolf Knoll
Sitzplätze: 480
Orgel: 1989 Mayer, II/23 mech.

Ludwigshafen - Oggersheim
Name: Maria Himmelfahrt
Zugehörigkeit: Kath., Ludwigshafen
Anschrift: Kapellengasse 4
Baujahr: 1775 - 1777
Architekt: Peter Anton von Verschaffelt
Renovierungen: 1986/87 außen, 1989 innen
Sitzplätze: 355
Orgel: 1990 Mayer, II/27 (24 mech./elek.

Kunsthistorisch bedeutsame Wallfahrtskirche. Gnadenbild der Madonna von Loreto nachgebildet (Paul Egell, 1746), zahlreiche Votivtafeln, Holzbildwerk Hl. Anna Selbdritt (16. Jh), Tonnengewölbe. Gemälde von Georg Oswald May. Die Kirche ist um die Loreto-Kapelle herum errichtet, deren Fassade ist die Rückwand des Hochaltars. Wallfahrtstage: Mariä Lichtmeß, Mariä Verkündigung, Mariä Himmelfahrt, Mariä Geburt, Unbefleckte Empfängnis, Hl. Elisabeth, Hl. Joseph.

Ludwigshafen - Oppau

Name:	St. Martin
Zugehörigkeit:	Kath., Ludwigshafen
Anschrift:	Kirchenstr. 8
Baujahr:	1771-74 und 1953
Architekt:	1771-74 Burkhard Süß, 1953 Albert Boßlet und Josef Kuld
Renovierungen:	1988
Beschädigungen:	Mehrfach zerstört: 1648, 1784, 1824, 1882, 1921, 1943
Sitzplätze:	460
Orgel:	1957/58 Klais, III/38 elek./mech.

Chorfenster von Wilhelm Braun (München), Langhausfenster nach Entwürfen von A. Boßlet, Holzfigur Hl. Martin von 1500.

Ludwigshafen - Pfingstweide

Name:	St. Albert
Zugehörigkeit:	Kath., Ludwigshafen
Anschrift:	Madriderweg 15
Baujahr:	1974
Architekt:	Wolfgang Rauch, Neustadt
Renovierungen:	1983
Sitzplätze:	120 - 300 (erweiterbar)
Orgel:	1983 Kuhn, II/16

Ludwigshafen - Rheingönheim

Name:	St. Joseph
Zugehörigkeit:	Kath., Ludwigshafen
Baujahr:	1914/15
Architekt:	Albert Boßlet
Renovierungen:	1967 und 1980 außen, 1987 innen
Beschädigungen:	Im Krieg 1944, 1949-52 Wiederaufbau
Sitzplätze:	410
Orgel:	1923 Kämmerer, II/22 pneum.

Sehenswert: Kasset. Holztonne auf Volutenkonsolen, Quertonnen in den Seitenschiffen, reiche Jugendstilausstattung, geschnitzter Holzaltar in der Taufkapelle, Hochaltar mit Mosaiken, Sandsteinfiguren von Jakob Stolz (Kaiserslautern).

Ludwigshafen - Studernheim

Name:	St. Georg
Zugehörigkeit:	Kath., Speyer - Maxdorf
Baujahr:	1827/28
Architekt:	Franz Schöberl, Speyer
Erweiterungen:	1878 Vorbau nach Franz Schöberl
Renovierungen:	1985 - 1987
Sitzplätze:	200
Orgel:	1991/92 Zimnol, III/24

Ludwigswinkel

Zugehörigkeit:	Evang., Pirmasens
Baujahr:	1893
Architekt:	Hilsensauer
Sitzplätze:	168
Orgel:	1967/68 Rohlfing, II/19 mech.

Lug

Name:	Allerheiligen
Zugehörigkeit:	Kath., Pirmasens - Dahn
Baujahr:	1926 - 1929
Architekt:	Albert Boßlet
Sitzplätze:	370
Orgel:	Elektronisch 1969

Ludwigswinkel

Name:	St. Ludwig
Zugehörigkeit:	Kath., Pirmasens - Dahn
Baujahr:	1968 - 1970
Architekt:	Atzberger (Bischöfliches Bauamt)
Renovierungen:	1988/89
Sitzplätze:	180
Orgel:	1978 Zimnol, I/7 mech.

Lustadt (Oberlustadt)

Zugehörigkeit:	Evang., Germersheim
Baujahr:	1615, 1741 Umbau, 1911 Turm verändert
Renovierungen:	1960
Sitzplätze:	337
Orgel:	1969 Steinmeyer, II/12 mech.

Lustadt (Niederlustadt)
Zugehörigkeit: Evang., Germersheim
Baujahr: 1870 - 1875
Architekt: Joseph Tanera, Speyer
Wiederaufbau: 1953
Beschädigungen: 24. 03. 1945
Sitzplätze: 450
Orgel: 1973 Oberlinger, II/16 mech.

Lustadt
Name: St. Johannes
Zugehörigkeit: Kath., Germersheim - Germersheim
Baujahr: 1915
Architekt: W. Schulte I
Renovierungen: 1986
Sitzplätze: 120
Orgel: 1957/58 Voit, II/12 (aus Kuhardt)

Lustadt (Niederlustadt)
Name: St. Laurentius
Zugehörigkeit: Kath., Germersheim - Germersheim
Baujahr: im späten Mittelalter
Renovierungen: 1989
Sitzplätze: 90
Orgel: 1800 Stumm, II/11, Umbau: Wehr

Luthersbrunn

Zugehörigkeit:	Evang., Pirmasens
Baujahr:	1742
Renovierungen:	1933, 1962, 1966/67
Sitzplätze:	296
Orgel:	1880 Walcker, I/6 mech.

Mackenbach

Zugehörigkeit:	Evang., Otterbach
Baujahr:	Schiff 1868, Turm 1882
Renovierungen:	1963
Sitzplätze:	300
Orgel:	1912 Steinmeyer, pneum.
	Umbau: 1964 Oberlinger, II/10

Mackenbach

Name:	St. Thomas
Zugehörigkeit:	Kath., Kaiserslautern-Ramstein-Bruchmühlbach
Baujahr:	1967
Architekt:	Bischöfliches Bauamt
Renovierungen:	1985
Sitzplätze:	150
Orgel:	Elektronisch

Maikammer

Name:	Johanneskirche
Zugehörigkeit:	Evang., Neustadt
Baujahr:	1913/14
Architekt:	Esch und Anke, Mannheim
Renovierungen:	1958
Sitzplätze:	250
Orgel:	1913 Steinmeyer, II/15 pneum.
	Umbau: 1956 Steinmeyer

Kassettierte, tonnenförmige Decke. Glasmalereien von Josef Goller.

Maikammer

Name:	St. Kosmas und Damian
Zugehörigkeit:	Kath., Landau - Edenkoben
Baujahr:	1756/57 Kirchenschiff, 1508 Turm
Architekt:	Valentin Bachtler
Erweiterungen:	1757 Turm erhöht, 1935/36
Renovierungen:	1976/77
Sitzplätze:	551
Orgel:	1938 Späth, III/38 elek.
	Restaur. 1978 Späth

Barocke Kanzel und Beichtstühle. Altartisch und Ambo von Gernot Rumpf.

Mannweiler - Cölln

Zugehörigkeit:	Evang., Obermoschel
Baujahr:	1860/61
Sitzplätze:	220
Orgel:	1863 C. Wagner, I/9
	Umbau: 1874 Landoll, Restaur. 1993 Kuhn

Insgesamt befanden sich hier fünf Kirchen: 1353, 1582, 1748, 1837, 1861.

Marienthal
Zugehörigkeit:	Evang., Rockenhausen
Baujahr:	1850
Renovierungen:	1956/57
Sitzplätze:	270
Orgel:	1932 Poppe, II/7

Ursprünglich stand hier eine Klosterkirche aus dem 13. Jh, von der Gewände und Maßwerk der Langhaus- und Chorfenster sowie das Westportal übernommen wurden.

Marnheim
Zugehörigkeit:	Evang., Kirchheimbolanden
Baujahr:	1739 - 1749
Renovierungen:	1951 - 1958
Sitzplätze:	270
Orgel:	1874 Schlimbach, I/7
	Restaur. und Erweiterung: 1993 Oberlinger

Marnheim
Name:	Herz Jesu
Zugehörigkeit:	Kath., Donnersberg - Kirchheimbolanden
Baujahr:	1966
Architekt:	Hebbel, Memmingen (Fertigteilkirche)
Renovierungen:	1987
Sitzplätze:	90
Orgel:	Harmonium

Martinshöhe

Name:	St. Martin
Zugehörigkeit:	Kath., Kaiserslautern-Ramstein-Bruchmühlbach
Baujahr:	1901
Architekt:	G. Ziegler, Karlsruhe
Renovierungen:	1972 innen, 1986/87 außen
Sitzplätze:	410
Orgel:	1913 Voit, II/21

Im Turm Sandsteinrelief mit der Mantelszene des Hl. Martin.

Maßweiler

Zugehörigkeit:	Evang., Zweibrücken
Baujahr:	1785/86
Architekt:	Friedrich Gerhard Wahl, Zweibrücken
Erweiterungen:	1896 Treppenturm und Giebelfront
Renovierungen:	1896, 1904, 1965 - 1967
Sitzplätze:	165
Orgel:	1904 Steinmeyer, II/10 mech.

Vom ursprünglichen mittelalterlichen Bau sind noch der Chorturm und die angebaute Sakristei erhalten.

Maßweiler
Name: St. Anton
Zugehörigkeit: Kath., Pirmasens - Waldfischbach -
                  Burgalben
Baujahr: 1898
Architekt: W. Schulte I
Sitzplätze: 390
Orgel: 1901 Weigle, II/17 pneum.

Mauchenheim
Zugehörigkeit: Evang., Kirchheimbolanden
Baujahr: 1750/51 Kirchenschiff, um 1500 ehem. Chor
Renovierungen: 1928, 1965 Fritz Waldherr, Dreisen
Sitzplätze: 218
Orgel: 1778 Stumm, pneum.
                  Umbau: 1969 Oberlinger

Der spätgotische Chor ist jetzt Vorhalle.

Maxdorf
Zugehörigkeit: Evang., Bad Dürkheim
Baujahr: 1914 - 1921
Architekt: H. Griesshaber, Ludwigshafen
Renovierungen: 1964
Sitzplätze: 330
Orgel: 1972 Walcker, II/15 mech.

Maxdorf

Name:	St. Maximilian
Zugehörigkeit:	Kath., Speyer - Maxdorf
Baujahr:	1904/05
Architekt:	Fritz Kunst
Renovierungen:	1974
Beschädigungen:	1943
Sitzplätze:	274
Orgel:	1974 Mayer, II/15

Maximiliansau

Zugehörigkeit:	Evang., Germersheim
Baujahr:	1841 - 1843
Architekt:	August von Voit, Durlach
Beschädigungen:	1945
Sitzplätze:	210
Orgel:	1961 Oberlinger, elek

Maximiliansau

Name:	Mariä Himmelfahrt
Zugehörigkeit:	Kath., Germersheim - Wörth
Baujahr:	1787
Erweiterungen:	1843, 1936 - 1938 Boßlet und Lochner
Sitzplätze:	680
Orgel:	1988/89 Vleugels, II/22

Mechtersheim
Zugehörigkeit: Evang., Speyer
Baujahr: 1877 - 1879
Architekt: Heinrich Jester, Speyer
Beschädigungen: 1944 schwer beschädigt
Wiederaufbau: 1949/50 Raimund Ostermaier, Speyer
Sitzplätze: 350
Orgel: 1967 Oberlinger, II/11 mech.

Mechtersheim
Name: St. Laurentius
Zugehörigkeit: Kath., Speyer - Frankenthal
Baujahr: 1891/92
Architekt: Ferdinand Bernatz
Renovierungen: 1985 neuer Hauptaltar, 1990 außen
Sitzplätze: 228
Orgel: 1967/68 Scherpf, II/18 mech.

Mehrere Heiligenstatuen (Anfang 20. Jh).

Meckenheim
Zugehörigkeit: Evang., Neustadt
Baujahr: 1747/48
Renovierungen: 1954 - 1956, 1965/66, 1981-83
Beschädigungen: 1900 Blitzschlag
Sitzplätze: 538
Orgel: 1854 Walcker, II/15 mech.
                 Restaur. Kuhn

Zu Beginn der achtziger Jahre erfolgte in Eigenleistung eine umfangreiche Renovierung: Einbau einer Fußbodenheizung, neue Bänke und Holzvertäfelung, Gestaltung des Vorplatzes.

Meckenheim

Name:	St. Ägidius
Zugehörigkeit:	Kath., Bad Dürkheim - Deidesheim
Baujahr:	1748
Erweiterungen:	1964, Dachreiter
Renovierungen:	1987 - 1989 W. Schulz
Sitzplätze:	250
Orgel:	1880 Link, I/6 pneum.

Medard

Zugehörigkeit:	Evang., nicht mehr zur Landeskirche
Baujahr:	1262 erste Erwähnung
Renovierungen:	1988/90
Sitzplätze:	180

An dieser Stelle befand sich bereits eine heidnische Kultstätte, zahlreiche Steinfunde aus der Römerzeit. Im Chorbogen die Jahreszahlen 1262 und 1597, Turm und Teile des Mittelschiffs älter als 1262. Chor 1887 abgebrochen und durch einen neuen ersetzt.

Medelsheim

Name:	St. Martin
Zugehörigkeit:	Kath., Saarpfalz - Gersheim
Baujahr:	1300, 1948 wieder aufgebaut
Erweiterungen:	1774, Turm beim Wiederaufbau erhöht
Beschädigungen:	1939 zerstört
Wiederaufbau:	1948
Sitzplätze:	470
Orgel:	1985 Mayer, II/21 mech.

Altaraufsatz (Steinrelief, 15. Jh): St. Petrus, St. Ulrich, Kreuzigungsgruppe, St. Paulus, St. Martin. Ferner zwei Holzstatuen aus dem 18. Jh (St. Joseph und St. Maria). Fresken aus dem 14. Jh in der Sakristei: Schöpfungsgeschichte, Christi Himmelfahrt, Jüngstes Gericht. Das Erdgeschoß des Turmes ist der alte Chor der mittelalterlichen Kirche.

Medelsheim
Name: Kreuzkapelle
Zugehörigkeit: Kath., Saarpfalz - Gersheim
Baujahr: 1594, 1767 neu erbaut
Sitzplätze: 70

Altar aus dem 17. Jh mit Pieta (um 1680), Kommunionbank 18. Jh.

Mehlbach
Zugehörigkeit: Evang., Otterbach
Baujahr: 1956/57
Architekt: Hansgeorg Fiebiger, Kaiserslautern
Sitzplätze: 250
Orgel: 1986 Mayer, II/12 mech.

Mehlbach
Name: St. Konrad
Zugehörigkeit: Kath., Kaiserslautern - Otterbach
Baujahr: 1967
Architekt: Atzberger
Sitzplätze: 120
Orgel: Elektrisches Harmonium

Mehlingen
Zugehörigkeit: Evang., Winnweiler
Baujahr: 1933
Architekt: Friedrich Larouette, Frankenthal
Sitzplätze: 240
Orgel: 1985 Zimnol, III/16

Mehlingen
Name: St. Anton
Zugehörigkeit: Kath., Kaiserslautern - Kaiserslautern
Baujahr: 1898
Architekt: W. Schulte I
Renovierungen: 1970
Sitzplätze: 200
Orgel: 1955 Walcker, I/6, Restaur. 1985 Kuhn

Mertesheim
Name: St. Valentin
Zugehörigkeit: Kath., Bad Dürkheim - Grünstadt
Baujahr: 1504
Erweiterungen: 1683 nach Osten erweitert
Renovierungen: 1987
Sitzplätze: 150
Orgel: 1992 Vier, I/7 mech.

Hochaltar aus dem 17. Jh mit Gemälden, Taufstein von 1507, Kanzel von 1704, Muttergottes um 1500.

Merzalben
Name: Hl. Kreuz
Zugehörigkeit: Kath., Pirmasens - Rodalben
Baujahr: 1954/55
Architekt: August Peter
Renovierungen: 1977
Sitzplätze: 440
Orgel: 1958 Scherpf, II/16

Kreuz und Hochaltar von Karl Emanuel.

Merzalben
Name: St. Peter und Paul (alte Pfarrkirche)
Zugehörigkeit: Kath., Pirmasens - Rodalben
Baujahr: 1769 Langhaus, Chorturm 14. Jh
Erweiterungen: 1778 Sakristei angebaut
Sitzplätze: 175
Orgel: 1832 Seuffert & Ubhaus, I/11

1360 wurde die Hl. Kreuz - Kirche erbaut, von der ein Teil des Turmes und der Chor noch erhalten sind. 1540 wird die Kirche lutherisch, 1569 katholisch, 1594 reformiert und 1622 endgültig katholisch.

Miesau
Zugehörigkeit: Evang., Homburg
Baujahr: 1738
Sitzplätze: 480
Orgel: 1952 Oberlinger, II/14 elek.

Miesenbach
Zugehörigkeit: Evang., Homburg
Baujahr: 1962
Architekt: Heinrich Kallmayer, Kaiserslautern
Sitzplätze: 305
Orgel: 1965 Steinmeyer, II/1 mech.

Miesenbach
Name: Hl. Familie
Zugehörigkeit: Kath., Kaiserslautern - Ramstein-Bruchmühlbach
Baujahr: 1960-62
Architekt: Eugen Beuerlein
Sitzplätze: 280
Orgel: 1966 Scherpf, II/13

Mimbach

Zugehörigkeit:	Evang., Zweibrücken
Baujahr:	1767 - 1769 Schiff, 14. Jh Chorturm
Architekt:	Hellermann, Zweibrücken
Renovierungen:	1949/50, 1952/53, 1960/62
Beschädigungen:	1945
Sitzplätze:	480
Orgel:	1860 Walcker, II/16 mech.
	Umbau: 1965 Oberlinger

Grabmal Johann Adluff 1574, Grabmal Katharina von Eltz 1592, Grabmal Johann Friedrich von Eltz 1609.

Minfeld

Zugehörigkeit:	Evang., Bad Bergzabern
Baujahr:	Frühgot. Anlage um 1300, Veränderungen um 1500, Turmerhöhung 1617
Renovierungen:	1933, 1951, 1980 Martin Vogel
Beschädigungen:	Im Zweiten Weltkrieg
Sitzplätze:	280
Orgel:	Prospekt: ca. 1760 Hartung
	1987 neue Schleifladenorgel, Winterhalter/Oberharmersbach, I/14

Erste Ausmalung des Chors um 1300, zweite um 1500. Barocke Stuckdecke.

Mittelbach

Zugehörigkeit:	Evang., Zweibrücken
Baujahr:	1954
Architekt:	Hansgeorg Fiebiger, Kaiserslautern; Bauleitung: August Pirmann, Zweibrücken
Sitzplätze:	250
Orgel:	1991 Walcker, I/8 mech.

Minfeld
Name: St. Laurentius
Zugehörigkeit: Kath., Germersheim - Kandel
Baujahr: 1928 - 1930
Architekt: A. Boßlet
Renovierungen: 1984/85
Sitzplätze: 370
Orgel: 1936 Sattel, II/16

Mittelbrunn
Zugehörigkeit: Evang., Homburg
Baujahr: 1843/44 Kirchenschiff, 1930 Turm
Architekt: 1930 Jakob Metzger, Kaiserslautern; 1966 Reinhold Rössling, Kaiserslautern
Renovierungen: 1930/31, 1966/67
Sitzplätze: 170
Orgel: 1975 Mayer, II/9 mech.

Mittelbrunn
Name: St. Josef
Zugehörigkeit: Kath., Kaiserslautern - Landstuhl
Baujahr: 1924 - 1928
Orgel: 5 Register, Fa. Späth.

Morschheim
Zugehörigkeit: Evang., Kirchheimbolanden
Baujahr: 1715 Kirchenschiff,
                  Chorturm aus dem 13. Jh
Renovierungen: 1965/66
Sitzplätze: 160
Orgel: 1905 Walcker, II/10 pneum.

Mörsfeld
Zugehörigkeit: Evang., Kirchheimbolanden
Baujahr: 1749 Schiff, 1888/89 Turm
Sitzplätze: 160
Orgel: 1984 Mayer, I/9 mech.

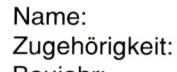

Mörsfeld

Name:	St. Michael
Zugehörigkeit:	Kath., Donnersberg - Kirchheimbolanden
Baujahr:	1910
Architekt:	Schulte I
Renovierungen:	1956/57
Sitzplätze:	60
Orgel:	Harmonium

Mörzheim

Zugehörigkeit:	Evang., Landau
Baujahr:	1778
Architekt:	Carl Schöffer, Heidelberg
Renovierungen:	1954, 1962
Sitzplätze:	370
Orgel:	1828 Seuffert, II/23 mech. Restaur. 1993 Rietzsch

Innenausstattung aus der Erbauungszeit, Schnitzereien an Bänken und Kanzel.

Mörzheim

Name:	St. Ägidius
Zugehörigkeit:	Kath., Landau - Landau - Stadt
Baujahr:	1928
Architekt:	Seeberger, Kaiserslautern
Renovierungen:	1977
Sitzplätze:	130
Orgel:	Mayer

Mühlheim
Name: Schloßkirche
Zugehörigkeit: Evang., Grünstadt
Baujahr: 13. Jh Turm, 1617-20 Kirche
Renovierungen: 1924, 1932, 1956 - 1958
Sitzplätze: 220
Orgel: 1738 Johann Michael Stumm, II/23
Restaur. 1991 Klais

Sehenswerte Malereien aus dem 14. Jh. Altar und Kanzel in Stuckmarmor, Stuckdecke. Älteste Stumm-Orgel der Pfalz. Gotisches Sakramentshäuschen. Eine der schönsten und ältesten Kirchen im Dekanat Grünstadt.

Mühlbach / Glan
Zugehörigkeit: Evang., Kusel
Baujahr: 1933/34
Architekt: Otto Stahl, Landau
Renovierungen: 1952: Glocken, 1954: Heizung,
1960: Treppenweg,
1959: Elektronische Läutemaschinen
Sitzplätze: 300
Orgel: Elektronisch

Mühlhofen

Zugehörigkeit:	Evang., Bad Bergzabern
Baujahr:	1839/41
Architekt:	August von Voit, Speyer
Renovierungen:	1884, 1960
Sitzplätze:	325
Orgel:	1933 Poppe, II/11 pneum.

Münchweiler an der Alsenz

Zugehörigkeit:	Evang., Winnweiler
Baujahr:	16. Jh
Renovierungen:	1728
Sitzplätze:	300
Orgel:	1938 Walcker, II/10 pneum.

Malereien an Kanzel und Emporen von Trübenbach (1768). Sandsteinaltar, Maßwerkfenster an der Ostseite, Flörsheimer Grabmal um 1600.

Münchweiler - Alsenz

Name:	Agnus Dei
Zugehörigkeit:	Kath., Donnersberg - Rockenhausen
Baujahr:	1962 - 1965
Architekt:	W. Schulte II, Speyer
Renovierungen:	1989
Sitzplätze:	250
Orgel:	Harmonium

Münchweiler / Rodalb
Zugehörigkeit:	Evang., Pirmasens
Baujahr:	1960-61
Architekt:	Otto Stahl und Richard Hummel, Speyer
Sitzplätze:	192
Orgel:	1964 Steinmeyer, mech.

Wandrelief „Paulus vor Damaskus" von Franz Lind 1968.

Münchweiler / Rodalb
Name:	St. Georg
Zugehörigkeit:	Kath., Pirmasens - Rodalben
Baujahr:	1893
Architekt:	W. Schulte I
Sitzplätze:	260
Orgel:	1954 Späth, II/21

Münsterappel
Zugehörigkeit:	Evang., Rockenhausen
Baujahr:	Chor 1492, Langhaus 1725-33 neugebaut
Renovierungen:	1993/94, 1957
Sitzplätze:	320
Orgel:	1971 Zimnol, II/14 mech.

Kanzel, Empore und Gestühl aus der Bauzeit. Kreuzgewölbe in Taufkapelle und Chor. Barockes Portal am nördlichen Eingang.

Mußbach

Name:	St. Johannes der Täufer
Zugehörigkeit:	Kath., Bad Dürkheim - Neustadt
Baujahr:	1957 - 1959
Architekt:	Winfried Blum und Karl Butz
Renovierungen:	1984
Sitzplätze:	600
Orgel:	1990 Scherpf, II/17

Mußbach

Zugehörigkeit:	Evang., Neustadt
Baujahr:	14. Jh Chor und Turm, 1534 Langhaus
Erweiterungen:	1728 Langhaus nach Westen verlängert
Renovierungen:	1959 - 1961
Sitzplätze:	420
Orgel:	1966 Oberlinger, II/17 mech.

Eichene Kanzel von 1728, Fresken-Fragmente im Chor, Chor katholisch.

Mutterstadt

Zugehörigkeit:	Evang., Speyer
Baujahr:	1517/18 Turm, 1754 Kirchenschiff
Architekt:	1754 Franz Wilhelm Rabaliatti
Erweiterungen:	1655, 1780 oberstes Turmgeschoß und Spitzhelm
Renovierungen:	1945, 1949, 1956, 1978
Sitzplätze:	657
Orgel:	1786 Michael Stumm, II/25 mech. Restaur./Erweiterung: 1971 Oberlinger

Sehenswert: Die Kanzel als achtseitiger Korb mit Schnitzereien. Abendmahlsbild von Johann Daniel Seitz (1755). Die Kirche ist ein wichtiger Bau von Rabaliatti.

Mutterstadt

Name:	St. Medardus
Zugehörigkeit:	Kath., Speyer - Mutterstadt
Baujahr:	1935
Architekt:	Albert Boßlet und Karl Lochner
Erweiterungen:	1958 Turm (E. Dietrich und R. Neumann)
Renovierungen:	1972
Sitzplätze:	720
Orgel:	1976 Zimnol, II/25

Hauptaltar von 1730, Seitenaltäre von 1760, Taufstein von 1629.

Nanzdietschweiler

Name:	Herz Jesu
Zugehörigkeit:	Kath., Kusel - Kusel
Baujahr:	1908
Architekt:	Wilhelm Schulte I
Erweiterungen:	1969 Anbau
Renovierungen:	1989/90
Sitzplätze:	480
Orgel:	1991 Zimnol, III/24 mech.

Neidenfels

Zugehörigkeit:	Evang., Neustadt
Baujahr:	1934
Architekt:	Reimers und Pommerenke, Haardt
Sitzplätze:	150
Orgel:	1936 Weigle, II/11 pneum.

Neidenfels

Name:	St. Josef
Zugehörigkeit:	Kath., Bad Dürkheim - Lambrecht
Baujahr:	1938/39
Architekt:	Albert Boßlet
Renovierungen:	1984
Sitzplätze:	350
Orgel:	1965 Zimnol, II/15

Niedersimten
Zugehörigkeit: Evang., Pirmasens
Baujahr: 1931 - 1933
Architekt: Schork, Pirmasens
Renovierungen: 1945, 1966
Sitzplätze: 115
Orgel: 1958 Oberlinger, I/9 elek.

Niedersimten
Name: Herz Jesu
Zugehörigkeit: Kath., Pirmasens - Pirmasens Stadt
Baujahr: 1915-18
Architekt: Wilhelm Schulte I
Renovierungen: 1987
Sitzplätze: 430
Orgel: 1953 Mayer, II/19

Neualtheim
Name: 7 Schmerzen Mariens
Zugehörigkeit: Kath., Saarpfalz - Blieskastel
Baujahr: 1849 u 1949/51
Architekt: Rückert 1949 Wiederaufbau
Renovierungen: 1989
Beschädigungen: Im 2. Weltkrieg zerstört
Sitzplätze: 180
Orgel: Elektronisch

Neuburg

Zugehörigkeit:	Evang., Germersheim
Baujahr:	1751, 1843 Schiff verlängert
Beschädigungen:	1945 zerstört
Wiederaufbau:	1950 - 52 Wilhelm Ecker, Landau
Sitzplätze:	498
Orgel:	1960 Oberlinger, II/24 mech.

Neuburg

Name:	St. Remigius
Zugehörigkeit:	Kath., Germersheim - Wörth
Baujahr:	1785
Renovierungen:	1958/59, 1986
Beschädigungen:	1944, 1950 wiederaufgebaut
Sitzplätze:	190
Orgel:	1786 Stiehr, I/13 mech.

Neuhemsbach

Name:	Ehemalige Schloßkirche
Zugehörigkeit:	Evang., Winnweiler
Baujahr:	1739
Renovierungen:	1804, 1838, 1948, 1957
Beschädigungen:	1795
Sitzplätze:	160
Orgel:	1955 Oberlinger, I/10 mech.

Der sechseckige Turm geht auf den Bergfried einer Burganlage zurück und ist entsprechend dimensioniert.

Neuhofen
Zugehörigkeit: Evang., Speyer
Baujahr: 1721, 1843 Schiff verlängert
Renovierungen: 1948, 1956, 1957, 1964
Sitzplätze: 430
Orgel: 1964 Oberlinger, II/15 mech.

Neuhofen
Name: St. Nikolaus
Zugehörigkeit: Kath., Speyer - Waldsee - Limburgerhof
Baujahr: 1964
Architekt: Wilfried Schultz
Renovierungen: 1988
Sitzplätze: 330
Orgel: 1977 Mayer, III/19

Neuleiningen
Name: St. Nikolaus
Zugehörigkeit: Kath., Bad Dürkheim - Grünstadt
Baujahr: 15. Jh
Renovierungen: 1965 neuer Altar
Sitzplätze: 220
Orgel: 1973 Scherpf, II/12 mech.

Muttergottes aus dem 15. Jh. Die Mauern des Langhauses stammen noch von einer Burgkapelle aus dem 13. Jh. Jährliche Wallfahrt zum Gnadenbild an Mariä Geburt.

Neumühle

Name:	St. Pirmin
Zugehörigkeit:	Kath., Pirmasens - Waldfischbach - Burgalben
Baujahr:	1971
Architekt:	Fertigteilkirche
Sitzplätze:	400
Orgel:	Harmonium

Neunkirchen

Zugehörigkeit:	Evang., Kusel
Baujahr:	1824/25
Architekt:	Paul Camille Denis, Kaiserslautern
Renovierungen:	1956/57, 1985
Sitzplätze:	210
Orgel:	1784 Ph. D. Schmidt, I/11 Restaur. 1991 Winterhalter

Neupotz

Name:	St. Bartholomäus
Zugehörigkeit:	Kath., Germersheim - Kandel
Baujahr:	1836 - 1840
Architekt:	A. Voit
Renovierungen:	1976 außen, 1981 innen
Sitzplätze:	360
Orgel:	1861/62 Schlimbach, II/24 mech.

Neustadt

Name:	ehemalige Kirche
Zugehörigkeit:	Evang., Neustadt
Anschrift:	Kirchstraße
Baujahr:	1730
Renovierungen:	1982-83

Erster Bau aus dem 9. Jh., dann Kirche St. Ulrich 1250, dann gotischer Neubau, dann 1730 Erweiterung zum jetzigen Barockbau.

Neustadt

Name:	Martin-Luther-Kirche
Zugehörigkeit:	Evang., Neustadt
Anschrift:	Martin-Luther-Str. 44
Baujahr:	1963 - 1965
Architekt:	Hans Georg Fiebiger, Kaiserslautern
Sitzplätze:	570
Orgel:	1966 Steinmeyer, III/32 mech.

Neustadt - Hambach

Name:	Pauluskirche
Zugehörigkeit:	Evang., Neustadt
Baujahr:	1954 - 1958
Architekt:	Wilhelm Ecker, Landau
Sitzplätze:	500
Orgel:	1974 Weigle, II/20 mech.

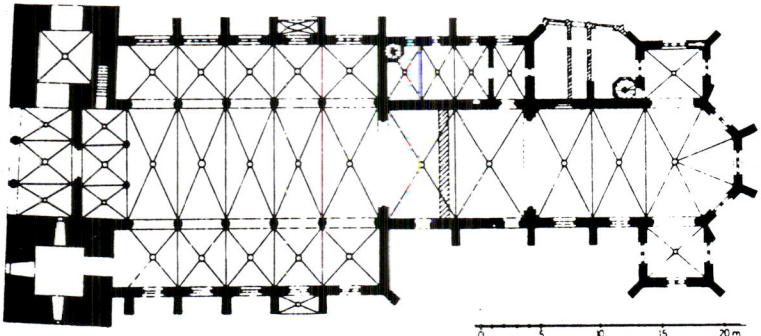

Neustadt

Name:	Stiftskirche
Zugehörigkeit:	Evang., Neustadt
Anschrift:	Marktplatz
Baujahr:	1368
Architekt:	Als "Werkmeister" wird 1394 ein gewisser Marquard genannt.
Renovierungen:	1927, 1960/61, 1964, 1978/84
Sitzplätze:	1044
Orgel:	1970 Oberlinger, III/52 mech./elek. Truhe, I/4 Hammer/Hannover

Neustadt

Name:	St. Ägidius
Zugehörigkeit:	Kath., Bad Dürkheim - Neustadt
Anschrift:	Marktplatz
Baujahr:	1368
Renovierungen:	Zur 600-Jahr-Feier
Sitzplätze:	150
Orgel:	1879 Walcker, I/6 mech., Prospekt 1788 Seuffert

Bedeutendste gotische Kirche in der Vorderpfalz. Geschichte: 1368 Grundsteinlegung (Baumeister Marck), 1394 der Jungfrau Maria geweiht. Stiftskollegium, Weltgeistliche. 1563 ausschließliche protest. Nutzung, 1625 wieder katholisch, 1648-85 wieder reformiert, 1685-89 katholisch. Ab 1698 Simultaneum, 1707 Einbau einer Trennwand. 1818 Union, 1978-84 Renovierung.
Drei Teile: Stifts- und Pfarrchor, dreischiffiges Langhaus, Doppelturmfassade mit Vorhalle. Türme: vier Geschoße, ursprünglich auf beiden zwei Spitzhelme, 1739 auf den Südturm ein Türmerhaus gebaut.
Glocken: Nordturm 14 t Kaiser-Ruprecht-Glocke und 7,35 t Kurfürstenglocke, beide erklingen zur vollen Stunde. Südturm fünf Glocken, fünftönige Glockenmelodie alle Viertelstunde.
Innenausstattung: Kanzel aus dem 15. Jh, mittelalterliches Chorgestühl, Grabplatten der Wittelsbacher. Ursprünglich reich mit Malereien geschmückt. Reste im Chorschluß erhalten. Hochaltar im Chor von 1740.
Der Chor der Stiftskirche wird von der kath. Gemeinde St. Ägidius genutzt.

Neustadt (Schöntal)
Name:	St. Elisabeth
Zugehörigkeit:	Kath., Bad Dürkheim - Neustadt
Anschrift:	Ortsteil Schöntal
Baujahr:	1967 - 1969
Sitzplätze:	320
Orgel:	Elektronisch

Neustadt
Name:	St. Josef
Zugehörigkeit:	Kath., Bad Dürkheim - Neustadt
Anschrift:	Winzigerstr. 52
Baujahr:	1932/33
Architekt:	Wilhelm Schulte
Renovierungen:	1981
Beschädigungen:	1944/45 Turm und Unterkirche
Sitzplätze:	650
Orgel:	1963 Späth, III/40 mech./elek.

Fresko von Thalheimer (München), Tafelbilder über den Seitenaltären von Rabolt (München), Taufstein aus dem 16. Jh.

Neustadt

Name:	St. Marien
Zugehörigkeit:	Kath., Bad Dürkheim - Neustadt
Anschrift:	Rathausstr. 1
Baujahr:	1860 - 1862
Architekt:	Vincenz Statz, Köln
Renovierungen:	1975
Beschädigungen:	1944 durch Bomben
Sitzplätze:	407
Orgel:	1907 Steinmeyer, III/45 elek. Umbau: Späth 1974

St. Bernhard-Altar von Konrad Schwaab (Speyer, 1867), Schnitzereien von Gottfried Renn (Speyer), Krippenbild von Schraudolph.

Neustadt

Name:	St. Pius X
Zugehörigkeit:	Kath., Bad Dürkheim - Neustadt
Anschrift:	Maxburgstr. 29
Baujahr:	1958/59
Architekt:	Josef Blanz
Renovierungen:	1977
Sitzplätze:	495
Orgel:	1981 Mayer, II/27 elek.

Meisenheim (unten links)

Obwohl nicht mehr zur Pfalz gehörig, werden wegen ihrer Bedeutsamkeit erwähnt: Im Vordergrund links die Schloßkirche, 1479 Philipp von Gemünd, dreischiffige Halle mit quadr. Vorchor und mächtigem Westturm, Orgel 1767 Philipp Daniel Schmidt. Dahinter die ehem. luth. Christianskirche, 1761-71 Philipp Heinrich Hellermann. Dahinter die kath. Pfarrkirche St. Antonius, 1685-88 Franz Matthias Heyliger, Turm 1902 Ludwig Becker.

Niederbexbach
Zugehörigkeit: Evang., Homburg
Baujahr: 1908/09
Architekt: 1908/09 Johann Caspar Löhmer, Homburg
Sitzplätze: 370
Orgel: 1966 Oberlinger, II/19 mech.

Martin-Luther-Fenster und Gustav-Adolf-Fenster.

Niederbexbach
Name: St. Michael
Zugehörigkeit: Kath., Saarpfalz - Bexbach
Baujahr: 1957 - 1959
Architekt: Wack, Niederbexbach
Erweiterungen: 1968
Renovierungen: 1989 neue Fenster
Sitzplätze: 100

Niedergailbach
Name: Hl. Bruder Klaus
Zugehörigkeit: Kath., Saarpfalz - Gersheim
Baujahr: 1953
Architekt: Bischöfliches Bauamt (Schulte II)
Sitzplätze: 247
Orgel: 1990/91 Mayer, II/16

Hölzerne Marienfigur um 1800, Wandbild von R. Seewald.

Niederhausen

Zugehörigkeit:	Evang., Rockenhausen
Baujahr:	14. Jh
Architekt:	1959/60 Fritz Waldherr Dreisen
Renovierungen:	1959/60, 1981/82
Sitzplätze:	155
Orgel:	1961 Oberlinger, I/5 elek.

Niederhorbach

Zugehörigkeit:	Evang., Bad Bergzabern
Baujahr:	1484, 1727 Langhaus barock verändert
Renovierungen:	1817, 1961 - 1964
Sitzplätze:	133
Orgel:	1831 Stumm, I/11 mech.
	Umbau: 1963/64 Oberlinger

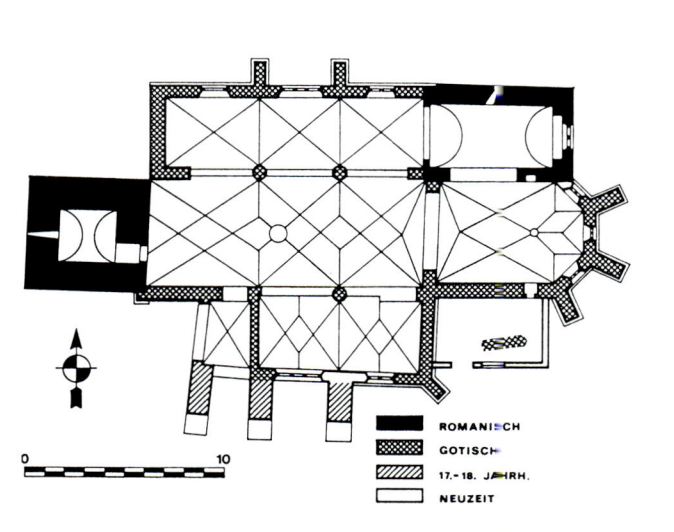

ROMANISCH
GOTISCH
17.-18. JAHRH.
NEUZEIT

Niederkirchen im Ostertal (unten links)
Zugehörigkeit: Evang., Kusel
Baujahr: 1517 Hauptchor, Turm 13./16.Jh
Renovierungen: 1951, 1962 - 1964
Sitzplätze: 360
Orgel: 1897 Walcker, II/12
                 Umbau: 1954 Hintz/ 1985 Mayer

Dreischiffige spätgot. Stufenhalle. Turm: Untergeschoß romanisch, Mittelgeschoß frühgotisch, Glockengeschoß spätgotisch.

Niederkirchen / Kaiserslautern
Zugehörigkeit: Evang., Otterbach
Baujahr: 1723
Renovierungen: 1962/63
Sitzplätze: 320
Orgel: 1963 Steinmeyer, II/13 mech.

Niederkirchen / Bad Dürkheim
Name: St. Martin
Zugehörigkeit: Kath., Bad Dürkheim - Deidesheim
Baujahr: 1000 Querhaus, 1955 Langhaus
Architekt: Karl Lochner 1955
Erweiterungen: 1859 und 1956 (jetzige Gestalt)
Renovierungen: 1982/83
Beschädigungen: 1793 geplündert und zerstört
Sitzplätze: 485
Orgel: 1963/64 Zimnol, II/22

Ältester Bestandteil der Kirche ist der Vierungsturm, der um 1000 erbaut wurde (einer der ältesten in Deutschland). Bildwerke aus dem 18. Jh, Anna Selbdritt um 1500.

Niedermoschel
Zugehörigkeit: Evang., Obermoschel
Baujahr: 1747 Saalraum, Turm mittelalterlich
Renovierungen: 1902, 1963/64 Fritz Waldherr, Dreisen
Sitzplätze: 250
Orgel: 1891 Geb. Stumm, I/10

Niederotterbach

Zugehörigkeit:	Evang., Bad Bergzabern
Baujahr:	1816
Wiederaufbau:	1952 Bauabteilung Landeskirchenamt
Beschädigungen:	1945
Sitzplätze:	135
Orgel:	1958 Oberlinger, I/5 mech.

Niederotterbach

Name:	St. Nikolaus
Zugehörigkeit:	Kath., Landau - Bad Bergzabern
Baujahr:	1748
Erweiterungen:	1883/85, 1961
Renovierungen:	1980
Sitzplätze:	90
Orgel:	Elektronisch, Ahlborn

Niederschlettenbach

Name:	St. Laurentius
Zugehörigkeit:	Kath., Pirmasens - Dahn
Baujahr:	11. Jh, Turm 15. Jh.
Architekt:	Schulte II Neubau 1952, Turm Niclaus von Offerheim
Sitzplätze:	280
Orgel:	1960 Scherpf, I/7

Bildwerke aus dem 18. Jh, Taufstein aus dem 17. Jh.

Niederschlettenbach
Name: St. Anna - Kapelle
Zugehörigkeit: Kath., Pirmasens - Dahn
Baujahr: 1400, 1910 wiederaufgebaut
Sitzplätze: 20

Wallfahrtstag: Samstag nach dem St. Anna - Fest.

Niederwürzbach
Name: Heiliggeistkirche
Zugehörigkeit: Evang., Homburg
Baujahr: Vermutlich 18. Jh, seit 1910 Bürgermeisteramt, 1952 von der prot. Gemeinde erworben und umgebaut (1953 Otto Reul, St. Ingbert).
Sitzplätze: 70

Niederwürzbach
Name: St. Hubertus
Zugehörigkeit: Kath., Saarpfalz - Blieskastel
Baujahr: 1879 - 1881
Architekt: Schöberl und Schulte II (Wiederaufbau 1949)
Renovierungen: 1976
Sitzplätze: 590
Orgel: 1972 Späth, II/20

Nünschweiler

Zugehörigkeit:	Evang., Pirmasens
Baujahr:	1906 - 1908
Architekt:	Carl Doflein, Berlin
Sitzplätze:	830
Orgel:	1984 Streichert, II/15 mech.

Stattliche Basilika, mächtiges Rundbogenfenster im Chor, innen kassettierte Satteldecke, Empore auf Eisengußstützen.
Kuriosum: Das mechanische Uhrwerk (Seybold, Landau) muß jeden Tag von Hand aufgezogen werden.

Nothweiler

Zugehörigkeit:	Evang., Pirmasens
Baujahr:	15. Jh oder 16. Jh, 1840 Veränderungen und Turmbau
Renovierungen:	1952 Bauabteilung Landeskirchenrat
Sitzplätze:	106
Orgel:	1964 Oberlinger, I/5 mech.

Nünschweiler

Name:	Maria Himmelfahrt
Zugehörigkeit:	Kath., Pirmasens - Waldfischbach - Burgalben
Baujahr:	13./14. Jh Chorturm, 15. Jh Langhaus
Renovierungen:	1973/74
Sitzplätze:	210
Orgel:	1967 Walcker, II/9

Heiligenfiguren aus dem 18. Jh.

Nußbach

Zugehörigkeit:	Evang., Rockenhausen
Baujahr:	1911/12
Architekt:	Dünnbier, Kaiserslautern
Renovierungen:	1987
Sitzplätze:	200
Orgel:	1912 Walcker, I/8 pneum.

Nußdorf

Zugehörigkeit:	Evang., Landau
Baujahr:	13. Jh Chor, 1738 Schiff, 1856 Turm
Renovierungen:	1911/12, 1963 - 1965 Rudolf Knack, Nußdorf
Sitzplätze:	345
Orgel:	1912 Steinmeyer, II/25 pneum.

Wandmalereien aus dem 15. Jh im Chor, Kanzel von 1616. Außen an der Nordostecke ist ein römischer Viergötterstein eingemauert.

Oberarnbach
Name: Martin-Luther-Kirche
Zugehörigkeit: Evang.,
Baujahr: 1981/82
Architekt: Gerhard Wilking

Oberauerbach
Zugehörigkeit: Evang., Zweibrücken
Baujahr: 1953/54
Architekt: Wilhelm Ecker, Landau
Sitzplätze: 300
Orgel: 1968/69 Ott, mech.

Oberbexbach
Name: Christuskirche
Zugehörigkeit: Evang., Homburg
Baujahr: 1959
Architekt: Rudolf Krüger, Saarbrücken
Sitzplätze: 500
Orgel: 1965 Oberlinger, II/25 elek.
Restaur. 1989 Kuhn

Oberbexbach
Name: St. Barbara
Zugehörigkeit: Kath., Saarpfalz - Bexbach
Baujahr: 1933/34
Architekt: Albert Boßlet
Renovierungen: 1988
Sitzplätze: 610
Orgel: 1958 Mayer, II/26

Oberhausen an der Nahe
Zugehörigkeit: Evang., Obermoschel
Baujahr: 1865 - 1868
Renovierungen: 1964 Bauabteilung Landeskirchenrat
Sitzplätze: 154
Orgel: 1873 Gebrüder Stumm, I/10 mech.

Obermohr
Name: St. Johannes der Täufer
Zugehörigkeit: Kath., Kaiserslautern-Ramstein-Bruchmühlbach
Baujahr: 1845
Renovierungen: 1976 Klostermann
Sitzplätze: 200
Orgel: 1935 Sattel, Hochspeyer, II/17 elek.

Obermoschel

Name:	Mariä Himmelfahrt
Zugehörigkeit:	Kath., Donnersberg - Rockenhausen
Baujahr:	1866
Architekt:	Karl Rauh
Renovierungen:	1989/90
Sitzplätze:	142
Orgel:	1882 Zipperlin und Christ, II/14 mech. Restaur. 1985 Scherpf

Obermoschel

Zugehörigkeit:	Evang., Obermoschel
Baujahr:	1786 - 1789
Architekt:	Friedrich Gerhard Wahl, Zweibrücken
Renovierungen:	1881, 1914, 1959, 1937
Sitzplätze:	437
Orgel:	1968 Oberlinger, II/25 elek.

Oberndorf

Name:	Oberndorf Simultankirche
Zugehörigkeit:	Evang., Obermoschel und kath., St. Valentin, Donnersberg - Rockenh.
Baujahr:	1475 Chor, 1500 Langhaus
Renovierungen:	1958 H. G. Fiebiger, Kaiserslautern
Sitzplätze:	196 + 97
Orgel:	1967 Steinmeyer, I/5 mech.

Taufstein um 1600, Wandmalereien, mehrere Grabsteine, Madonna mit Kind von 1742. Über dem Eingang Rundfenster mit Swastika.

Obernheim

Zugehörigkeit:	Evang., Homburg
Baujahr:	1957
Architekt:	Friedrich Sofsky, Bruchmühlbach
Sitzplätze:	80
Orgel:	1978 Mayer, I/6 mech.

Oberotterbach

Zugehörigkeit:	Evang., Bad Bergzabern
Baujahr:	1300 Chorturm, 1537 Schiff
Renovierungen:	1726, 1965 Heinrich Scheid, Heuchelheim
Sitzplätze:	264
Orgel:	1754 Hartung, I/11
	Umbau: 1967/68 Oberlinger

Oberotterbach

Name:	St. Simon und Judas
Zugehörigkeit:	Kath., Landau - Bad Bergzabern
Baujahr:	1930
Architekt:	Albert Boßlet
Sitzplätze:	250
Orgel:	1953 Walcker, II/12

Taufstein um 1500, zwei Holzstatuen um 1480.

Obersimten

Zugehörigkeit:	Evang., Pirmasens
Baujahr:	1938 - 1940
Architekt:	Rudolf Heil, Pirmasens
Renovierungen:	1960
Sitzplätze:	180
Orgel:	Harmonium

Obersülzen
Zugehörigkeit: Evang., Frankenthal
Baujahr: 13. Jh Turm, 1760 Schiff
Renovierungen: 1962 Decker, Grünstadt
Sitzplätze: 180
Orgel: 1896 Sauer, II/10 mech.
Restaur. 1986 Owart

Oberweiler - Tiefenbach
Zugehörigkeit: Evang., Lauterecken
Baujahr: 1753
Renovierungen: 1958, 1962, 1963
Sitzplätze: 180
Orgel: 1967 Oberlinger, I/6 mech.

Oberwiesen
Zugehörigkeit: Evang., Kirchheimbolanden
Baujahr: 1881
Renovierungen: 1953
Sitzplätze: 120
Orgel: 1959 Steinmeyer, I/8 aus Pforzheim gekauft
elek.

Oberwiesen
Name: Unbefl. Empfängnis Mariä
Zugehörigkeit: Kath., Donnersberg - Kirchheimbolanden
Baujahr: 1963/64
Architekt: Grüner, Speyer
Sitzplätze: 170

Oberwürzbach
Name: Herz Jesu
Zugehörigkeit: Kath., Saarpfalz - St. Ingbert
Baujahr: 1923
Architekt: Wilhelm Schulte I
Erweiterungen: 1950
Sitzplätze: 640
Orgel: 1965 Scherpf, II/27

Obrigheim
Zugehörigkeit: Evang., Grünstadt
Baujahr: 1500 Chorturm, 1865 Schiff
Erweiterungen: 1910 Turm aufgestockt
Renovierungen: 1910 Heisel, Grünstadt
Sitzplätze: 213
Orgel: 1864/67 Schlimbach, I/10 mech.

Obrigheim
Name: St. Aegidius
Zugehörigkeit: Kath., Bad Dürkheim - Grünstadt
Baujahr: 1962 - 1964
Architekt: Josef Ochs
Sitzplätze: 156
Orgel: Elektronisch

Odenbach
Zugehörigkeit: Evang., Lauterecken
Baujahr: 16. Jh Chorturm, 1764 Schiff,
1766 Turmobergeschoß und Haube
Sitzplätze: 340
Orgel: 1972/91 Oberlinger, II/19
Prospekt: 1854 Wagner

Odernheim am Glan
Zugehörigkeit: Evang., Obermoschel
Baujahr: 1738
Renovierungen: 1963 Eichler, Weinheim bei Alzey
Sitzplätze: 300
Orgel: 1930 Walcker, II/17 elek., Umbau: Zimnol

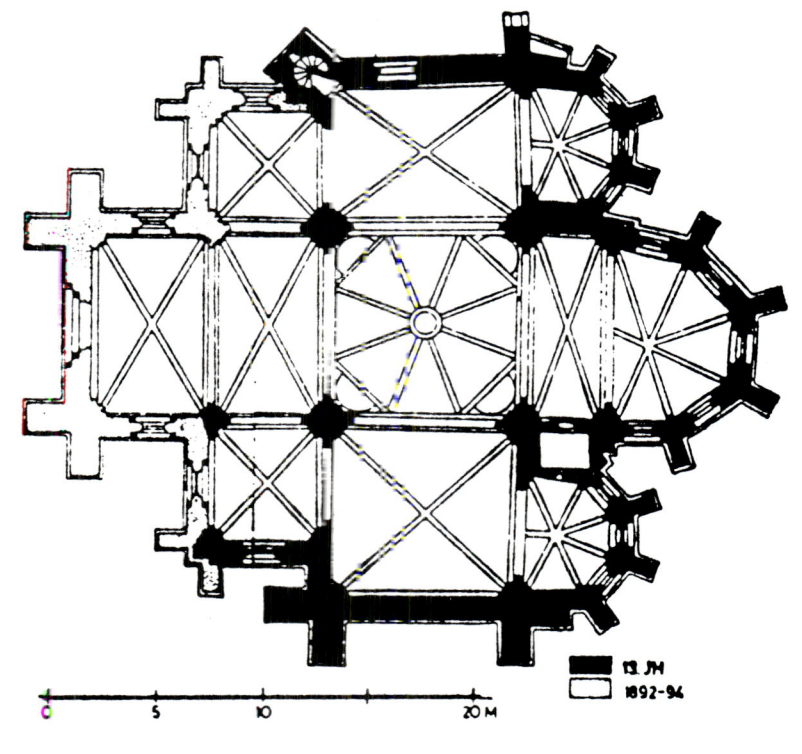

Offenbach am Glan

Name: Abteikirche
Zugehörigkeit: Evang., nicht mehr zur Landeskirche
Baujahr: 13. Jh
Renovierungen: 1962-70

Kreuzförmige Basilika mit dreischiffigem Langhaus und achteckigem Vierungsturm, Übergang von der Spätromanik in die Gotik. Baubeginn um 1225, Querhaus 1250, Westportal des Langhauses um 1300, Vierungsturm Anfang 14.Jh. Das Langhaus wurde 1808 abgetragen. Es wurde - in Anlehnung an die älteren Teile der Kirche - im gotischen Stil erbaut. Den Übergangscharakter von der Romanik zur Gotik erkennt man gut an den Fenstern: In den drei Apsiden sind sie noch romanisch, aber leicht spitzbogig; im südlichen Querschiff das große dreiteilige Fenster romanisch, daneben jedoch gotische Fenster. Im nördlichen Querschiff überwiegt die Gotik.
Darstellung des Gotteslamms im Tympanon des Nordportals, Kapitelle mit Tierplastiken. Seit 1885 evangelische Kirche, Wiederaufbau bis 1894.

Offenbach am Glan
Name: St. Peter und Paul
Zugehörigkeit: Kath., nicht mehr zum Bistum Speyer
Baujahr: 1884
Architekt: Josef Hoffmann
Renovierungen: 1961-62, 1970

Vesperbild und Kreuzigungsgruppe aus dem 18. Jh, Steinfiguren in der Vorhalle aus dem 13. Jh.

Offenbach an der Queich
Zugehörigkeit: Evang., Landau
Baujahr: 1765/66
Renovierungen: 1959/60
Sitzplätze: 291
Orgel: 1803 Alffermann, Bruchsal, I/12 mech.
Umbau: ca. 1897 Huber

Empore auf Steinsäulen, Rokokokanzel.

Offenbach an der Queich
Name: St. Josef
Zugehörigkeit: Kath., Landau - Landau - Stadt
Baujahr: 1753, 1966 Neubau
Sitzplätze: 650
Orgel: 1976/78 Scherpf, II/26 (17)

Ohmbach
Zugehörigkeit: Evang., Kusel
Baujahr: 1780 nach Plan von Hellermann an spätrom. Turm angefügt
Renovierungen: 1959/60
Sitzplätze: 240
Orgel: ca. 1790/1800 Overmann (?), I/11 mech. Umbau: Oberlinger

Ohmbach
Name: Liebfrauen
Zugehörigkeit: Kath., Kusel - Schönenberg - Kübelberg
Baujahr: 1968 - 1970
Architekt: Wilhelm Schulte II
Sitzplätze: 280
Orgel: 1972 Mayer, II/10 mech.

Olsbrücken
Name: Maria Rosenkranzkönigin
Zugehörigkeit: Kath., Kaiserslautern - Otterbach
Baujahr: 1931
Architekt: Hans Seeberger, Kaiserslautern
Sitzplätze: 120
Orgel: Elektronisch

Olsbrücken

Zugehörigkeit:	Evang., Otterbach
Baujahr:	1884/85
Architekt:	Ludwig Levy, Kaiserslautern
Sitzplätze:	470
Orgel:	1885 Walcker, I/10 mech.

Ausstattung aus der Bauzeit: Holzemporen, darüber Halbtonnen, Bemalung und Holzeinlegearbeiten.

Ommersheim

Name:	Mariä Heimsuchung
Zugehörigkeit:	Kath., Saarpfalz - Mandelbachtal
Baujahr:	1829
Architekt:	Umbau: Hery
Erweiterungen:	1967
Beschädigungen:	1945 stark zerstört, 1948 Wiederaufbau
Sitzplätze:	760
Orgel:	1838 Stumm, I/16
	Umbau: 1972 Hintz

Holzstatuen: Hl. Maria (14. Jh) und Hl. Laurentius (18. Jh), Sakramentsnische 15. Jh.

Ormesheim

Name:	St. Mauritius
Zugehörigkeit:	Kath., Saarpfalz - Mandelbachtal
Baujahr:	1932
Architekt:	Albert Boßlet
Erweiterungen:	1981 Umbau des Chorraums (Faller, München)
Renovierungen:	1980
Beschädigungen:	Im Krieg zerstört, 1948 Wiederaufbau
Sitzplätze:	692
Orgel:	1938/39 Sattel, II/24

Monumentale Sandstein-Basilika mit Langhaus, zwei Seitenschiffen und massivem Turm. Holzfigur: Hl. Maria, 17. Jh.

Ormesheim

Name:	Strudelpeterkapelle
Zugehörigkeit:	Kath., Saarpfalz - Mandelbachtal
Baujahr:	1720
Erweiterungen:	1845
Renovierungen:	1977
Beschädigungen:	Im 2. Weltkrieg, 1950 wiederaufgebaut
Sitzplätze:	10

Drei Prozessionen im Jahr und Andachten an Marienfesten aufgrund eines Gelübdes von 1944.

Orbis

Zugehörigkeit:	Evang., Kirchheimbolanden
Baujahr:	1220 Chor, Schiff aus Barockzeit
Renovierungen:	1965/66, 1980/81
Sitzplätze:	150
Orgel:	1985 Owart, I/10, Prospekt 1725 (?)

Stufenportal aus dem 13. Jh. in der Westwand. Spätgotisches Relief: Schweißtuch der Veronika.

Orbis
Name: St. Jakobus
Zugehörigkeit: Kath., Donnersberg - Kirchheimbolanden
Architekt: Kaiser/Krämer, Kirchheimbolanden
Baujahr: 1970
Sitzplätze: 50
Orgel: Harmonium

Otterbach
Name: ehemalige Kirche
Zugehörigkeit: Evang., Otterbach
Baujahr: 1847
Erweiterungen: 1906 und 1929 vergrößert
Orgel: Walcker 1900, von Oberlinger 1952 restauriert

Heute befindet sich hier ein Motorradmuseum. Die Kirche wurde 1975 verkauft.

Otterbach
Zugehörigkeit: Evang., Otterbach
Baujahr: 1975
Architekt: Jülk / Memmert
Sitzplätze: bis zu 400
Orgel: 1974/75 Mühleisen/Straßburg, II/16 mech.

Glasmosaikbausteine, Bronzeplastik.

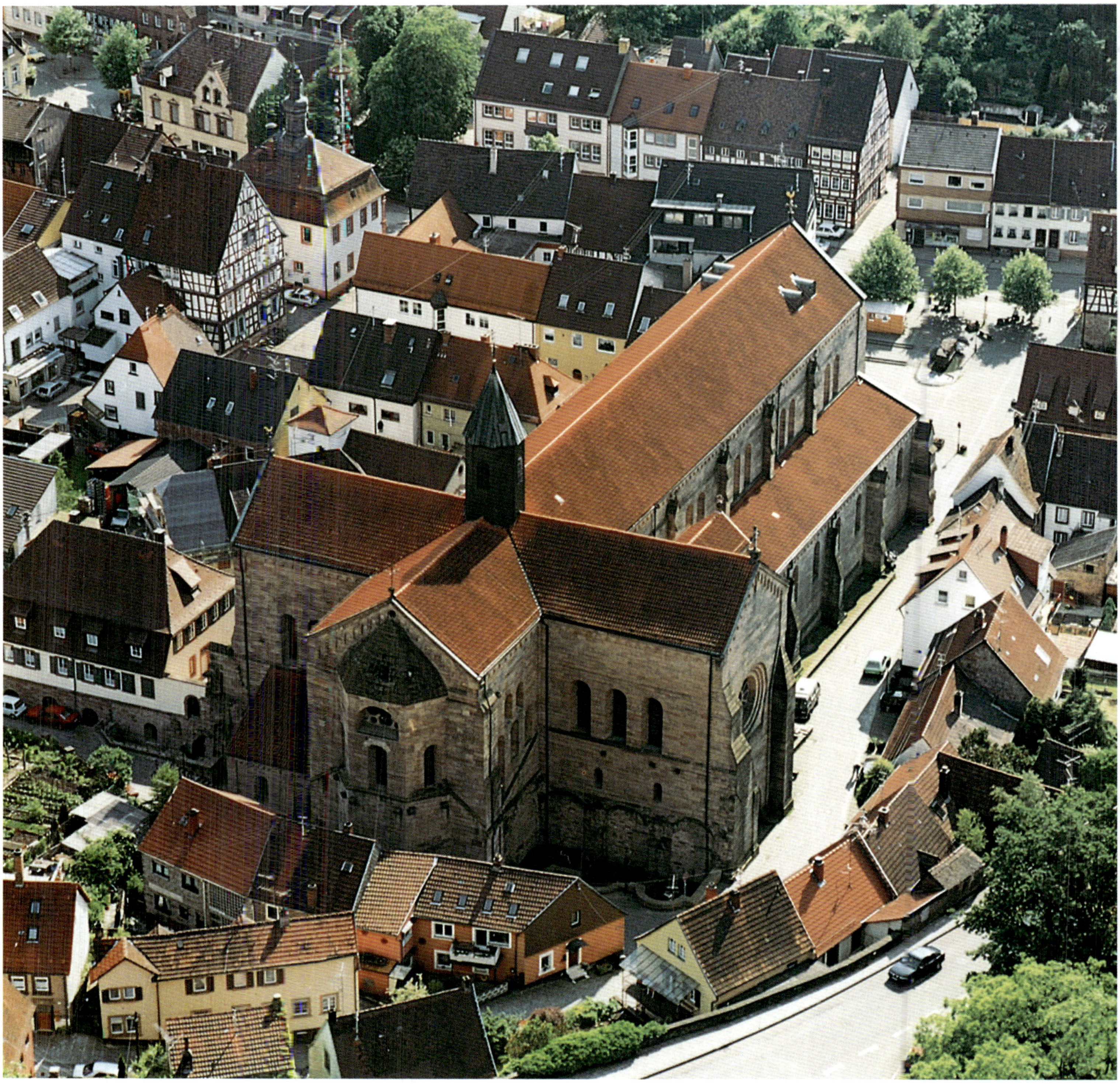

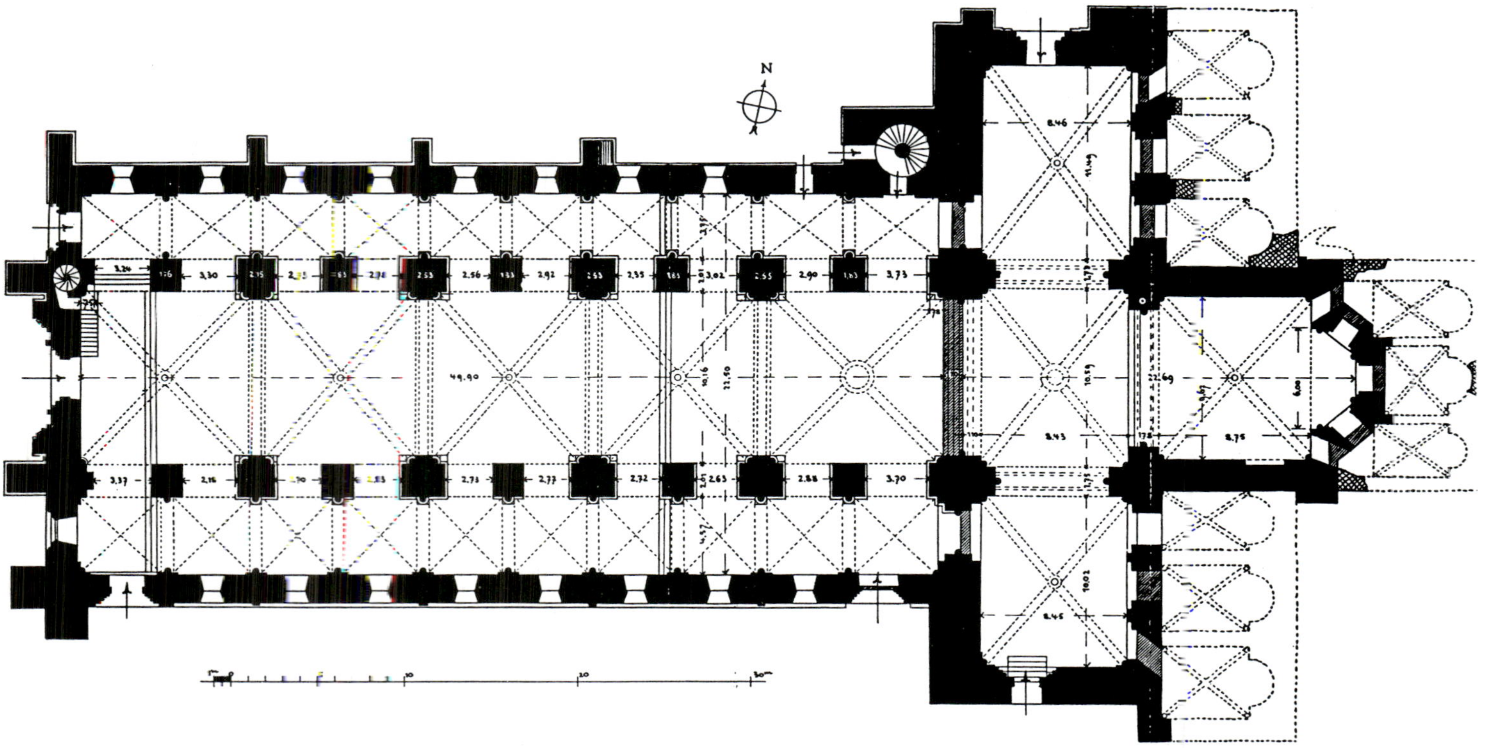
N

Otterberg

Name:	Mariä Himmelfahrt (ehem. Abteikirche)
Zugehörigkeit:	Kath., Kaiserslautern - Otterbach und evang., Otterbach
Baujahr:	1190 - 1254
Renovierungen:	1979 - 1990
Sitzplätze:	586
Orgel:	Mönch/Überlingen, II/9 provisorische Orgel Umbau: 1988 Zimnol

Größte Klosterkirche der Pfalz, ehemaliges Zisterzienserkloster, kreuzförmige Gewölbebasilika, Chor und Querhaus spätromanisch, Mittelschiff frühgotisch. Die Abteikirche ist nach dem Speyrer Dom das bedeutendste kirchliche Baudenkmal der Pfalz. Abmessungen: 80 m lang, 20 m hoch. Seit 1708 Trennwand: Querhaus katholisch und Langhaus evangelisch; 1979 wird die Wand entfernt. Dreischiffige Basilika mit östlichem Querschiff, quadratischer Chor mit dreiseitiger Apsis, viereckiger Treppenturm an der Westseite des nördlichen Querhauses. An der Westfront Rosette mit sieben Meter Durchmesser, an der Südseite eine romanische Sonnenuhr.

Otterbach

Name:	Mariä Himmelfahrt
Zugehörigkeit:	Kath., Kaiserslautern - Otterbach
Baujahr:	1887 - 1889
Architekt:	Franz Schöberl
Renovierungen:	1976/77
Sitzplätze:	340
Orgel:	1989 Mayer, II/27, alte Orgel von Voit (1893) integriert (16 Register).

Ottersheim bei Landau

Name:	St. Martin
Zugehörigkeit:	Kath., Germersheim - Rülzheim
Baujahr:	1618
Architekt:	Joh. Schoch
Erweiterungen:	1789 nach Westen erweitert
Sitzplätze:	474
Orgel:	1967 Zimnol, II/19 mech./elek.

Ottersheim bei Landau
Zugehörigkeit: Evang., Landau
Baujahr: 1811 - 1820
Sitzplätze: 165
Orgel: 1955 Oberlinger, elek.

Ottersheim bei Kirchheimbolanden
Name: St. Amandus
Zugehörigkeit: Kath., Donnersberg - Kirchheimbolanden
Baujahr: 1892/93
Architekt: Franz Schöberl, Speyer
Renovierungen: 1989/90
Sitzplätze: 340
Orgel: 1877 Schlimbach, I/9, Restaur. Scherpf

Taufstein aus dem 16. Jh, neugotische Ausstattung aus der Bauzeit.

Otterstadt
Remigiushaus
1747 Grundsteinlegung Papst Benedikt XIV
1750 Einweihung
1892 Erwerb durch die Gemeinde
1895 Lagerhalle bis 1977
1920 Verkauf
1977 Rückkauf
1984 Einweihung als Dorfgemeinschaftshaus

Otterstadt

Name:	Mariä Himmelfahrt
Zugehörigkeit:	Kath., Speyer - Waldsee - Limburgerhof
Baujahr:	1891
Architekt:	Franz Schöberl, Speyer
Renovierungen:	1985
Sitzplätze:	450
Orgel:	1929 Späth, II/24

Vollständige neugotische Originalausstattung, Vesperbild und Hl. Sebastian aus dem 18. Jh.

Petersberg

Name:	St. Peter
Zugehörigkeit:	Kath., Pirmasens - Waldfischbach - Burgalben
Baujahr:	1957
Architekt:	Erwin van Aaken
Sitzplätze:	560
Orgel:	1963 Wehr, II/20

Pirmasens

Name:	Johanneskirche
Zugehörigkeit:	Evang., Pirmasens
Anschrift:	Luisenstr. 3
Baujahr:	1750 - 1758
Architekt:	1953 Raimund Ostermaier, Calw
	1958 Walter Jung, Pirmasens
Wiederaufbau:	1953, 1958
Renovierungen:	1962, 1993/94
Beschädigungen:	9.8.1944 zerstört
Sitzplätze:	644
Orgel:	1963/74 Steinmeyer, III/35 mech.

Pirmasens

Name:	Lutherkirche
Zugehörigkeit:	Evang., Pirmasens
Anschrift:	Hauptstr. (Fußgängerzone)
Baujahr:	1757 - 1760
Architekt:	1757 Schweighofer, Zweibrücken
Wiederaufbau:	1947 R. Ostermaier, Calw - Weingarten
	1960 Walter Jung, Pirmasens
Erweiterungen:	1947 - 1949, 1960
Renovierungen:	1963
Beschädigungen:	9.08.1944 zerstört
Sitzplätze:	550
Orgel:	1952 Oberlinger, II/23 mech.

Pirmasens

Name:	Markuskirche
Zugehörigkeit:	Evang., Pirmasens
Anschrift:	Am Sommerwald 98
Baujahr:	1954/55
Architekt:	Max Brunner, Pirmasens
Sitzplätze:	300
Orgel:	1964 Steinmeyer, mech.

Pirmasens - Ruhbank
Zugehörigkeit: Evang., Pirmasens
Baujahr: 1957
Architekt: Hansgeorg Fiebiger, Kaiserslautern
Sitzplätze: 230
Orgel: 1966 Steinmeyer, II/15 (Teilbau I/10), mech.

Pirmasens
Name: Christ König
Zugehörigkeit: Kath., Pirmasens - Pirmasens - Stadt
Anschrift: Lortzingstr. 30
Baujahr: 1968/69
Architekt: Atzberger, Speyer
Renovierungen: 1987
Sitzplätze: 330
Orgel: 1988 Klais, II/24 mech./elek.

Pirmasens
Name: St. Elisabeth
Zugehörigkeit: Kath., Pirmasens - Pirmasens - Stadt
Anschrift: Unterer Sommerwaldweg 44
Baujahr: 1977/78
Architekt: Erwin Lenz, Stuttgart
Sitzplätze: 180 + 330 (erweiterbar)
Orgel: 1980 Zimnol, II/15

Pirmasens
Name: St. Anton
Zugehörigkeit: Kath., Pirmasens - Pirmasens - Stadt
Anschrift: Uhlandstr. 6
Baujahr: 1923 - 1931
Architekt: J. Uhl
Renovierungen: 1971
Beschädigungen: Zerstört 1945
Sitzplätze: 740
Orgel: 1976 Scherpf, III/39 elek.

Pleisweiler - Oberhofen
Zugehörigkeit: Evang., Bad Bergzabern
Baujahr: 1749
Renovierungen: 1954, 1974/76
Sitzplätze: 317
Orgel: 1976 Oberlinger, I/11 mech.

Pirmasens

Name:	St. Pirmin
Zugehörigkeit:	Kath., Pirmasens - Pirmasens - Stadt
Anschrift:	Klosterstr. 7
Baujahr:	1897 - 1900
Architekt:	W. Schulte I und II (Wiederaufbau 1953)
Renovierungen:	1975/76
Beschädigungen:	1945 zerstört
Sitzplätze:	600
Orgel:	1957 Walcker, III/42 elek.

Pleisweiler - Oberhofen

Name:	St. Simon und Judas Thaddäus
Zugehörigkeit:	Kath., Landau - Bad Bergzabern
Baujahr:	1755 Schiff, 12./13.Jh Turm
Architekt:	Franz Wilhelm Rabaliatti
Renovierungen:	1955, 1995
Sitzplätze:	160
Orgel:	1906 Walcker, II/13

Freistehender Turm aus dem 13. Jh, Glockengeschoß und Haube aus dem 18. Jh. Stukkierte Emporenbrüstung, Kanzel und Seitenaltäre im Rokokostil.

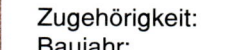

Queichhambach
Zugehörigkeit: Evang., Landau
Baujahr: 1739
Renovierungen: 1965/66 Otto Stahl, Speyer
Beschädigungen: 1622
Sitzplätze: 151
Orgel: 1856 C. Wagner, I/5,
                   Umbau: Oberlinger 1967

Queidersbach
Name: St. Antonius
Zugehörigkeit: Kath., Kaiserslautern - Landstuhl
Baujahr: 1923 - 1925
Architekt: Rudolf von Perignon, Würzburg
Erweiterungen: 1968 (Sohn, Speyer)
Renovierungen: 1984
Sitzplätze: 750
Orgel: 1973 Mayer, II/23 mech./elek.

Quirnbach
Zugehörigkeit: Evang., Kusel
Baujahr: 1777
Renovierungen: 1964
Sitzplätze: 200
Orgel: 1981 Oberlinger, I/9 mech.

Quirnheim
Zugehörigkeit:	Evang., Grünstadt
Baujahr:	Roman. Rundturm 11.Jh, Glockengeschoß 1581, Schiff vermutlich 16. Jh
Renovierungen:	1911, 1963 Fritz Waldherr, Dreisen
Sitzplätze:	80
Orgel:	Elektronisch

Sehenswert: Originale Wendeltreppe im Turm.

Quirnheim
Name:	Mariä Himmelfahrt
Zugehörigkeit:	Kath., Bad Dürkheim - Grünstadt
Baujahr:	1970/71
Architekt:	Bergmann
Sitzplätze:	120
Orgel:	1992 aus Eisenberg erworben, Steinmeyer, I/8, pneum.

Ramberg
Name:	St. Laurentius
Zugehörigkeit:	Kath., Landau - Annweiler
Baujahr:	1833
Architekt:	Wolff, Landau
Renovierungen:	1988
Sitzplätze:	440
Orgel:	1926 Klais, II/17 elek./pneum.

Rokokofiguren: Hl. Laurentius, Hl. Bartholomäus und Muttergottes.

Ramsen

Zugehörigkeit:	Evang., Grünstadt
Baujahr:	1907
Architekt:	Franz Schöberl, Speyer
Renovierungen:	1965/66
Sitzplätze:	300
Orgel:	1953 Oberlinger, II/13
	Umbau: 1991 Owart/Mayer

Rammelsbach

Zugehörigkeit:	Evang., Kusel
Baujahr:	1954
Architekt:	Hansgeorg Fiebiger, Kaiserslautern
Sitzplätze:	250
Orgel:	1959 Oberlinger, I/8 mech.

Ramsen
Name: Mariä Himmelfahrt
Zugehörigkeit: Kath., Bad Dürkheim - Grünstadt
Baujahr: 1912
Architekt: Albert Boßlet
Renovierungen: 1987
Sitzplätze: 400
Orgel: 11947 Sattel, II/19 elek.

Hochaltar mit Marmoreinlagen, versilberter Tabernakel, Barock-Madonna, Jugendstilelemente. Dreischiffige gewölbte Basilika im Heimatstil mit romanischen und barocken Stilelementen. Der Ritter Berthold von Winzingen gründete 1146 das Benediktinerkloster Ramosa, 1477 mit Zisterziensern belegt, danach Verfall.

Rammelsbach
Name: St. Remigius
Zugehörigkeit: Kath., Kusel - Kusel
Baujahr: 1953/54
Architekt: Bischöfliches Bauamt (Schulte II)
Erweiterungen: 1972 Chor umgestaltet
Sitzplätze: 235
Orgel: 1986 Mayer, II/11 mech.

Ramstein

Zugehörigkeit:	Evang., Homburg
Baujahr:	1959
Architekt:	Heinrich Kallmeyer, Kaiserslautern
Sitzplätze:	299
Orgel:	1959 Steinmeyer, I/4 mech.

Ramstein

Name:	St. Nikolaus
Zugehörigkeit:	Kath., Kaisersl.-Ramstein-Bruchmühlbach
Baujahr:	1901 - 1903
Architekt:	Wilhelm Schulte I, Neustadt
Renovierungen:	1972/73
Sitzplätze:	650
Orgel:	1956 Walker, II/27

Neuromanische Basilika mit Querhaus, Westturm mit Rhombendach und quadratischen Treppentürmchen.

Ranschbach

Name:	Maria Heimsuchung
Zugehörigkeit:	Kath., Landau - Landau - Stadt
Baujahr:	1782 Schiff, Spätgot. Turm
Erweiterungen:	1938
Renovierungen:	1982
Sitzplätze:	320
Orgel:	1983 Wehr, II/19 mech./elek.

Hochaltar aus dem Rokoko, klassizistische Kanzel um 1800.

Ransweiler

Zugehörigkeit:	Evang., Rockenhausen
Baujahr:	1767
Architekt:	Philipp Heinrich Hellermann, Zweibrücken
Renovierungen:	1875, 1959/60
Sitzplätze:	350
Orgel:	1847 Wagner, Kaiserslautern, I/13 mech. Umbau: 1961 Oberlinger

Einheitliche Ausstattung aus der Bauzeit. Zusammen mit dem Pfarrhaus und Pfarrhof eine in sich geschlossene Anlage, die im Luftbild besonders zur Geltung kommt.

Rathskirchen

Zugehörigkeit:	Evang., Rockenhausen
Baujahr:	1911/12
Architekt:	Dünnbier, Kaiserslautern
Sitzplätze:	198
Orgel:	1912 Walcker, I/7 pneum.

Saal mit Holztonne und umlaufenden Emporen, Türschlußstein von der älteren Kirche mit Datum 1753 in der Mauer des Langhauses. Viele Jugendstilelemente (Empore, Kanzel, Chorgestühl). Buntglasfenster von Johann Kriebitzsch.

Rechtenbach

Name:	St. Sebastian
Zugehörigkeit:	Kath., Landau - Bad Bergzabern
Baujahr:	1963
Architekt:	A. J. Peter, Landau
Renovierungen:	1990
Sitzplätze:	375
Orgel:	Elektronisch 1973

Zwei Holzstatuen: Hl. Sebastian und Muttergottes.

Rechtenbach
Zugehörigkeit:	Evang., Bad Bergzabern
Baujahr:	Langhaus 1764, Turm 19. Jh
Renovierungen:	1929/30, 1962/63 Otto Hahn, Schifferstadt
Sitzplätze:	344
Orgel:	1971/84 Ott, II/18 mech.

Rehborn
Zugehörigkeit:	Evang., Obermoschel
Baujahr:	1768 Langhaus, Wehrturm 13. Jh
Architekt:	Philipp Heinrich Hellermann, Zweibrücken
Renovierungen:	1953
Sitzplätze:	325
Orgel:	1859 Carl Wagner, Kaiserslautern, mech. Umbau: Oberlinger 1975

Gotische Glocke von 1454 im Turm. Einheitliche Ausstattung aus der Bauzeit. Sehenswert: Wehrgang, Zinnenkreuz, Wasser- und Pechnasen.

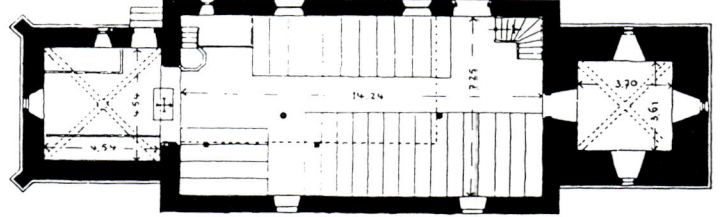

Reichenbach - Steegen
Zugehörigkeit:	Evang., Otterbach
Baujahr:	13. Jh, Schiff im 18. Jh verändert
Renovierungen:	1949 - 1959
Sitzplätze:	242
Orgel:	1887 Stumm, mech., Restaur. 1990 Vier

Im Chor Wandmalereien aus dem 13. Jh, auf dem Altar ein Bronzekreuz von Hellmut Lange, Höningen.

Reichenbach - Steegen
Name: Maria Lichtmeß
Zugehörigkeit: Kath., Kusel - Kusel
Baujahr: 1882/83
Architekt: Josef Hoffmann
Renovierungen: 1966, 1989
Sitzplätze: 420
Orgel: 1901 Weigle, II/15 pneum.
Umbau: Zimnol

Madonnafigur von 1440.

Reichenbrunn
Name: St. Chrodegang
Zugehörigkeit: Kath., Saarpfalz - St. Ingbert
Baujahr: 1966
Architekt: Schulte II
Sitzplätze: 120
Orgel: 1906 Walcker, 6 Register pneum.
stammt aus Mittelbrunn

Reifenberg
Name: St. Wendelin
Zugehörigkeit: Kath., Pirmasens - Waldfischbach - Burgalben
Baujahr: 1847
Architekt: Roschy, Zweibrücken
Renovierungen: 1984
Sitzplätze: 460
Orgel: 1953 Späth, II/30

Reiffelbach
Zugehörigkeit:	Evang., Lauterecken
Baujahr:	1847
Renovierungen:	1937/38, 1958, 1963, 1987
Sitzplätze:	200
Orgel:	1969 Oberlinger, I/5 mech.

Reinheim
Name:	St. Markus
Zugehörigkeit:	Kath., Saarpfalz - Gersheim
Baujahr:	1790 Schiff, 12. Jh Turm
Wiederaufbau:	Peter Reheis / Hans Petrall
Renovierungen:	1953 - 1956, 1966-67
Beschädigungen:	1944
Sitzplätze:	260
Orgel:	1966 Mayer, II/17

Sehenswerte Barockausstattung: Hochaltar, Seitenaltar, Kanzel, Beichtstühle, Kommunionbank. Taufstein 19. Jh. Besonders eindrucksvoll ist die Kanzel mit Kanzelkorb, Reliefs, Schalldeckel und Kanzelrückwand.

Remigiusberg
Name:	St. Remigius
Zugehörigkeit:	Kath., Kusel - Kusel
Baujahr:	1124
Erweiterungen:	1300 des Chores
Renovierungen:	1833, 1966/67
Sitzplätze:	132
Orgel:	1930 Sattel, I/6

Auf dem Remigiusberg wurde 1124 eine Benediktinerpropstei gegründet, die bis 1526 bestand. Die Klosterkirche war ursprünglich eine dreischiffige Pfeilerbasilika. Um 1300 wurde der Chor erweitert, das Langhaus verkürzt. Noch zu sehen sind: Turm, Chorquadrat, Vierungsbögen (zugemauert) und das Mittelschiff auf drei Joche verkürzt.

Reipoltskirchen

Name:	St. Johannes Nepomuk
Zugehörigkeit:	Kath., Kusel - Kusel
Baujahr:	1847 - 1879
Renovierungen:	1988
Sitzplätze:	258
Orgel:	1939 Sattel, II/8 elek./pneum.

Reuschbach

Name:	St. Barbara
Zugehörigkeit:	Kath., Kaiserslautern-Ramstein-Bruchmühlbach
Baujahr:	1959
Architekt:	Bischöfliches Bauamt (Beuerlein)
Renovierungen:	1985 - 1988
Sitzplätze:	255
Orgel:	Elektronisch

Rheinzabern

Name:	St. Michael
Zugehörigkeit:	Kath., Germersheim - Kandel
Baujahr:	1777 Saalbau mit Chor, Turm spätgotisch
Architekt:	J. N. Schwartz, Bruchsal
Sitzplätze:	610
Orgel:	1970 Scherpf, II/23

Einrichtung frühklassizistisch (Kanzel, Orgel, Altäre) und im Rokokostil (Beichtstühle und Gestühl).

Rhodt

Zugehörigkeit:	Evang., Landau
Baujahr:	1465 Turm, Kirche 1720-22
Renovierungen:	1962 - 1964 Otto Hahn, Schifferstadt
Sitzplätze:	529
Orgel:	1971 Oberlinger, II/19 mech.

Sehenswert: Altarbild mit gewundenen Säulen von Adolf Kessler. Barocke Kanzel mit Schalldeckel und Pelikanmotiv, Taufstein um 1600.

Riedelberg

Name:	St. Maria
Zugehörigkeit:	Kath., Pirmasens - Zweibrücken
Baujahr:	1952
Architekt:	Bischöfl. Bauamt (W. Schulte II)
Sitzplätze:	220
Orgel:	1974 Späth, I/3 mech.

Rieschweiler
Zugehörigkeit: Evang., Zweibrücken
Baujahr: 1904/05
Architekt: Ludwig Stempel, München
 und Fischer, Saarbrücken
Renovierungen: 1945 - 1965
Beschädigungen: 1944
Sitzplätze: 380
Orgel: 1905 Steinmeyer, II/13 mech.

Rieschweiler - Mühlbach
Zugehörigkeit: Evang., Pirmasens
Baujahr: 1957
Architekt: Martin, Pirmasens
Sitzplätze: 80
Orgel: Kleinorgel 1958 Walcker, I/4

Rimschweiler
Name: Matthäuskirche
Zugehörigkeit: Evang., Zweibrücken
Baujahr: 1964 - 1966
Architekt: Ernst Krauss, Zweibrücken
Sitzplätze: 301
Orgel: 1982 Streichert, II/15 mech., unvollendet

Rimschweiler
Name: St. Johann Vianney
Zugehörigkeit: Kath., Pirmasens - Zweibrücken
Baujahr: 1966
Architekt: Peter, Landau
Renovierungen: 1990
Sitzplätze: 200
Orgel: Elektronisch, 4 Register, 1973

Rinnthal
Zugehörigkeit: Evang., Landau
Baujahr: 1831 - 1834
Architekt: Daniel Ohlmüller, München
Renovierungen: 1959 - 1962
Sitzplätze: 408
Orgel: 1920 Walcker, II/14 pneum.(nicht benutzt, eine elektronische Orgel wird benutzt).

Klassizistische Fassade, tempelähnliche Vorhalle mit vier ionischen Säulen. Die oft wiederholte Geschichte, daß die Architekturpläne vertauscht wurden, entspricht nicht der Wahrheit.

Rittersheim
Zugehörigkeit: Evang., Kirchheimbolanden
Baujahr: 1857
Renovierungen: 1857, 1901, 1952, 1972
Beschädigungen: Im Zweiten Weltkrieg
Sitzplätze: 226
Orgel: 1845 Engers, I/12 mech., Umbau: Walcker

Rockenhausen
Name: St. Sebastian
Zugehörigkeit: Kath., Donnersberg - Rockenhausen
Baujahr: 1917
Architekt: Rudolf von Perignon
Sitzplätze: 365
Orgel: 1936 Sattel, II/30

Basilika im Heimatstil mit romanischen und barocken Stilelementen. Kassettierte Holzdecke im Mittelschiff, Quertonnen in den Seitenschiffen; Heiligenfiguren aus Holz; Altarziborium.

Rockenhausen
Zugehörigkeit: Evang., Rockenhausen
Baujahr: 1525 Turm, 1785 Langhaus
Architekt: Franz Wilhelm Rabaliatti
Renovierungen: 1901/02, 1957
Sitzplätze: 500
Orgel: 1980/81 Schmidt, Gelnhausen, II/20

Reiche Schnitzereien an Kanzel, Pfarrstuhl und Orgelprospekt. Grabplatte des Philipp Camerarius (1613).

Rodalben

Name:	Nativitas Beata Maria Virgo
Zugehörigkeit:	Kath., Pirmasens - Rodalben
Baujahr:	1340
Erweiterungen:	1732 - 1735, Vorhalle mit Türmen 1886
Renovierungen:	1979/80
Beschädigungen:	1944/45
Sitzplätze:	430
Orgel:	9 Register, Firma Klais, 1904 (1982 gebraucht gekauft von der Pfarrei St. Sebastian Silz), II/9 pneum.

Hochaltar aus dem 18. Jh, Kanzel und Gestühl um 1780. Steinerne Immaculata in der Vorhalle (18. Jh). Gotische Wandmalereien wurden 1954 freigelegt.

Rodalben

Zugehörigkeit:	Evang., Pirmasens
Baujahr:	1927 - 1930
Architekt:	Friedrich Larouette, Frankenthal
Renovierungen:	1964/65 Heinrich Kallmeyer, Kaiserslautern
Beschädigungen:	2. 02. 1964 durch Brand
Sitzplätze:	184
Orgel:	1967 Zimnol (?)

Rodalben
Name: Seliger Bernhard von Baden
Zugehörigkeit: Kath., Pirmasens - Rodalben
Baujahr: 1968 - 1970
Architekt: Atzberger
Renovierungen: 1984
Sitzplätze: 500
Orgel: 1969/70 Mayer, II/19 mech./elek.

Rodalben
Name: St. Josef
Zugehörigkeit: Kath., Pirmasens - Rodalben
Baujahr: 1929/30
Architekt: Richard Steidle
Renovierungen: 1986
Sitzplätze: 900
Orgel: 1949 Sattel, III/36 elek.

Rodalben
Name: St. Pius Horberg
Zugehörigkeit: Kath., Pirmasens - Rodalben
Baujahr: 1966/67
Architekt: Fertigteilbau: Fa. Josef Hebel
Sitzplätze: 400
Orgel: 1968 Mayer, I/6

Rodenbach / Grünstadt

Zugehörigkeit:	Evang., Kirchheimbolanden
Baujahr:	Kirchenschiff und Chor 17. Jh, Langhaus 1684 verändert, Wehrturm Anfang 16. Jh.
Renovierungen:	1913/14, 1957/58, 1975
Sitzplätze:	75
Orgel:	1965 Oberlinger, I/8

Tierköpfe am romanischen Turm. Wehrplattform und Zinnenkranz wurden dem Turm in spätgot. Zeit aufgesetzt. Taufstein um 1500.

Rodenbach / Grünstadt

Name:	St. Barbara
Zugehörigkeit:	Kath., Bad Dürkheim - Grünstadt
Baujahr:	1965/66
Sitzplätze:	184
Orgel:	11 Register, Paul Sattel.

Rodenbach / Kaiserslautern

Zugehörigkeit:	Evang., Otterbach
Baujahr:	1959
Architekt:	Hansgeorg Fiebiger, Kaiserslautern
Sitzplätze:	300
Orgel:	1969 Oberlinger, II/15 mech.

Rodenbach / Kaiserslautern

Name:	Herz Jesu
Zugehörigkeit:	Kath., Kaiserslautern - Otterbach
Baujahr:	1963 - 1965
Architekt:	Forcht und Helfrich, Neustadt
Sitzplätze:	400
Orgel:	1980 Ott, II/15 mech.

Rödersheim

Name:	St. Leo
Zugehörigkeit:	Kath., Speyer - Mutterstadt
Baujahr:	1739
Architekt:	1739 Christoph Rief, 1907 Wilhelm Schulte I
Erweiterungen:	1907 Turm, 1925 Empore (1974 vergrößert)
Renovierungen:	1989
Sitzplätze:	600
Orgel:	1974 Wehr, II/18 elek.

Spätbarocker Hochaltar von 1784, Seitenaltäre von 1839, Kanzel frühklassizistisch.

Rohrbach bei Landau

Name:	St. Michael (Simultankirche)
Zugehörigkeit:	Evang., Bad Bergzabern und kath.
Baujahr:	1484 - 1513, Veränderungen 1635
Sitzplätze:	310
Orgel:	1751 Hartung, Restaur. 1995 Vier, I/14

Kanzel aus dem 17. Jh, Hochaltar und Seitenaltar in Kapelle aus dem 18. Jh.

Rohrbach / Saar

Zugehörigkeit:	Evang., Homburg
Baujahr:	1936/37
Architekt:	O. Reul, St. Ingbert
Beschädigungen:	1.1.1953 Brand
Sitzplätze:	250
Orgel:	1954 Hintz, II/15 mech.

In Erinnerung an den Sieg von Blücher 1793 über die Franzosen wurde die Kirche nach der Rückgliederung des Saarlandes als „Saardankkirche" bezeichnet.

Rohrbach / Saar

Name:	St. Johannes
Zugehörigkeit:	Kath., Saarpfalz - St. Ingbert
Baujahr:	1891
Architekt:	Barth, Kaiserslautern
Renovierungen:	1980
Sitzplätze:	540
Orgel:	1912 Klais, II/26, Umbau: Klais 1980

Rohrbach / Saar
Name:	St. Konrad
Zugehörigkeit:	Kath., Saarpfalz - St. Ingbert
Baujahr:	1957/58
Architekt:	Schulte II
Renovierungen:	1984
Sitzplätze:	550
Orgel:	1975 Koenig, Sarre-Union, III/42, mech./elek.

Rohrbach - Wartenberg
Zugehörigkeit:	Evang., Winnweiler
Baujahr:	Westhälfte 13. Jh, Osthälfte 1746
Renovierungen:	1948, 1954 1970
Sitzplätze:	288
Orgel:	1884 Mayer, I/9 mech.

Romanische Wandmalereien wurden 1970 freigelegt. Ursprünglich Kapelle 12. Jh, 1740 erweitert. Im Mittelbau zwei Rundbogenfenster auf der Nordseite.

Roschbach
Name:	St. Sebastian
Zugehörigkeit:	Kath., Landau - Edenkoben
Baujahr:	1302, 1742 neu erbaut, 1936 neu erbaut
Architekt:	A. Boßlet und K. Lochner 1936
Renovierungen:	1984 Chorraum neu gestaltet
Sitzplätze:	370
Orgel:	1913 Kämmerer, II/15

Barockes Taufbecken, Sakramentsschrein um 1500, Hochaltar mit vier Säulen, zwei Seitenaltäre mit Plastiken und Gemälden, Kanzel mit Schalldeckel und Michaelsfigur.

Rosenthalerhof

Name: Klosterruine Rosenthalerhof
Zugehörigkeit: Kath., Kirchheimbolanden
Baujahr: 1241

Ehemaliges Zisterzienserkloster, im Mittelalter sehr bedeutendes pfälzisches Frauenkloster, 1460 und 1525 verwüstet. Seit Anfang des 19. Jh sind die Klostergebäude in Privatbesitz und werden landwirtschaftlich genutzt. Noch erhalten sind: Umfassungsmauern des Langhauses, spätgotisches Türmchen mit Helm, frühgotisches Kleeblatt-Bogenportal in der Westwand, mehrere Grabsteine von Äbtissinnen.

Rothselberg

Zugehörigkeit: Evang., Lauterecken
Baujahr: Kirche im Kern roman., 1787 umgebaut
Renovierungen: 1976
Sitzplätze: 220
Orgel: 1984 von Beckerath, I/9 mech.

Wandmalereien 1976 freigelegt (14. Jh), Kanzel aus dem 16. Jh.

Roxheim
Zugehörigkeit: Evang., Frankenthal
Baujahr: 1897/98
Architekt: Franz Schöberl, Speyer
Sitzplätze: 174
Orgel: 1963 Oberlinger, mech.

Glasfenster von A. Koob (München, 1898).

Roxheim
Name: St. Maria Magdalena
Zugehörigkeit: Kath., Speyer - Frankenthal
Baujahr: 1833/34 Bernhard Spatz, Speyer
Architekt: Albert Boßlet: 1953 Querhaus und Apsis
Erweiterungen: 1865 dreiseitiger Chor mit Sakristei
Renovierungen: 1975 innen, 1986 außen
Sitzplätze: 510
Orgel: 1979 Kuhn, III/34

Kruzifix und Figur des Hl. Sebastian von 1860.

Rubenheim
Name: St. Mauritius
Zugehörigkeit: Kath., Saarpfalz - Gersheim
Baujahr: 900, Turm 11. Jh
Architekt: 1895 Schulte I Choranbau
1948 Boßlet Wiederaufbau
Erweiterungen: 1750 - 1770 von Eltz
1895 Anbau eines neuromanischen Chors von Schulte I, 1927 Seitenschiff
Renovierungen: 1984
Beschädigungen: Im Krieg 1944/45
Sitzplätze: 490
Orgel: 1955 Späth, II/24

Zahlreiche Holzstatuen aus dem 18. Jh.

Ruchheim

Zugehörigkeit:	Evang., Speyer
Baujahr:	1833/34
Architekt:	Foltz, Speyer
Renovierungen:	1949, 1950 - 1952 Max Walter
Sitzplätze:	394
Orgel:	1874 Walcker, II/12 mech.

Ruchheim

Name:	St. Cyriakus
Zugehörigkeit:	Kath., Ludwigshafen
Baujahr:	1772
Erweiterungen:	1962-65 Sakristei angebaut
Renovierungen:	1988
Sitzplätze:	140
Orgel:	ca. 1800 Geib, I/8

Sehenswert die Innenausstattung im Rokokostil, Holzfiguren des Hl. Cyriakus und Madonna, Hochaltar mit Kreuzigungsgruppe.

Rudolfskirchen

Zugehörigkeit:	Evang., Rockenhausen
Baujahr:	1767
Sitzplätze:	175
Orgel:	1994 Link, I/13 mech.

Rumbach

Zugehörigkeit:	Evang., Pirmasens
Baujahr:	14. Jh Chorturm und Schiff, 1731 verändert
Renovierungen:	1970 Scheid, Heuchelheim
Sitzplätze:	230
Orgel:	1952/59 Kemper, Lübeck, II/12
	Umbau: Lötzerich 1985

Wandmalereien 1957 freigelegt. Kruzifix um 1400, Apostelfiguren neben der Kanzel, Chornische mit Figuren und Ornamenten.

Rülzheim

Name:	St. Mauritius
Zugehörigkeit:	Kath., Germersheim - Rülzheim
Baujahr:	1767 Schiff, 1845 Turm (Unterbau 1498)
Sitzplätze:	838
Orgel:	1955 Walcker, III/30, Restaur. 1987 Kuhn

Originalausstattung von 1767: Gestühl, Kanzel mit Reliefs, Beichtstühle, Gemälde des Hl. Mauritius.

Ruppertsberg
Name: St. Martin
Zugehörigkeit: Kath., Bad Dürkheim - Deidesheim
Baujahr: 1350
Erweiterungen: 1500 und 1566, 1794 zerstört,
1810 notdürftig repariert,
1860 nach Ost und West (Turm).
Sitzplätze: 330
Orgel: 1967 Mayer, II/20 mech.
Umbau: 1978 Kuhn

Sehenswerte Steinkanzel aus dem 16. Jh mit Muttergottes, Heiligen- und Baldachinfiguren.

Ruppertsecken
Name: Mariä Himmelfahrt
Zugehörigkeit: Kath., Donnersberg - Rockenhausen
Baujahr: 1857
Renovierungen: 1985/86
Sitzplätze: 115
Orgel: 1943 Sattel, II/7 pneum.

Ruppertsweiler
Zugehörigkeit: Evang., Pirmasens
Baujahr: 1895/96
Architekt: Oberste Baubehörde, München
Renovierungen: 1961
Sitzplätze: 211
Orgel: 1974 Oberlinger

Rüssingen

Zugehörigkeit:	Evang., Kirchheimbolanden
Baujahr:	Turm und Langhaus 11. Jh, Chor 1770 verändert
Sitzplätze:	140
Orgel:	1878 Walcker, I/6 mech., Umbau: Oberlinger

Sehenswert: Der Türsturz des Südportals (Drachentöter-Motiv), das Original ist im Histor. Museum in Speyer. Die Szenen aus der germanischen Mythologie sind einmalig in Deutschland (Löwe mit Menschengesicht, geflügelter Drache: Fenriswolf, Drachentöter).

Rüssingen

Name:	St. Martin
Zugehörigkeit:	Kath., Donnersberg - Kirchheimbolanden
Baujahr:	1972/73
Architekt:	Alois Atzberger, Speyer
Sitzplätze:	80
Orgel:	Elektronisch 1974

Rutsweiler (Wolfstein)

Name:	Zweikirche
Zugehörigkeit:	Evang., Lauterecken
Baujahr:	11. Jh, heutige Form 14./15. Jh
Renovierungen:	1964/65
Beschädigungen:	1945
Sitzplätze:	150
Orgel:	1958 Oberlinger, I/7 mech.

Hochgotischer Chor, romanisches Schiff, roman.-got. Turm .1964 wurden Wandmalereien im Langhaus freigelegt (14./15. Jh). Zwei Glocken 1463 und 1464.

Sand

Name:	Heilig Geist
Zugehörigkeit:	Kath., Kusel - Schönenberg - Kübelberg
Baujahr:	1969/70
Architekt:	Günter Schuck, Schönenberg
Renovierungen:	1986
Sitzplätze:	320
Orgel:	1983/84 Zimnol, II/11

Sausenheim

Name:	St. Stephanus
Zugehörigkeit:	Kath., Bad Dürkheim - Grünstadt
Baujahr:	12. Jh Turmuntergeschoß, 1888 Langhaus
Sitzplätze:	136
Orgel:	1888 Mayer, I/7, Umbau: 1901 Kämmerer

Hochaltar von 1728, Heiligenfiguren aus dem 14. Jh. Chor und Sakristei aus dem 14. Jh.

Sausenheim

Name:	Peterskirche
Zugehörigkeit:	Evang., Grünstadt
Baujahr:	1724
Erweiterungen:	1836 Turm
Renovierungen:	1954
Sitzplätze:	206
Orgel:	1924 Poppe, II/10 pneum., Umbau: 1952 Zimnol

Taufstein um 1500 (vier Löwen), mehrere Gemälde von Johann Schlesinger.

Schaidt
Name:	St. Leo
Zugehörigkeit:	Kath., Germersheim - Wörth
Baujahr:	1480 Chor und Turm, 1743 Langhaus
Renovierungen:	1969/70 Sohn, Speyer
Sitzplätze:	640
Orgel:	1972 Wehr, II/18 mech.

Gemälde aus dem 18. Jh, ebenso Kanzel und Beichtstühle. Sakramentsnische im Chor.

Schallodenbach
Name:	St. Laurentius
Zugehörigkeit:	Kath., Kaiserslautern - Otterbach
Baujahr:	1882
Architekt:	Franz Schöberl, W. Schulte I
Renovierungen:	1962
Sitzplätze:	385
Orgel:	1981 Ott, II/18(15)

Schauernheim
Name:	Melanchtonkirche
Zugehörigkeit:	Evang., Speyer
Baujahr:	1824
Architekt:	1824 Samuel Schwarze. Architekt des Wiederaufbaues und der Erweiterung: Otto Stahl, Speyer
Beschädigungen:	8. 08. 1943
Sitzplätze:	278
Orgel:	1968 Oberlinger, I/8

Schauernheim
Name: St. Caecilia
Zugehörigkeit: Kath., Speyer - Mutterstadt
Baujahr: 1729
Sitzplätze: 97
Orgel: 1985/86 E. Hammer, Hemmingen, I/7 mech.

Kleines Kruzifix von 1730, Figur des Hl. Franziskus (18. Jh).

Scheibenhardt
Name: St. Ludwig
Zugehörigkeit: Kath., Germersheim - Wörth
Baujahr: 1930/31
Architekt: Schönwetter und Schaltenbrand
Sitzplätze: 345
Orgel: 1959/60 Wehr, II/18

Schiersfeld
Zugehörigkeit: Evang., Obermoschel
Baujahr: 1760/61
Architekt: Philipp Heinrich Hellermann
Erweiterungen: 1762 Turm
Renovierungen: 1964/65
Sitzplätze: 140
Orgel: 1877 Schlimbach, I/7, Umbau: Oberlinger

Schifferstadt

Name:	Gustav-Adolf-Kirche
Zugehörigkeit:	Evang., Speyer
Baujahr:	1953/54
Architekt:	Karl Sturm und A. Rosenkranz, Schifferstadt, mit Otto Stahl, Speyer
Sitzplätze:	450
Orgel:	1960 Sattel, II/22 elek.

Turm ist als freistehender Campanile gebaut, aber durch einen Gang mit der Kirche verbunden. Chormalereien von Rolf Müller-Landau.

Schifferstadt

Name:	Lutherkirche
Zugehörigkeit:	Evang., Speyer
Baujahr:	1683
Renovierungen:	1961, 1970
Beschädigungen:	1944
Sitzplätze:	170
Orgel:	1864 Schlimbach, I/8, Restaur. Vleugels

Schifferstadt

Name:	St. Jakobus
Zugehörigkeit:	Kath., Speyer - Schifferstadt
Baujahr:	1618 - 1621, 1854 - 1860 erweitert
Architekt:	Foltz und Voit
Renovierungen:	1940, 1953, 1965, 1983
Sitzplätze:	995
Orgel:	1953 Sattel, III/39
	Truhenorgel Oberlinger, I/6

Sehenswert: Barocke Madonna um 1700, Holzfigur des Hl. Jakobus (18. Jh) und des Hl. Sebastian (19. Jh).

Schifferstadt

Name:	Herz Jesu
Zugehörigkeit:	Kath., Speyer - Schifferstadt
Baujahr:	1960/61
Architekt:	W. Schulte II
Renovierungen:	1990/91
Sitzplätze:	570
Orgel:	1965 Wehr, II/25 mech./elek.

Schifferstadt

Name:	St. Laurentius
Zugehörigkeit:	Kath., Speyer - Speyer
Baujahr:	1928
Architekt:	A. Boßlet
Renovierungen:	1981/82
Sitzplätze:	524
Orgel:	1953 Sattel, III/35

Holztonnen-Decke, Kruzifix-Korpus um 1520.

Schmalenberg
Zugehörigkeit: Evang., Pirmasens
Baujahr: 12. Jh / 13. Jh Chorturm, 1837 Schiff
Renovierungen: 1953 Hansgeorg Fiebiger, Kaiserslautern
Sitzplätze: 340
Orgel: 1906 Poppe , II/16 pneum.
Umbau: 1954 Walcker

Empore auf Steinsäulen, Kanzel aus dem 18. Jh.

Schindhard
Name: St. Antonius
Zugehörigkeit: Kath., Pirmasens - Dahn
Baujahr: 1928
Architekt: Rudolf Perignon
Renovierungen: 1989/90
Sitzplätze: 200
Orgel: 1954 Walcker, II/15

Schmittweiler
Zugehörigkeit: Evang., Obermoschel
Baujahr: 1742
Renovierungen: 1962/63 Lücking, Meisenheim
Sitzplätze: 112

Schmittweiler
Name: St. Hildegard
Zugehörigkeit: Kath., Donnersberg - Rockenhausen
Baujahr: 1930
Architekt: A. Boßlet
Renovierungen: 1985/86
Sitzplätze: 80
Orgel: 1994 Mayer, II/7 mech.

Schneckenhausen
Name: St. Wendelinus
Zugehörigkeit: Kath., Kaiserslautern - Otterbach
Baujahr: 1843
Architekt: August von Voit
Erweiterungen: 1883
Sitzplätze: 180
Orgel: 1937 Sattel, II/19 elek./pneum.

Hochaltar von 1770.

Schönau
Name: St. Michael
Zugehörigkeit: Kath., Pirmasens - Dahn
Baujahr: 1840/41
Architekt: August von Voit
Renovierungen: 1984 - 1986
Beschädigungen: Im 2. Weltkrieg, 1946-51 Wiederaufbau
Sitzplätze: 270
Orgel: 1936 Späth, II/14 pneum.

Typischer Landkirchenbau des 19. Jh, fünfachsiger Saal, rechteckiger Chor, Fassadenturm. Altäre aus dem 18.Jh aus Kloster Stürzelbronn.

Schönau
Zugehörigkeit: Evang., Pirmasens
Baujahr: 1764 - 1768
Architekt: Hellermann, Zweibrücken
Renovierungen: 1819
Beschädigungen: 1793
Sitzplätze: 230
Orgel: 1971 Oberlinger, II/16 mech.

Schönenberg

Zugehörigkeit:	Evang., Homburg
Baujahr:	1970
Architekt:	Folker Fiebiger, Kaiserslautern
Sitzplätze:	300
Orgel:	1960 Oberlinger, I/8 elek. übernommen aus der alten Kirche

Schopp

Zugehörigkeit:	Evang., Pirmasens
Baujahr:	1963
Architekt:	Max Brunner, Pirmasens
Sitzplätze:	200
Orgel:	1993 Wilbrand, II/15 mech.

Schopp

Name:	St. Bonifatius
Zugehörigkeit:	Kath., Kaiserslautern - Landstuhl
Baujahr:	1969
Architekt:	Bischöfliches Bauamt
Renovierungen:	1989
Sitzplätze:	175
Orgel:	1982 Zimnol, II/9

Schwanheim
Name: St. Hubertus
Zugehörigkeit: Kath., Pirmasens - Dahn
Baujahr: 1753
Architekt: Albert Boßlet 1927 Verlängerung
Erweiterungen: 1929, 1979
Renovierungen: 1979
Sitzplätze: 360
Orgel: 1992/93 Oehms, Trier, II/16 mech.

Schwarzenacker
Name: Christuskirche
Zugehörigkeit: Evang., Homburg
Baujahr: 1958
Architekt: Bauabteilung Landeskirchenrat, Speyer (Richard Hummel)
Sitzplätze: 305
Orgel: 1988 Reusch, III/19 mech.

Schwedelbach
Zugehörigkeit: Evang., Otterbach
Baujahr: 1950
Architekt: Eckhardt, Schwedelbach
Sitzplätze: 200
Orgel: 1980 Zimnol, I/6 mech.

Schwarzenacker

Name:	Mariä Geburt
Zugehörigkeit:	Kath., Saarpfalz - Homburg
Baujahr:	1961/62
Architekt:	Günter Helfrich, Schwetzingen
Sitzplätze:	360
Orgel:	Elektronisch, von Dereux, 1961

Schwedelbach

Name:	St. Johannes Bapt.
Zugehörigkeit:	Kath., Kaiserslautern - Otterbach
Baujahr:	1930
Architekt:	H. Seeberger, Kaiserslautern
Renovierungen:	1981
Sitzplätze:	145
Orgel:	1987 Zimnol, I/6

Schwegenheim
Zugehörigkeit: Evang., Germersheim
Baujahr: 1751
Architekt: Inspektor Bernhard, August von Voit
Erweiterungen: 1837 verlängert, 1820 Turm
Sitzplätze: 710
Orgel: 1972/76 Oberlinger, II/20
Prospekt: 1853 Schlimbach

Schwegenheim
Name: St. Bartholomäus
Zugehörigkeit: Kath., Germersheim - Germersheim
Baujahr: 1957
Architekt: Eugen Beuerlein (Bischöfliches Bauamt)
Sitzplätze: 200
Orgel: Schlimbach, I/13 mech., aus Ramstein

Schweigen
Zugehörigkeit: Evang., Bad Bergzabern
Baujahr: 1758/59
Renovierungen: 1960/61 Otto Hahn, Schifferstadt
Sitzplätze: 283
Orgel: 1962 Oberlinger, II/15 mech.

Schweighofen

Name:	St. Laurentius
Zugehörigkeit:	Kath., Landau - Bad Bergzabern
Baujahr:	1893/94
Architekt:	Steller, Hagenau
Renovierungen:	1947 Wiederaufbau W. Schulte II
Beschädigungen:	Im Zweiten Weltkrieg
Sitzplätze:	330
Orgel:	1954 Späth, II/18

Schweisweiler

Name:	St. Ägidius
Zugehörigkeit:	Kath., Donnersberg - Rockenhausen
Baujahr:	1740
Renovierungen:	1988 - 1990
Sitzplätze:	110
Orgel:	1961 Zimnol, I/7, Erweiterung: 1994 Zimnol

Ausstattung aus der Erbauungszeit: Gestühl, Hochaltar mit Baldachin, Immaculata. 1960 mehrere Gemälde freigelegt.

Schweix
Name:	Mariä Heimsuchung
Zugehörigkeit:	Kath., Pirmasens-Pirmasens-Land
Baujahr:	1805
Erweiterungen:	1862 Turm
Renovierungen:	1985
Beschädigungen:	Im Krieg 1944, 1949 Wiederaufbau
Sitzplätze:	130
Orgel:	1983 Zimnol, I/5

Immaculata aus dem 18. Jh.

Sembach
Zugehörigkeit:	Evang., Winnweiler
Baujahr:	1773
Renovierungen:	1952, 1989 Martin Vogel, Godramstein
Sitzplätze:	226
Orgel:	1846 Voit, I/13 mech., Restaur. 1996 Vier

Siebeldingen
Name:	Siebeldingen, St. Quintin (Simultankirche)
Zugehörigkeit:	Evang. und kath., Landau
Baujahr:	Schiff und Chorturm um 1300
Erweiterungen:	um 1500 erweitert
Sitzplätze:	280
Orgel:	1954/55 Oberlinger, I/9 pneum.

Silz
Name: St. Sebastian
Zugehörigkeit: Kath., Landau - Annweiler
Baujahr: 1978 - 1980
Architekt: K. H. Neumann
Sitzplätze: 250
Orgel: 1981 Kuhn, II/16

Sippersfeld
Zugehörigkeit: Evang., Winnweiler
Baujahr: 1296 Chorturm, 1768 Langhaus
Renovierungen: 1768, 1903, 1956/57 Fritz Waldherr, Dreisen
Beschädigungen: Im Krieg
Sitzplätze: 240
Orgel: 1922 Poppe, pneum.
Umbau: 1953/54 Oberlinger, II/13

Barocker Sandsteinaltar, eichene Kanzel mit Schalldeckel und Pelikan.

Sippersfeld
Name: St. Sebastian
Zugehörigkeit: Kath., Donnersberg - Rockenhausen
Baujahr: 1967
Architekt: W. Schulte II
Sitzplätze: 80
Orgel: 1975 Streichert, Göttingen, I/5

Sitters
Zugehörigkeit: Evang., Obermoschel
Baujahr: 1846 - 1848, Turm 1888
Renovierungen: 1964/65
Sitzplätze: 115
Orgel: 1860 Carl Wagner, Kaiserslautern, I/8
Restaur. Kuhn

Interessante Grabsteine (der Großvater von Gernot Rumpf liegt hier begraben).

Sondernheim
Zugehörigkeit: Evang., Germersheim
Baujahr: 1953/54
Architekt: Wilhelm Ecker, Landau
Sitzplätze: 160
Orgel: 1955 Oberlinger, I/7 mech.

Speyer (oben rechts)
Name: Christus-Kirche
Zugehörigkeit: Evang., Speyer
Anschrift: Am Anger 5
Baujahr: 1962 - 1964
Architekt: Egon Freyer, Speyer
Sitzplätze: 380 - 530
Orgel: 1995 Scherpf, III/21 mech. (Leihorgel)

Sondernheim
Name: St. Johannes der Täufer
Zugehörigkeit: Kath., Germersheim - Kandel
Baujahr: 1869
Architekt: Knorr und Feil
Sitzplätze: 360
Orgel: 1980 Kuhn, II/19

Spesbach
Zugehörigkeit: Evang., Homburg
Baujahr: 1746 - 1748 Schiff, 13. Jh Turm
Renovierungen: 1953/54, 1965/66
Sitzplätze: 301
Orgel: 1957 Steinmeyer, mech.

Überblick Speyer: Vorn in der Mitte St. Joseph, rechts daneben die Gedächtniskirche, im Hintergrund der Dom.

Speyer
Name: Dreifaltigkeitskirche
Zugehörigkeit: Evang., Speyer
Anschrift: Am Holzmarkt 1
Baujahr: 1701 - 1717
Architekt: Johann Peter Graber, Mannheim
Renovierungen: 1891, 1929, 1967, 1988
Sitzplätze: 1600
Orgel: 1929 Steinmeyer, III/44 elek.
Umbau: 1951 Oberlinger

Malereien an den Emporenbrüstungen von Johann Christoph Guthbier (1714-16). Altartafel von Johannes Bessemer (1705), Kanzel mit reich geschnitztem Deckel. Dreiteilige Fassade mit verziertem Volutengiebel (1891 Heinrich Jester), spätbarockes Säulenportal.
Die Dreifaltigkeitskirche ist ein bedeutsames Beispiel des spätbarocken prot. Kirchenbaus mit weitgehend erhaltener Ausstattung.

Speyer
Name: Protestations-Gedächtniskirche
Zugehörigkeit: Evang., Speyer
Anschrift: Schwerdstr. 1
Baujahr: 1893 - 1904
Architekt: Flügge und Nordtmann, Essen
Renovierungen: 1962/63, 1980
Sitzplätze: 1500
Orgel: 1979/80 Klenker, V/98 mech./elek.
Chororgel: 1956 Oberinger, II/13 elek.

Dreischiffige Hallenkirche mit Querhaus, im neugotischen Kathedralstil errichtet (100 m hoher Turm). Farbige Glasfenster um 1900, Hochaltar mit Christusfigur von Fehl (1908), Steinkanzel mit Relief von Wüst (Stuttgart). In der Gedächtnishalle Statue von Martin Luther, geschaffen von Hermann Hahn (München, 1903), die umgebenden Fürstenfiguren von Max Baumbach (Berlin, 1914). Sockel aus rotem Sandstein, Rest aus grauem Elsässer Sandstein, farbige Dächer im Luftbild besonders auffällig.

Speyer
Name: Heiliggeistkirche
Zugehörigkeit: Evang., Speyer
Anschrift: Johannesstr.
Baujahr: 1701, 1751 Umgestaltung
Sitzplätze: 500
Orgel: 1754 Müller/Heidelberg, I/13
Umbau: 1882 Jelacic, 1954 Oberlinger

Kanzel um 1600 aus der Kirche von Lobloch.

Speyer
Name: Johanneskirche
Zugehörigkeit: Evang., Speyer
Anschrift: Theodor-Heuß-Str. 64
Baujahr: 1969 Gemeindezentrum, 1984 Kirche
Architekt: Ernst Zinsser und Lothar Heine
Sitzplätze: 150
Orgel: 1987 Owart, III/23 mech.

898/899
Speyer
Name: Mariä Himmelfahrt (Dom zu Speyer)
Zugehörigkeit: Kath., Speyer - Speyer
Baujahr: 1030
Renovierungen: 1957-16
Beschädigungen: 1689 Brand, 1794 verwüstet
Sitzplätze: 800
Orgel: 1961/1977 Scherpf, V/90 elek.
Afra-Kapelle: 1971 Scherpf, II/11 mech.
Truhenorgel 1994 Forster & Nicolaus, I/4 mech.

Um 1027 von Kaiser Konrad II. gestiftet, 1061 geweiht, Umbau und Erweiterungen im 12. Jh., 1159 Brandschaden, 1409-11 Sakristei auf Südseite des Chors errichtet. 1689 Zerstörung durch Stadtbrand, 1772-78 Wiederaufbau, 1794 Verwüstung durch die Franzosen und Profanierung. 1818-22 Wiederherstellung, 1846-53 Ausmalung des Innenraums (Schraudolph und Schwarzmann). 1854-58 Neuerrichtung des Westbaus, 1906 Einrichtung der Kaisergruft, 1925 Ernennung zur Päpstlichen Basilika, 1957-61 Restaurierung, seit 1980 zum Kulturerbe der Welt gehörig.
Mächtige, beeindruckende dreischiffige Gewölbe-Basilika mit kreuzförmigem Grundriß, Repräsentationsbau der deutschen Kaiser.

Der Kaiserdom war lange Zeit die größte Kirche des Abendlandes und ist die größte romanische Kirche Europas. Bauteile: Im Westen gewölbte Vorhalle, dreischiffiges Langhaus mit sechs Doppeljochen, kuppelgewölbte Vierung, Querschiff, Königschor und Stiftschor.
Abmessungen: Osttürme 72 m, Westtürme 68 m, Mittelschiff 32 m hoch und 134 m lang, Querschiff 55 m, Krypta ca. 45 auf 33 m und ca. 6 m hoch. Gräber: Vier Salierkaiser und vier Könige sowie drei Kaiserinnen und eine Kaisertochter.
Gnadenbild der Muttergottes, der Patronin des Bistums. Papstbesuch am 4.5.1987. Wallfahrtstag: Mariä Himmelfahrt.

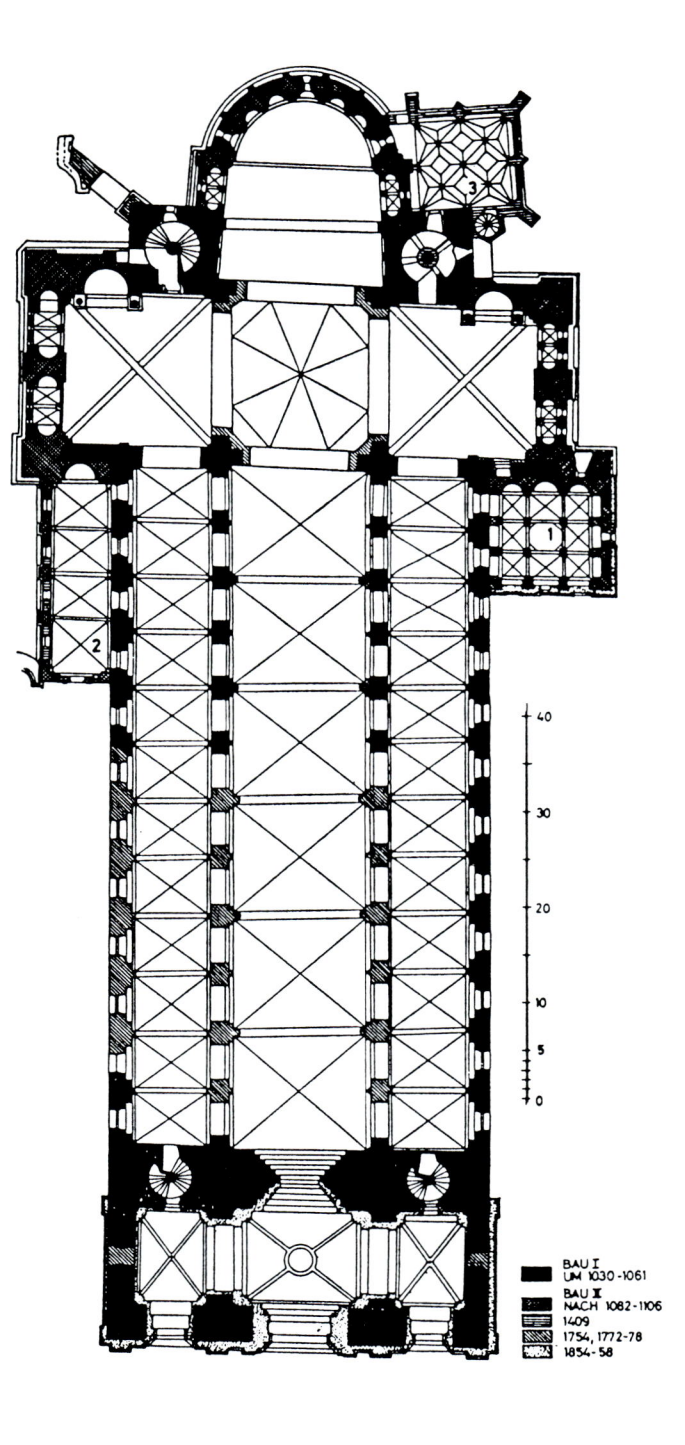

Speyer
Name: St. Bernhard von Clairvaux
Zugehörigkeit: Kath., Speyer - Speyer
Anschrift: Hirschgraben
Baujahr: 1953/54
Architekt: Ludwig Ihm
Sitzplätze: 450
Orgel: 1957 Scherpf, III/33
Restaur. Scherpf 1989

Speyer
Name: St. Dominikus
Zugehörigkeit: Kath., Speyer - Speyer
Anschrift: Vincentiusstr.
Baujahr: 1910
Architekt: Rudolf von Perignon
Sitzplätze: 210
Orgel: 1840 Stumm, Umbau: 1954 Späth, II/14

Speyer

Name:	St. German
Zugehörigkeit:	Kath., Speyer - Speyer
Anschrift:	Kardinal-Wendel-Str. 1
Baujahr:	1956/57
Architekt:	W. Schulte II
Sitzplätze:	300
Orgel:	1957 Scherpf, I/8 elek.

Das Bischöfl. Priesterseminar St. German besteht aus der Seminarkirche, Lehr-, Wohn- und Wirtschaftsgebäuden sowie einem zweigeschoßigen Bibliotheksbau.

Speyer

Name:	St. Guido
Zugehörigkeit:	Kath., Speyer - Speyer
Anschrift:	St. Guido-Stifts-Platz
Baujahr:	1936
Architekt:	Aug. Peter
Sitzplätze:	200
Orgel:	1947 Sattel (entfernt), elektronisch

Früher stand hier das Kollegiatstift St. Johannes und St. Guido (Kaiser Konrad 1030), das bis ins 18. Jh Bestand hatte. Die Kirche ist im rechten Winkel an das 1840 erstellte Konviktgebäude angebaut.

Speyer

Name:	St. Hedwig
Zugehörigkeit:	Kath., Speyer - Speyer
Anschrift:	Heinrich-Heine-Str. 8
Baujahr:	1973/74
Architekt:	Grüner, Hoffmann, Scheubert
Sitzplätze:	380
Orgel:	Elektronisch

Speyer
Name: St. Joseph
Zugehörigkeit: Kath., Speyer - Speyer
Anschrift: Gilgenstr. 17
Baujahr: 1912 - 1914
Architekt: Ludwig Becker, Mainz
Renovierungen: 1990
Sitzplätze: 760
Orgel: 1989/90 Heinz Wilbrand, III/44
mech./elek.

Vollständige Ausstattung aus der Erbauungszeit: Mehrteiliger Hauptaltar mit Marienbildern von Baldung Grien, drei Altäre mit Gemälden.

Speyer

Name:	St. Ludwig
Zugehörigkeit:	Kath., Speyer - Speyer
Anschrift:	Korngasse
Baujahr:	1264 - 1308 Dominikanerkirche
Architekt:	August von Voit 1834 Umbau
Erweiterungen:	Westl. Joch 1935 Albert Boßlet
Renovierungen:	1935/36
Beschädigungen:	1689 zerstört
Sitzplätze:	375
Orgel:	1984 Kuhn, II/27 elek.

Spätgotische Kunstwerke: Boßweiler Altar mit Frontverkleidung (Antependium). Die ursprüngliche Dominikanerkirche wurde 1689 zerstört, zehn Jahre später wiedererbaut, 1794 verwüstet, 1802 profaniert (Gaststätte bis 1825), 1830 zurückgekauft. Spätgotischer Wirkteppich.

Speyer

Name:	Hl. Bruder Konrad
Zugehörigkeit:	Kath., Speyer - Speyer
Anschrift:	Kolpingstr. 1a
Baujahr:	1967 - 1969
Architekt:	Atzberger (Bischöfliches Bauamt)
Sitzplätze:	500
Orgel:	1965 Wehr, II/14 mech.

Speyer
Name: St. M. Magdalena
Zugehörigkeit: Kath., Speyer - Speyer
Anschrift: Hasenpfuhlstr.
Baujahr: 1248
Beschädigungen: 1689 zerstört
Sitzplätze: 260
Orgel: 1964 Scherpf, II/16 mech.

Einziges mittelalterl. Kloster in Speyer mit wechselvoller Geschichte: 1304 Dominikanerkloster, im 15. und 16. Jh beschädigt und baufällig, 1689 von den Franzosen zerstört, Wiederaufbau, 1718 geweiht, 1768 Bau der Ringmauer. Zerstörungen in der franz. Revolution, 1802 Schließung, 1807 Rückkauf, 1892 Abbruch der alten Klostergebäude, 1832 Neubau des Schulhauses.
Ausstattung: Drei Altäre aus dem 18. Jh, Hochaltarbild, spätbarocke Holzfiguren, geschnitztes Gestühl.

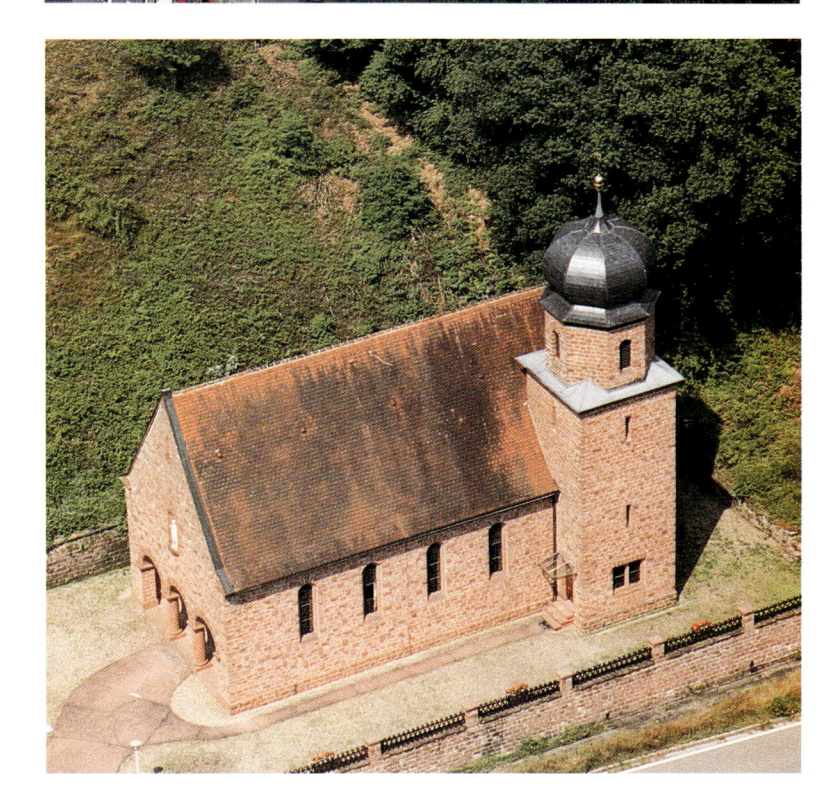

Speyer
Name: St. Otto
Zugehörigkeit: Kath., Speyer - Speyer
Anschrift: Kurt-Schumacherstr. 39
Baujahr: 1963 - 1965
Architekt: Wolfgang Hirsch, Neustadt
Sitzplätze: 300
Orgel: 1979 Scherpf, III/29

Speyerbrunn
Name: St. Wendelin und St. Hubertus
Zugehörigkeit: Kath., Bad Dürkheim - Lambercht
Baujahr: 1932
Architekt: Josef Kuld
Renovierungen: 1970
Sitzplätze: 120
Orgel: 1835 Seiffert und Wagner, I/10 mech.

Spirkelbach

Zugehörigkeit:	Evang., Landau
Baujahr:	1786 Schiff, 1836 Turm
Architekt:	Georg Friedrich Wahl, Zweibrücken
Renovierungen:	1910, 1935, 1957, 1989
Sitzplätze:	233
Orgel:	1951/72 Oberlinger, II/10

St. Alban

Zugehörigkeit:	Evang., Rockenhausen
Baujahr:	1911
Architekt:	Arnold, Rockenhausen
Renovierungen:	1946, 1974
Beschädigungen:	Im Krieg 1945
Sitzplätze:	320
Orgel:	1912 Steinmeyer, pneum.

Jugendstilornamente im Innern.

Stambach

Name:	Christuskirche
Zugehörigkeit:	Evang., Zweibrücken
Baujahr:	1963 - 1965
Architekt:	Ernst Krauß, Zweibrücken
Sitzplätze:	184
Orgel:	1967 Oberlinger, I/8 mech.

Stambach
Name: Maria Königin der Engel
Zugehörigkeit: Kath., Pirmasens - Zweibrücken
Baujahr: 1949
Architekt: Albert Boßlet
Renovierungen: 1982
Sitzplätze: 375
Orgel: 1967 Mayer, II/23 mech./elek.

Stein
Name: St. Martin
Zugehörigkeit: Kath., Landau - Annweiler
Baujahr: 1840/41
Sitzplätze: 100
Orgel: Elektronisch

Steinbach am Donnersberg

Zugehörigkeit:	Evang., Winnweiler
Baujahr:	1450 - 1452
Veränderungen:	1720 barocke Turmhaube
Beschädigungen:	1632, 1689
Sitzplätze:	260
Orgel:	ca. 1730 Senn, I/12 mech. Umbau: 1952 Ott

In der Nordwand des Chores spätgotisches Sakramentshäuschen, Emporenmalereien 18. Jh.

Steinbach/Glan

Zugehörigkeit:	Evang.,
Baujahr:	1986/87
Architekt:	Infra-Gesellschaft f. Umwelt, Mainz
Sitzplätze:	75

Steinbach/Glan

Name:	St. Joseph
Zugehörigkeit:	Kath., Kusel - Kusel
Baujahr:	1936
Architekt:	W. Schulte II
Renovierungen:	1971
Sitzplätze:	140
Orgel:	1939 Sattel, 11 Register Umbau: 1973 Zimnol

Steinfeld
Name:	St. Leodegar
Zugehörigkeit:	Kath., Landau - Bad Bergzabern
Baujahr:	1250
Renovierungen:	1985/86
Erweiterungen:	1980 Sakristei angebaut
Beschädigungen:	Im Krieg 1945 zerstört
Sitzplätze:	536
Orgel:	1961/62 Scherpf, II/22 mech./elek.

Steinweiler
Zugehörigkeit:	Evang., Bad Bergzabern
Baujahr:	1845 - 1848
Architekt:	Johannes Flörchinger, Germersheim
Sitzplätze:	627
Orgel:	1899 Walcker, II/26 pneum.
	Restaur. 1992 Walcker

Steinweiler
Name:	St. Martin
Zugehörigkeit:	Kath., Germersheim - Rülzheim
Baujahr:	1765-66, 1895 nach Brand wiederaufgebaut. Turm aus dem 15. Jh
Architekt:	Schulte I 1895
Renovierungen:	1982
Sitzplätze:	320
Orgel:	1898 Walcker, II/21
	Umbau: 1987 Kuhn elek.

Steinwenden

Zugehörigkeit:	Evang., Homburg
Baujahr:	1852/53
Architekt:	1887 Ludwig Levy, Kaiserslautern
	1965 Robert Jung, Landstuhl
Renovierungen:	1966/67
Sitzplätze:	480
Orgel:	1853 Carl Wagner, Kaiserslautern
	Umbau: 1980 Oberlinger, I/12

Steinwenden

Name:	St. Josef
Zugehörigkeit:	Kath., Kaiserslautern - Ramstein - Bruchmühlbach
Baujahr:	1966
Architekt:	Klostermann
Sitzplätze:	280
Orgel:	1993 Mayer, II/20 mech.

Stelzenberg

Zugehörigkeit:	Evang., Otterbach
Baujahr:	1957
Architekt:	Eugen Heusser, Kaiserslautern
Sitzplätze:	200
Orgel:	1985 Oberlinger, I/7 mech.

Stetten
Zugehörigkeit: Evang., Kirchheimbolanden
Baujahr: 1740-1742 Schiff, 1889 Turm
Renovierungen: 1905, 1929, 1964
Sitzplätze: 110
Orgel: 1929 Walcker, II/8 (11) pneum.

Stetten
Name: Leib Christi
Zugehörigkeit: Kath., Donnersberg - Kirchheimbolanden
Baujahr: 1150, Langhaus im 18. Jh umgebaut
Renovierungen: 1989
Beschädigungen: Zerstörungen im 30-jährigen Krieg
Sitzplätze: 250
Orgel: Elektronisch 1965

Fresken im Chor aus dem 15. Jh, 1959 wieder freigelegt. Romanischer Turm, gotischer Chor und barocke Halle. Holzfiguren: Hl. Antonius, Hl. Katharina, Madonna, Anna Selbdritt. Taufstein von 1350, Gnadenbild Maria Himmelskönigin von 1690.

St. Ingbert
Name: Herz Mariä
Zugehörigkeit: Kath., Saarpfalz - St. Ingbert
Anschrift: Rockentalstr. 40
Baujahr: 1956/57
Architekt: A. Boßlet, E. von Aaken
Sitzplätze: 470
Orgel: 1980 Mayer, II/15 mech.

12 m hohe Mariensäule 1955 errichtet.

St. Ingbert

Zugehörigkeit:	Evang., Zweibrücken
Anschrift:	Josefstalerstr. 7
Baujahr:	1859
Architekt:	1859 Ludwig Weyland, Darmstadt
Renovierungen:	1933, 1965/66, 1982
Sitzplätze:	700
Orgel:	1965 Oberlinger, II/25 mech.

St. Ingbert

Name:	St. Engelbert
Zugehörigkeit:	Kath., Saarpfalz - St. Ingbert
Baujahr:	1755
Renovierungen:	1967
Sitzplätze:	470
Orgel:	1850 Schlimbach, II/24 mech.

Kanzel mit Schnitzarbeiten aus dem 18. Jh, Kruzifix und Gestühl ebenfalls 18. Jh.

St. Ingbert

Name:	St. Josef
Zugehörigkeit:	Kath., Saarpfalz - St. Ingbert
Anschrift:	Prälat-Göbel-Str. 1
Baujahr:	1890
Architekt:	Ludwig Becker, Mainz
Renovierungen:	1980
Sitzplätze:	1340
Orgel:	1899 Voit, III/59 elek., Klangumbauten von Späth 1932 und 1963

Originalausstattung aus der Erbauungszeit: Gestühl, Kanzel, Altäre.

St. Ingbert

Name:	St. Franziskus
Zugehörigkeit:	Kath., Saarpfalz - St. Ingbert
Anschrift:	Karl-August-Woll-Str. 33
Baujahr:	1906/07
Architekt:	Norbert Köhl
Erweiterungen:	1967/68
Renovierungen:	1988
Sitzplätze:	520
Orgel:	1994 Mayer, II/24 mech./elek.

St. Ingbert

Name:	St. Hildegard
Zugehörigkeit:	Kath., Saarpfalz - St. Ingbert
Anschrift:	Hildegardstr. 1
Baujahr:	1928/29
Architekt:	Albert Boßlet
Renovierungen:	1984
Sitzplätze:	650
Orgel:	1932 Späth, III/50, Restaur. 1977 Mayer

Im Innern aufsteigende Spitzbögen, im Mittelschiff erinnern die Betonstreben an Grubenstollen.

St. Ingbert

Name:	St. Konrad
Zugehörigkeit:	Kath., Saarpfalz - St. Ingbert
Anschrift:	Karl-Custer-Str. 3
Baujahr:	1956/57
Architekt:	W. Schulte II
Renovierungen:	1987
Sitzplätze:	640
Orgel:	1962 Scherpf, III/31 mech.

St. Ingbert

Name:	St. Pirmin
Zugehörigkeit:	Kath., Saarpfalz - St. Ingbert
Anschrift:	Robert-Koch-Str. 2
Baujahr:	1951/52
Architekt:	A. Boßlet
Renovierungen:	1979
Sitzplätze:	370
Orgel:	1962 Späth, II/26 elek.

St. Ingbert

Name:	St. Michael
Zugehörigkeit:	Kath., Saarpfalz - St. Ingbert
Anschrift:	von-der-Leyenstr. 72
Baujahr:	1965 - 1967
Architekt:	Hanns Schönecker
Renovierungen:	1989 Turmsanierung
Sitzplätze:	430
Orgel:	1978 Ott, II/21 mech./elek.

Fenster von Ferdinand Selgrad (Spiesen), Kruzifix und Tabernakel von Hans Glawe. Der Grundriß der Kirche ist achteckig.

St. Julian

Name:	St. Julian
Zugehörigkeit:	Evang., Kusel
Baujahr:	1880/81 Schiff, 12. Jh Turm
Architekt:	Zellner / von Schaky
Sitzplätze:	400
Orgel:	1882 Gebr. Stumm, II/14 mech. Restaur. Schuke

Römische Quadersteine mit Reliefs an der südwestlichen Turmecke.

St. Martin

Name:	St. Martin
Zugehörigkeit:	Kath., Landau - Edenkoben
Baujahr:	1488 Turm, 1779 Langhaus
Architekt:	W. Schulte I 1890
Erweiterungen:	1890-1892 Langhaus nach Osten verlängert
Renovierungen:	1985/86
Sitzplätze:	660
Orgel:	1893 Walcker, II/25, Restaur. 1988 Späth

Hoher, lichter Innenraum mit spätgotischem Chor und polygonen Seitenkapellen. Kassettendecke mit Gemälden der vier Evangelisten, Glasgemälde von Josef Machhausen (Horchheim bei Koblenz, 1891), Hauptaltar und Kanzel von Josef Staudenmaier (Klein-Süssen), Zelebrationsaltar und Ambo aus Marmor von Leopold Hafner (1986). Sakramentshäuschen aus dem 16. Jh, Marienstatue (15. Jh), zwei Barockfiguren Hl. Martin und Hl. Urban. Bedeutendes Steinrelief: Grablegung Christi (1514). Doppelgrabmal: Hans von Dalberg und Katharina von Kronberg (1531 bzw. 1510). Zweigeschoßige Empore. Vorn links im Bild der Treppenaufgang mit Steinfigur Sankt Martin.

Thaleischweiler - Fröschen
Zugehörigkeit: Evang., Pirmasens
Baujahr: 1238, 1619 nach Brand wiederhergestellt, 1778/88 verändert
Renovierungen: 1902 - 1904, 1954, 1964, 1975
Sitzplätze: 455
Orgel: 1914 Poppe, II/12 pneum.
Umbau: 1954 Oberlinger

Ursprünglich dreischiffige Basilika, von der der Unterbau des Turms und Mauerteile des Chores noch erhalten sind.

Thaleischweiler - Fröschen
Name: St. Margaretha
Zugehörigkeit: Kath., Pirmasens - Waldfischbach - Burgalben
Baujahr: 1931
Architekt: Albert Boßlet, Würzburg
Renovierungen: 1982 (Erwin Lenz)
Beschädigungen: Im Krieg
Sitzplätze: 320
Orgel: Elektronische Orgel Dr. Böhm

Theisbergstegen
Zugehörigkeit:	Evang., Kusel
Baujahr:	Spätgotisch, 1839 verändert, 1954 neuer Turm
Renovierungen:	1954, 1965
Beschädigungen:	1945 zerstört
Sitzplätze:	285
Orgel:	1968 Oberlinger, mech.

Taufstein aus dem 13. Jh, Orgelprospekt aus dem 18. Jh, gotische Fenster und Sakramentsnische aus dem 15. Jh.

Tiefenthal
Zugehörigkeit:	Evang., Grünstadt
Baujahr:	1767/68
Renovierungen:	1956/57, 1988
Sitzplätze:	152
Orgel:	1914 Steinmeyer, II/10 pneum. Umbau: 1956/57 Satte

Wertvolle Kanzel aus dem 17. Jh. Bis 1931 Simultankirche.

Tiefenthal
Name:	St. Georg
Zugehörigkeit:	Kath., Bad Dürkheim - Grünstadt
Baujahr:	1931/32
Architekt:	Heisel
Sitzplätze:	150
Orgel:	1962 Scherpf, II/10

Muttergottes 18. Jh, Relief des Hl. Georg 17. Jh.

Trippstadt

Zugehörigkeit:	Evang., Otterbach
Baujahr:	1744, 1845 erweitert
Architekt:	1895 Bente, Kaiserslautern
Renovierungen:	1895, 1962 - 1964 Eugen Heusser, Kaiserslautern
Sitzplätze:	259
Orgel:	1968 Oberlinger, I/8 mech.

Taufstein von 1609 aus der alten Kirche am Aschbacherhof. Turmspitze: Otto Kallenbach. Im Kirchgarten Pieta von 1959.

Trippstadt

Name:	St. Josef
Zugehörigkeit:	Kath., Kaiserslautern - Landstuhl
Baujahr:	1754
Renovierungen:	1989/90
Sitzplätze:	310
Orgel:	1878 Schlimbach, I/9, Restaur. 1990 Vier

Taufstein um 1500, Grabmal des Freiherrn von Hacke.

Trippstadt - Neuhof

Name:	Mariä Himmelfahrt
Zugehörigkeit:	Kath., Kaiserslautern - Landstuhl
Baujahr:	1777
Sitzplätze:	12
Renovierungen:	1907, 1990

Immaculata aus dem 18. Jh.

Trulben

Name:	St. Stephanus
Zugehörigkeit:	Kath., Pirmasens - Pirmasens-Land
Baujahr:	1769 Schiff, Turm spätromanisch
Renovierungen:	1972
Sitzplätze:	360
Orgel:	1911 Poppe, II/16 pneum. Renoviert 1950, 17 Register, Sattel

Hochaltar 1912 neubarock, Seitenaltäre und Taufstein 18. Jh, Kanzel mit Reliefs um 1750.

Ulmet

Name:	Hl. Kreuz
Zugehörigkeit:	Kath., Kusel - Kusel
Baujahr:	1873/74
Architekt:	Heiny, Brücken
Renovierungen:	1967/68
Sitzplätze:	102
Orgel:	Harmonium

Ulmet

Zugehörigkeit:	Evang., Kusel
Baujahr:	12. Jh Turm, 1737 Neubau des Schiffs
Architekt:	Friedrich Hartmann Koch, Kusel
Erweiterungen:	1.07.1737, 1738
Renovierungen:	1299, 1955/56, 1987
Sitzplätze:	190
Orgel:	1847 Gebrüder Stumm, I/14
	Restaur. 1989 Klais

Ungstein

Name:	Salvatorkirche
Zugehörigkeit:	Evang., Bad Dürkheim
Baujahr:	1713 - 1716
Renovierungen:	1901, 1928, 1962 - 1964 Otto Hahn, Schifferstadt
Sitzplätze:	300
Orgel:	1970 Oberlinger, II/17
	Prospekt: 1738 Hartung und 1772 Geib

Kanzel aus dem 18. Jh, ebenso Deckengemälde. Zwei Wandbilder von Daniel Wohlgemuth (1952).

Unkenbach

Zugehörigkeit:	Evang., Obermoschel
Baujahr:	1862/63
Architekt:	Hepp, Alsenz
Renovierungen:	1954/55
Beschädigungen:	1939
Sitzplätze:	238
Orgel:	1907 Walcker, I/6 pneum.

Venningen

Name:	St. Georg
Zugehörigkeit:	Kath., Landau - Edenkoben
Baujahr:	1744 Kirchenschiff, 13. Jh Chorturm
Architekt:	Johann Georg Stahl, Bruchsal
Erweiterungen:	1885 Sakristei angebaut
Renovierungen:	1968
Sitzplätze:	310
Orgel:	1970 Mayer, II/15 elek.

Hochaltar und Seitenaltäre aus dem 18. Jh, Kreuzweg barock gemalt.

Vinningen

Name:	St. Sebastian, ehemalige Kirche, profaniert
Zugehörigkeit:	Kath., Pirmasens - Pirmasens Land
Baujahr:	1220 Turm, 1659

Barockes Portal 1737, spätgotische Sakramentsnische.

Vogelbach

Name:	St. Philippus und Jakobus
Zugehörigkeit:	Kath., Kaiserslautern - Ramstein - Bruchmühlbach, und Evang., Simultankirche
Baujahr:	um 1200, Veränderungen um 1500, 1751 und 1821
Renovierungen:	1986 - 1988
Sitzplätze:	170
Orgel:	Historische Orgel Carl Wagner, 1847 1988 renoviert, I/10 Koenig, Sarre Union

Apsis mit spätromanischem Kranzgesims, gotisches Kreuzgewölbe über dem Chor, Apsisfenster (Norden, Osten) romanisch, Chorfenster (Süden) gotisch. Sakramentsnische und Taufstein um 1500.

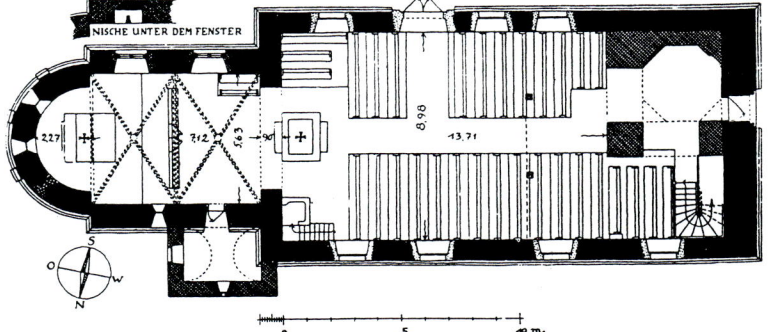

Vinningen

Name:	St. Sebastian
Zugehörigkeit:	Kath., Pirmasens - Pirmasens-Land
Baujahr:	1907
Renovierungen:	1984
Beschädigungen:	Im Krieg zerstört, 1950 wiederaufgebaut
Sitzplätze:	430
Orgel:	1956 Walcker, II/22, Teilbau: I/8

Völkersweiler

Name:	St. Silvester
Zugehörigkeit:	Kath., Landau - Annweier
Baujahr:	1911/12
Architekt:	W. Schulte I
Sitzplätze:	84
Orgel:	1982 Mayer, I/5

Vollmersweiler

Zugehörigkeit:	Evang., Bad Bergzabern
Baujahr:	1823/24
Wiederaufbau:	1954 Sitt, Kandel
Beschädigungen:	1945
Sitzplätze:	80
Orgel:	1974 Oberlinger, I/4 mech.

Vorderweidenthal

Zugehörigkeit:	Evang., Bad Bergzabern
Baujahr:	13. Jh - 14. Jh Turm, 1865 Langhaus
Architekt:	1865 Köhler, Pirmasens
Wiederaufbau:	1948
Renovierungen:	1965/66 Otto Hahn, Schifferstadt
Beschädigungen:	1945
Sitzplätze:	334
Orgel:	1971 Oberlinger, I/8 mech.

Wachenheim

Name:	Ehemalige luth. Kirche
Zugehörigkeit:	Evang., Bad Dürkheim
Baujahr:	1748
Architekt:	Sigismund Zeller, Mannheim
Beschädigungen:	1945 zerstört

Waldfischbach

Name:	Ehemalige kath. Kirche
Zugehörigkeit:	Kath. Pirmasens - Waldfischbach-Burgalben
Baujahr:	1861/62

Die Kirche wurde 1973 verkauft.

Wachenheim

Name:	St. Georg (Simultankirche)
Zugehörigkeit:	Evang. u. Kath., Bad Dürkheim - Deidesheim
Baujahr:	Chor spätgot., Altarraumanbau 1726, Kirchenschiff 1857/59
Renovierungen:	1923, 1955, 1980
Beshädigungen:	1674, 1689, 1945
Sitzplätze:	232 kath., 550 evang.
Orgel:	Owart, II/22 mech./elek.

Der Ostteil ist katholisch, der Westteil evangelisch (neugotisches Langhaus von 1857). Sehenswerte Barockausstattung: Hochaltar, Seitenaltäre, Kanzel. Im Süden der Kirche steht die spätgotische Ludwigskapelle (profaniert).

Wachenheim
Name: Selige Edith Stein
Zugehörigkeit: Kath., Bad Dürkheim - Diedesheim
Baujahr: 1987-88
Architekt: Ludwig Braun, Frankenthal
Sitzplätze: 375
Orgel: 1991 Mayer, III/21 mech./elek.

Waldfischbach
Zugehörigkeit: Evang., Pirmasens
Baujahr: 1849-54
Architekt: Wernigk, Pirmasens
Renovierungen: 1920/21, 1954, 1976
Sitzplätze: 715
Orgel: 1954 Walcker, 3 Manuale, elek.

Waldfischbach

Name:	Maria Rosenberg, Wallfahrtskirche
Zugehörigkeit:	Kath., Pirmasens - Waldfischbach-Burgalben
Baujahr:	1910-12
Architekt:	Rudolf Perignon
Sitzplätze:	220
Orgel:	1936 Späth, 23 Register

Bekannte Wallfahrts- und Exerzitienstätte. Um 1150 Bau einer Urkapelle, 1250 Chorraum, 1430 Erweiterung der Kapelle nach Westen. Im 18. Jh starke Zunahme der Wallfahrten. Gnadenbild: Barock-Madonna aus Eichenholz. 1930 Gnadenbrunnen neu angelegt, 1913 Lourdesgrotte, 1973 neues Exerzitien- und Bildungshaus.

Waldfischbach - Burgalben

Name:	St. Joseph
Zugehörigkeit:	Kath., Pirmasens - Waldfischbach - Burgalben
Baujahr:	1929/30
Architekt:	W. Schulte II
Renovierungen:	1988/89
Sitzplätze:	620
Orgel:	1960 Späth, III/34 elek.

Wuchtige, dreischiffige Basilika im neuromanischen Stil, Doppelturmfront, mächtige Chorrotunde.

Waldhambach

Name:	St. Wendelin
Zugehörigkeit:	Kath., Landau - Annweier
Baujahr:	14. Jh
Erweiterungen:	1729 Langhaus verlängert
Renovierungen:	1987
Sitzplätze:	160
Orgel:	1900 Klais, II/13 pneum.

Waldleiningen
Zugehörigkeit: Evang., Kaiserslautern
Baujahr: 1956
Architekt: Heyl, Kaiserslautern
Sitzplätze: 134
Orgel: Elektronisch

Waldleiningen
Name: St. Josef
Zugehörigkeit: Kath., Kaisersl. - Enkenbach-Alsenborn
Baujahr: 1953
Architekt: Straub
Sitzplätze: 95
Orgel: Elektronisch

Waldmohr
Zugehörigkeit: Evang., Homburg
Baujahr: 1764 Schiff, 1824 Turmerhöhung,
                1903 Verlängerung des Schiffs
Architekt: 1764 Hellermann, Zweibrücken
                1903 Löhmer, Homburg
Renovierungen: 1903, 1965
Sitzplätze: 370
Orgel: 1866 Stumm, I/13 mech.
                Umbau: 1979 Oberlinger

Waldmohr
Name: St. Georg
Zugehörigkeit: Kath., Kusel - Schönenberg - Kübelberg
Baujahr: 1959/60
Architekt: W. Schulte II und Helfrich
Renovierungen: 1980
Sitzplätze: 380
Orgel: 1986 Mayer, III/14 mech.

Waldrohrbach
Name: St. Ägidius
Zugehörigkeit: Kath., Landau - Annweiler
Baujahr: 1828
Sitzplätze: 240
Orgel: Harmonium

Waldsee
Zugehörigkeit: Evang., Speyer
Baujahr: 1954
Architekt: Karl Latteyer und Alfred Koch, Ludwigshafen
Sitzplätze: 150
Orgel: 1955 Oberlinger, I/5 mech.

Waldsee

Name:	St. Martin
Zugehörigkeit:	Kath., Speyer - Waldsee - Limburgerhof
Baujahr:	1841-43
Architekt:	August von Voit
Erweiterungen:	1937 und 1960 restauriert und verändert
Renovierungen:	1982/83
Sitzplätze:	600
Orgel:	1961/62 Späth, III/35

Zwei Holzfiguren: Hl. Martin und Hl. Johannes Nepomuk von Vincenz Möhring (Speyer, 1750).

Wallhalben

Zugehörigkeit:	Evang., Pirmasens
Baujahr:	Turm 14. Jh, Langhaus 1905-06
Architekt:	Theodor Bente, Kaiserslautern, Ausführung Theodor Geyer, Kaiserslautern
Sitzplätze:	445
Orgel:	1906 Steinmeyer, II/13 pneum.

Wallhalben

Name:	Alle Heiligen
Zugehörigkeit:	Kath., Pirmasens - Waldfischbach - Burgalben
Baujahr:	1926 - 1928
Architekt:	Becker und Falkowski, Mainz
Renovierungen:	1975/76
Sitzplätze:	382
Orgel:	1957 Roth, 13 Register

Walsheim bei Landau
Zugehörigkeit: Evang., Landau
Baujahr: 1321 genannt, Turm 14./15. Jh,
1810 - 1812 Langhaus neugebaut
Beschädigungen: 1794 zerstört
Sitzplätze: 292
Orgel: 1845 Wagner, I/16 mech.
Restaur. Koenig 1993

Walsheim / Saar
Zugehörigkeit: Evang., Zweibrücken
Baujahr: 12. Jh Westturm, 15. Jh Chor,
Langhaus 1750
Renovierungen: 1947/48, 1972
Beschädigungen: Im Zweiten Weltkrieg
Sitzplätze: 180
Orgel: 1958 Mayer, I/7 mech.
Umbau: 1966/67 Hintz

Gotisches Sakramentshäuschen.

Walsheim / Saar
Name: St. Pirmin
Zugehörigkeit: Kath., Saarpfalz - Gersheim
Baujahr: 1853/54
Wiederaufbau: 1946
Renovierungen: 1968 - 1971
Beschädigungen: Im Krieg 1944/45 zerstört
Sitzplätze: 210
Orgel: 1988 Mayer, II/11 mech.

Wattenheim
Zugehörigkeit: Evang., Grünstadt
Baujahr: 13. Jh Turm, 1772 Schiff
Renovierungen: 1958 - 1960
Sitzplätze: 211
Orgel: 1895/96 Sauer, Frankfurt/Oder, II/18 pneum. Restaur. Haspelmath

Die Kirche verkörpert mehrere Bauepochen; das ehemalige Schiff wurde zum Chorraum der neuen Kirche. Kanzel und Gestühl aus dem 18. Jh, Wandbemalungen im Langhaus von 1895 (Neurokokostil). Bemerkenswert: abgestumpfter Spitzhelm des Turms mit Kuppe. Bis 1881 Simultaneum.

Wattenheim
Name: St. Alban
Zugehörigkeit: Kath., Bad Dürkheim - Lambrecht
Baujahr: 1892
Architekt: W. Schulte I
Renovierungen: 1987
Sitzplätze: 425
Orgel: 1896 Walcker, II/8, Restaur. 1979 Kuhn

Webenheim

Zugehörigkeit:	Evang., Zweibrücken
Baujahr:	1866/67
Architekt:	Anton Hurt
Renovierungen:	1956/57 Franz Lang, Webenheim
Beschädigungen:	1945
Sitzplätze:	360
Orgel:	1873 Firma Walcker, II/15 geschnitztes Gehäuse, Klangumbau: 1957 Mayer Renovierung: 1985 Wacker

Wattweiler

Zugehörigkeit:	Evang., Zweibrücken
Baujahr:	1930-31
Architekt:	Gustav Rebmann, Wattweiler
Renovierungen:	1948/49, 1952, 1975
Beschädigungen:	1945
Sitzplätze:	200
Orgel:	1967 Ott, I/7 mech.

Weidenthal

Name:	St. Simon und St. Judas
Zugehörigkeit:	Kath., Bad Dürkheim - Lambrecht
Baujahr:	1874 - 1876
Architekt:	Geyer
Renovierungen:	1974/75
Sitzplätze:	210
Orgel:	1972 Seifert/Weyland, II/30 elek.

Marmoraltar von Karl Nuding.

Weidenthal

Zugehörigkeit:	Evang., Neustadt
Baujahr:	1862 - 1864
Architekt:	Karcher, Neustadt
Renovierungen:	1908, 1963, 1980
Sitzplätze:	600
Orgel:	1869 Voit, II/24 mech., Umbau: 1951 Kemper Restaur. 1996 Kuhn

Weilerbach

Zugehörigkeit:	Evang., Otterbach
Baujahr:	1897/98
Architekt:	Ludwig Levy, Karlsruhe, und Heinrich Jester, Speyer (Bauleitung)
Sitzplätze:	1200
Orgel:	1898 Walcker, II/26 pneum.

Weilerbach

Name:	Heilig Kreuz und St. Michael
Zugehörigkeit:	Kath., Kaiserslautern - Otterbach
Baujahr:	1214, Neubau 1931
Architekt:	W. Schulte II 1931
Renovierungen:	1986/87
Sitzplätze:	425
Orgel:	1969 Mayer, II/21

Taufstein um 1200, Hochaltar 1768. Romanischer Chor mit spätgotischem Gewölbe, frühgotisches Fenster in der Ostwand. Im Süden an den Chor eine Kapelle aus dem 12. Jh angebaut, im Norden frühgotischer Turm.

Weingarten
Zugehörigkeit: Evang., Germersheim
Baujahr: 18. Jh
Renovierungen: 1947/48 Ostermaier, 1950/51, 1975
Beschädigungen: 1945 zerstört
Sitzplätze: 325
Orgel: 1979 Owart, II/15 mech., Prospekt: 1823 Geib

Ausstattung aus der Erbauungszeit (außer Altar).

Weingarten
Name: St. Michael
Zugehörigkeit: Kath., Germersheim - Germersheim
Baujahr: 1745
Architekt: W. Schulte II Wiederaufbau
Renovierungen: 1987
Beschädigungen: Im Krieg 1945 zerstört, 1949 wiedererbaut
Sitzplätze: 210
Orgel: Kämmerer, 1955 aus Rülzheim erworben, II/30 pneum.

Weisenheim am Berg
Name: St. Jakobus
Zugehörigkeit: Kath., Bad Dürkheim - Bad Dürkheim
Baujahr: 1933
Architekt: H. Seeberger, Kaiserslautern
Sitzplätze: 200
Orgel: 1965 Zimnol, II/10 mech.

Weisenheim am Berg

Zugehörigkeit:	Evang., Bad Dürkheim
Baujahr:	13. Jh, Westturm 1726
Veränderungen:	1715 - 1720 Kirchenschiff
Renovierungen:	1928, 1956/67, 1990
Sitzplätze:	200
Orgel:	1992 Mahler, Pfaffenhoffen, II/21 mech.

Wandmalereien aus dem 14. Jh wurden 1928 freigelegt und 1967 restauriert.

Weisenheim am Sand

Zugehörigkeit:	Evang., Bad Dürkheim
Baujahr:	Turmunterbau roman., Obergeschoß 1373, Schiff 1750
Erweiterungen:	1832 Schiff erweitert
Sitzplätze:	442
Orgel:	1893 Walcker, II/18 elek. Umbau: 1966 Oberlinger/Owart

Der Turm aus dem 12. Jh gehört mit seinen Doppelarkaden zu den schönsten Türmen der Gegend.

Weitersweiler

Name:	St. Bartholomäus
Zugehörigkeit:	Kath., Donnersberg - Kirchheimbolanden
Baujahr:	1876 - 1880
Architekt:	Siebert
Renovierungen:	1967/68
Sitzplätze:	144
Orgel:	1990 Mayer, II/12 mech.

Weisenheim am Sand

Name:	St. Laurentius
Zugehörigkeit:	Kath., Bad Dürkheim - Bad Dürkheim
Baujahr:	1866
Architekt:	Gigl / Wolf, Speyer
Renovierungen:	1979/80 (Altarweihe 1980)
Sitzplätze:	200
Orgel:	1983 Mayer, II/16

Wernersberg

Name:	St. Philippus und Jakobus
Zugehörigkeit:	Kath., Landau - Annweiler
Baujahr:	1782/83 Schiff, 1966 Neubau
Architekt:	Peter Arzberger 1966
Renovierungen:	1987
Sitzplätze:	360
Orgel:	1969 Späth, II/17

Kreuzigungsgruppe aus dem 15. Jh.

Weselberg

Name:	Maria (Unbefleckte Empfängnis)
Zugehörigkeit:	Kath., Pirmasens - Waldfischbach - Burgalben
Baujahr:	1800
Architekt:	Albert Boßlet 1929-31 Erweiterung
Renovierungen:	1970 - 1973
Beschädigungen:	Im Krieg
Sitzplätze:	510
Orgel:	1948/49 Sattel, 20 Register elek.

Westheim

Zugehörigkeit:	Evang., Germersheim
Baujahr:	1791/93
Architekt:	Johann Georg Anwander
Renovierungen:	1900 neuer Innenausbau, 1954 neuer Turmhelm, 1962/65, 1977/80
Beschädigungen:	1899 Dachstuhlbrand, 1945 Beschuß
Sitzplätze:	347
Orgel:	1895 Voit, II/18 pneum. Umbau: 1909 Poppe, Restaur. Waldinger

Weyher

Name:	St. Peter und Paul
Zugehörigkeit:	Kath., Landau - Edenkoben
Baujahr:	1712 Saalkirche, 14. Jh Turm
Renovierungen:	1985 außen, 1990/91 innen
Sitzplätze:	230
Orgel:	1887 Jelacic, II/18 mech.

Sehenswerte Innenausstattung: Kanzel 18. Jh, Hochaltar, Seitenaltäre mit Rokokofiguren. Breiter Chor mit Kreuzrippengewölbe.

Wiesbach

Name:	Maria Himmelfahrt
Zugehörigkeit:	Kath., Pirmasens - Zweibrücken
Baujahr:	1912 - 1914
Architekt:	Dünnbier
Renovierungen:	1987/88
Sitzplätze:	270
Orgel:	1959 Späth, I/7

Wiesbach

Zugehörigkeit:	Evang., Homburg
Baujahr:	1325, 1964 Turm
Renovierungen:	1961 - 1963 Erwin Morlock, Ludwigshafen
Beschädigungen:	Turm 1800 eingestürzt
Sitzplätze:	180
Orgel:	1970 Oberlinger, 1 Manual, mech.

Sakramentshäuschen 1450, Lavabonische 1350, Tympanon über Portal 1620. 1968 im Chorraum schmiedeeisernes Kreuz von Margot Stempel-Lebert.

Wiesweiler

Zugehörigkeit:	Evang., nicht mehr zur Landeskirche
Baujahr:	Turm romanisch, Schiff 1818
Renovierungen:	1970-74: H.O. Vogel, W. Simon

Winden

Zugehörigkeit:	Evang., Bad Bergzabern
Baujahr:	1745 Schiff, Turmunterbau spätgot. mit Obergeschoß Mitte 19 Jh.
Renovierungen:	1953/54
Sitzplätze:	310
Orgel:	1993 Winterhalter, I/10 mech.

Taufstein aus dem 16. Jh.

Wilgartswiesen

Zugehörigkeit:	Evang., Landau
Baujahr:	1839 - 1842
Architekt:	1839 - 1843 August von Voit, München / Speyer, 1920 - 1922 Karl Latteyer, Ludwigshafen
Wiederaufbau:	1920 - 1922
Renovierungen:	1961/62, 1992
Beschädigungen:	10/11. 01. 1920 Brand
Sitzplätze:	410
Orgel:	1967 Oberlinger, II/16 mech.

Winnweiler

Zugehörigkeit:	Evang., Winnweiler
Baujahr:	1749 Schiff, 1754 Turm
Renovierungen:	1949
Sitzplätze:	500
Orgel:	1914 Walcker, II/19 pneum.

Innenausstattung aus der Erbauungszeit. Sonnenuhr neben dem Hauptportal.

Winnweiler
Name:	Herz Jesu
Zugehörigkeit:	Kath., Donnersberg - Rockenhausen
Baujahr:	1913
Architekt:	Ludwig Becker, Mainz
Renovierungen:	1969/70
Sitzplätze:	525
Orgel:	1929 Kämmer, II/29 elek./pneum.

Winterbach
Zugehörigkeit:	Evang., Zweibrücken
Baujahr:	13. Jh Turm, 1723 Schiff
Renovierungen:	1963 - 1966
Sitzplätze:	180
Orgel:	1965 Ott, I/5 mech.

Winterborn
Zugehörigkeit:	Evang., Rockenhausen (Betsaal)
Baujahr:	1840/41
Sitzplätze:	60
Orgel:	Pedalharmonium, 1912

Winzeln

Zugehörigkeit:	Evang., Pirmasens
Baujahr:	1933
Architekt:	Bernhard Schork, Pirmasens
Sitzplätze:	460
Orgel:	1961 Oberlinger, II/24 mech.

Winzeln

Name:	Seliger Rupert Mayer
Zugehörigkeit:	Kath., Pirmasens - Pirmasens - Stadt
Baujahr:	1988
Architekt:	Burkhart und Wilhelm
Sitzplätze:	100
Orgel:	1989 Zimnol, II/10

Wittersheim

Name:	St. Remigius
Zugehörigkeit:	Kath., Saarpfalz - Mandelbachtal
Baujahr:	1839 - 1841
Architekt:	W. Schulte II 1948-50 Wiederaufbau
Beschädigungen:	1945 ganz zerstört
Sitzplätze:	344
Orgel:	1976 Mayer, II/12 mech.

Wolfersheim

Zugehörigkeit:	Evang., Zweibrücken
Baujahr:	14. Jh Chorturm, 1754 Schiff
Renovierungen:	1960 innen und 1974 außen
Beschädigungen:	Im 2. Weltkrieg schwer beschädigt
Sitzplätze:	200
Orgel:	1857 Schlimbach, I/12
	Umbau: 1960 Hintz

Wolfstein

Zugehörigkeit:	Evang., Lauterecken
Baujahr:	1866 - 1868
Architekt:	Morgens, Kaiserslautern
Renovierungen:	1952, 1964, 1965
Beschädigungen:	1944
Sitzplätze:	490
Orgel:	1869 Ladegast, Weißenfels, II/22 mech.
	Restaur./Erweiterung: 1983 Oberlinger

Wolfstein

Name:	St. Philippus und Jakobus
Zugehörigkeit:	Kath., Kusel - Kusel
Baujahr:	1768 - 1776
Renovierungen:	1973 Bremer, Kaiserslautern
Sitzplätze:	190
Orgel:	1957 Walcker, I/8

Wollmesheim

Zugehörigkeit:	Evang., Landau
Baujahr:	1040 Turm und westl. Teil des Schiffes
Erweiterungen:	18. Jh Schiff nach Osten erweitert
Renovierungen:	1959, 1985
Sitzplätze:	200
Orgel:	1934 Poppe, pneum.
	Umbau: 1960 Oberlinger

Eine der ältesten Kirchenanlagen der Pfalz.

Wollmesheim

Name:	St. Mauritius
Zugehörigkeit:	Kath., Landau - Landau - Stadt
Baujahr:	1931
Architekt:	W. Schulte II
Sitzplätze:	111
Orgel:	1992 Mayer, I/5 mech.

Wörth am Rhein

Name:	Christuskirche
Zugehörigkeit:	Evang., Germersheim
Baujahr:	1768
Architekt:	vermutlich Hellermann, Zweibrücken
Wiederaufbau:	1948/49 Ostermaier, Speyer
Renovierungen:	1959, 1986
Beschädigungen:	1944/45 zerstört
Sitzplätze:	430
Orgel:	1863 Walcker, II/17 mech.
	Umbau: Kleuker 1971, Walcker 1991

Wörschweiler
Name: Ehemaliges Kloster
Zugehörigkeit: Kath., Saarpfalz - Blieskastel
Baujahr: 12. Jh

Ehemalige Zisterzienserabtei, im 15. und 16. Jh Niedergang, 1614 Brand, seit dieser Zeit Ruine, 1954-57 Ausgrabungen. Ursprünglich dreischiffige Basilika ohne Turm, Westfassade mit Säulenportal und Fensterrose. Zahlreiche Grabplatten.

Wörth
Name: Friedenskirche
Zugehörigkeit: Evang., Germersheim
Baujahr: 1981-84
Architekt: Peter Roth, Speyer
Sitzplätze: 300
Orgel: 1983/92 Kleuker/Steinmeyer, II/20 mech.

Wörth
Name: St. Ägidius
Zugehörigkeit: Kath., Germersheim - Wörth
Baujahr: 1961
Architekt: van Aaken
Renovierungen: 1989
Sitzplätze: 674
Orgel: 1965 Wehr, II/20 elek.

Wörth

Name:	St. Theodard
Zugehörigkeit:	Kath., Germersheim - Wörth
Baujahr:	1969 - 1973
Architekt:	Alois Atzberger, Speyer
Sitzplätze:	500
Orgel:	1977 Rudolf von Beckerath, II/21

Zeiskam

Zugehörigkeit:	Evang., Germersheim
Baujahr:	1838 - 1844
Architekt:	August von Voit, Erneuerung Wilhelm Ecker, Landau
Renovierungen:	1958, 1970, 1988 Martin Vogel, Godramstein
Sitzplätze:	545
Orgel:	1994 Heintz, III/34 mech.

Zeiskam

Name:	St. Bartholomäus
Zugehörigkeit:	Kath., Germersheim - Wörth
Baujahr:	1755
Sitzplätze:	360
Orgel:	1980 Kuhn, II/17

Zell

Zugehörigkeit:	Evang., Kirchheimbolanden
Baujahr:	17. Jh Schiff, 1906 Turm, Empore und Portalvorhalle
Architekt:	1904 Nopper, München
Renovierungen:	1709, 1905, 1934, 1964
Beschädigungen:	1618 - 1648
Sitzplätze:	230
Orgel:	1877 Walcker, I/7 mech.

Zell

Name:	St. Philipp der Einsiedler
Zugehörigkeit:	Kath., Donnersberg - Kirchheimbolanden
Baujahr:	1746 - 1749
Renovierungen:	1964/65
Sitzplätze:	118
Orgel:	1905 Walcker, II/12

Sehenswerte Ausstattung aus der Erbauungszeit: Altäre mit Gemälden und Figuren, Votivbild, Empore auf korinthischen Säulen.

Zweibrücken

Name:	Hl. Kreuz
Zugehörigkeit:	Kath., Pirmasens - Zweibrücken
Baujahr:	1869, 1945 Wiederaufbau
Architekt:	1869 Franz Jakob Schmitt
	1945 Albert Boßlet
Renovierungen:	1988, 1994/95
Beschädigungen:	Im Krieg 1945
Sitzplätze:	1000
Orgel:	1995 Rieger, III/44 mech./elek.

Gemälde von Johann Christian von Mannlich: Maria auf Wolken thronend, Kruzifix aus dem 18. Jh.

Zweibrücken

Name:	Alexanderkirche
Zugehörigkeit:	Evang., Zweibrücken
Baujahr:	1493
Architekt:	1493 Philipp von Gmünd, Meisenheim 1755/56 dritter Turm von Ludwig Hautt
Wiederaufbau:	1684/89 Monbrun und Gougeon, 1952/55 Otto Stahl und Richard Hummel, Speyer und August Pirmann, Zweibrücken
Renovierungen:	1689, 1756/57, 1904 - 1911, 1995
Beschädigungen:	10.02.1677, 14.03.1945 zerstört
Sitzplätze:	727
Orgel:	1963 Ott, III/46 mech./elek.

Sehenswert die Chorfenster von Erhart Klonk (Marburg) und Epitaphien aus dem 16. Jh.

Zweibrücken - Bubenhausen

Name:	St. Pirmin
Zugehörigkeit:	Kath., Pirmasens - Zweibrücken
Baujahr:	1963 - 1966
Architekt:	A. J. Peter
Sitzplätze:	260
Orgel:	1976 Späth, 12 Register

Zweibrücken

Name:	Karlskirche
Zugehörigkeit:	Evang., Zweibrücken
Baujahr:	1708 - 1711
Architekt:	Haquinus Schlang, Zweibrücken
Wiederaufbau:	1965 - 70 Richard Hummel, Speyer Bauleitung: Ernst Kraus, Zweibrücken
Renovierungen:	1897/98
Beschädigungen:	14.03.1945 fast vollständig zerstört
Orgel:	1966/70 Oberlinger

In der Eingangshalle Plastik von Gernot Rumpf.

Zweibrücken - Ernstweiler

Zugehörigkeit:	Evang., Zweibrücken
Baujahr:	13. Jh Turm, 1755 Schiff
Wiederaufbau:	1954/55 Johannes Hofmann, Zweibrücken
Renovierungen:	1755
Beschädigungen:	7.01.1945 zerstört
Sitzplätze:	360
Orgel:	1959 Oberlinger, II/23 mech.

Zweibrücken - Ixheim

Name:	Friedenskirche
Zugehörigkeit:	Evang., Zweibrücken
Baujahr:	1955/56
Architekt:	Hansgeorg Fiebiger, Kaiserslautern
Renovierungen:	1994 Turm
Sitzplätze:	520
Orgel:	1966 Hintz, II/21 mech.

Zweibrücken - Niederauerbach

Name:	Zwingli-Kirche
Zugehörigkeit:	Evang., Zweibrücken
Baujahr:	1755 Schiff, 12./13.Jh Turm
Architekt:	Jonas Erikson Sundahl und Ludwig Hautt Zweibrücken
Erweiterungen:	Turm 1876 erhöht
Renovierungen:	1955/56, 1980
Sitzplätze:	300
Orgel:	1956/83 Oberlinger, II/15 elek.

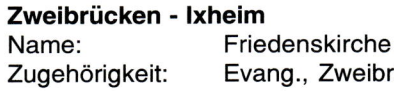

Zweibrücken - Ixheim

Name:	St. Peter
Zugehörigkeit:	Kath., Pirmasens - Zweibrücken
Baujahr:	1930 - 1933
Architekt:	Albert Boßlet
Renovierungen:	1980
Sitzplätze:	390
Orgel:	1960 Späth, III/34 (32)

Kassettendecke im Mittelschiff, Quertonnen in den Seitenschiffen.

HINWEIS

Sie können jede der im Buch abgedruckten Luftaufnahmen auch als

FOTO

direkt schriftlich beim Verlag bestellen:

Format 20/20 cm	30.- DM
Format 30/30 cm	60.- DM
Format 40/40 cm	90.- DM
Format 50/50 cm	160.- DM

Die Preise sind Endpreise zzgl. Versandkosten.

Bestellungen an:

I F B Markus Ziegler
Hahnenbalz 1
67663 Kaiserslautern